古代歷史文化 研究輯刊

二九編

王明蓀 主編

第16冊

咸同湘軍與湖湘理學研究(下)

湯浩 著

國家圖書館出版品預行編目資料

咸同湘軍與湖湘理學研究（下）／湯浩 著 -- 初版 -- 新北市：
花木蘭文化事業有限公司，2023〔民 112〕
目 6+226 面；19×26 公分
（古代歷史文化研究輯刊 二九編；第 16 冊）
ISBN 978-626-344-160-6（精裝）
1.CST：理學 2.CST：湘軍 3.CST：中國
618   111021688

ISBN-978-626-344-160-6

古代歷史文化研究輯刊
二九編 第十六冊   ISBN：978-626-344-160-6

咸同湘軍與湖湘理學研究（下）

作　　者　湯浩
主　　編　王明蓀
總 編 輯　杜潔祥
副總編輯　楊嘉樂
編輯主任　許郁翎
編　　輯　張雅淋、潘玟靜　美術編輯　陳逸婷
出　　版　花木蘭文化事業有限公司
發 行 人　高小娟
聯絡地址　235 新北市中和區中安街七二號十三樓
　　　　　電話：02-2923-1455／傳真：02-2923-1452
網　　址　http://www.huamulan.tw 信箱 service@huamulans.com
印　　刷　普羅文化出版廣告事業
初　　版　2023 年 3 月
定　　價　二九編 23 冊（精裝）新台幣 70,000 元

版權所有・請勿翻印

咸同湘軍與湖湘理學研究（下）

湯浩 著

目

次

第六章　湘軍創制與理學

　　湘軍之所以不是單純的軍事集團，在於其平章天下的經世意識，並能以理學原則為指導，對舊有制度進行改創，極大地豐富擴充了儒學的踐履範疇。一是在軍制方面，通過祛兵立勇啟導了晚清軍事制度的改革，湘軍軍製成為近代軍系的「孵化器」。二是鑒於對吏治現狀深刻清醒的認識，久玩之後，振之以猛，按儒家價值觀念強力整肅，同時不拘一格選人用才，力辟胥吏之害，為湘軍在軍事上的成功奠定了政治基礎。三是以儒家經世觀念改造財政，革除積弊，取之於民不如取之於商，保證了地方財政和軍隊餉源。四是開展文教建設，重啟喪亂地區科舉，印製儒學經典，恢覆文化秩序，以爭取士人歸心。湘軍創制針對時弊，不主故常，不循舊例，走的是一條「以實動名」的艱難道路，其歷史進步性應予肯定。同時這種創制也具有實用性、漸進性、適應性、局部性特點，缺乏整體上、根本性制度的改革，具有明顯「過渡性」特徵。

第一節　湘軍集團的理學經世思維

　　湘軍經世事功，源於其豐富而務實的經世思維。這種思維與理學思想密切相關，也是理學在事功領域的運用。

一、誠敬自持的思想

　　理學作為一種儒學價值觀，固然看重內聖淑身，同時亦強調外王淑世；固然看重事功表現，亦更強調其價值根源。在理學思想中，主觀與客觀、動

機與目標、價值與手段必須是統一的。根源不正,動機不純,即使功業斐然,仍不是聖王的理想境界。故呂思勉先生說,「理學家之行事,不求其有近功,而必求其根柢上無絲毫破綻。所以貴王賤霸者以此。以一身論,亦必反諸己而無絲毫之慊,而後可以即安。否則雖功蓋天下,澤被生民,猶為襲取,猶為僥倖也。」〔註1〕這也可以從文化的角度解釋曾國藩為什麼在湘軍攻克金陵,如日中天之時,斷然裁汰湘軍。根本原因就是湘軍後期所為,從根本上違背了理學的價值原則。那麼,何以從根源做起呢?曾國藩等理學經世派給出的答案是「誠」「敬」「信」而已,即自治以誠,臨事以敬,待人以信。

曾國藩從哲學層面論證了「誠」的本體性。「天地之所以不息,國之所以立,聖賢之德業所以可大可久,皆誠為之也。故曰:誠者,物之終始,不誠無物。」〔註2〕郭嵩燾從歷史的視野論證了「誠」的重要性:「有明之季,臨政、涖民皆具文也,治兵尤甚。所言不誠無物,吾知用吾誠而已。」〔註3〕胡林翼從現實的角度論述了「誠」的必要性,強調「眾無大小,推誠相與。」「惟誠之至,可救欺詐之窮。欺一事不能欺諸事,欺一時不能欺之後時。不可不防其欺,不可因欺而灰心所辦之事,所謂貞固足以幹事也。」〔註4〕推「誠」所至,「敬」「信」亦在其中矣。湖湘理學家所謂臨事以敬,則要求做事應物發之於誠,聚精會神,全力以赴,不好虛言,只務實功,寧慢勿速,寧拙勿巧,盡一分之力必有一分之功。這種精神幾乎貫穿了湘系人物的全部經世史,雖然實行的方式有所不同,但言必有據,行必有功,一以貫之,不蔓不枝,不休不止,則為其共性特徵。外人視為迂闊,而湘軍人物正倚此為功業之基。曾國藩將湘軍的所有事功均歸於「拙誠」之效,「凡辦一事,必有許多艱難波折,吾輩總以誠心求之,虛心處之。心誠則志專而氣足,千磨百折,而不改其常度,終有順理成章之一日。」〔註5〕「吾鄉數君子所以鼓舞群倫,歷九州而勘大亂,非拙且誠者之效與?」〔註6〕曾國藩自論君子「逢世之技」曰:「君子則不然,趨勢甚鈍,取道甚迂,德不苟成,業不苟名,艱勤錯迕,持久

〔註1〕呂思勉,理學綱要,北京:東方出版社,2012:117。
〔註2〕曾胡治兵白話句解,濟南,山東書局(改訂版),民國二十一年(1932):51～52。
〔註3〕郭嵩燾,曾沅甫宮保六十壽序;養知書屋詩文集:文集:卷15,朱漢民,丁平一,湘軍:第3冊,北京:社會科學文獻出版社,2013:232。
〔註4〕胡林翼,覆張亮基;胡林翼集:第2冊,長沙:嶽麓書社,1999:60。
〔註5〕梁啟超輯,唐浩明點評,曾國藩嘉言鈔,長沙:嶽麓書社,2007:42。
〔註6〕曾國藩,金陵湘軍陸師昭忠祠記;曾文正公全集:詩文:文集:卷4,朱漢民,丁平一,湘軍:第3冊,北京:社會科學文獻出版社,2013:68。

而後進。銖而積，寸而累。既其純熟，則聖人之徒。」〔註7〕

　　郭崑燾評價曾國藩曰：「滌相不過辦事笨拙，有時不能曲體人情，要其一片誠心可信，其決非別有意見。」〔註8〕曾國藩自認「德薄能鮮，獨仗忠信二字為行軍之本。」〔註9〕劉蓉強調「至於信之一字，則必以死持之。士無信不行，民無信不立。」〔註10〕

　　曾國藩還形成了自己的一套「化偽為誠」的具體方法：「接人總宜以真心相向，不可常懷智術以相迎距。人以偽來，我以誠往，久之則偽者亦共趨於誠矣。」〔註11〕「借人之拂逆，以磨礪我之德性，其庶幾乎！」〔註12〕胡林翼說：「挾智術以用世，殊不知世間並無愚人」。〔註13〕胡林翼從反面論證不誠的危害：「禍機之發，莫烈於猜忌，此古今之通病。敗國、亡家、喪身皆猜忌之所致。」〔註14〕故「於諸將弁皆以誠信感之，不尚權術，故無不用命者。」〔註15〕劉蓉提出「故為大臣者，誠有公忠體國之心，則將恪慎憂勤，視國事如家事，視僚屬如弟昆，挹和衷以徧察群情，豁虛懷而兼納眾慮，……蓋自古迄今，未有至誠懇切，積時日相感孚，而人猶不諒者也。」〔註16〕即使自負如左宗棠，也承認「自巨寇狓猖以來，辦賊諸公除滌、潤兩帥外，絕少實心之人。」〔註17〕

　　湘系理學派將「誠」的認識建立在對儒學仁政和王道信仰之上。王鑫與劉蓉探討理學時說，「二《記》已拜讀矣，有力者見不逮此，即偶及之，而仁

〔註7〕曾國藩，送郭筠仙南歸序；曾文正公全集：詩文：文集：卷1，朱漢民，丁平一，湘軍：第3冊，55。

〔註8〕郭崑燾，致伯兄家書（三）；雲臥山莊尺牘：卷8，朱漢民，丁平一，湘軍：第6冊，735。

〔註9〕曾國藩，討粵匪檄；曾國藩全集：第14冊，長沙：嶽麓書社，1995：233。

〔註10〕劉蓉，覆李雨蒼京堂書；養晦堂文集：卷7，朱漢民，丁平一，湘軍：第6冊，448。

〔註11〕曾國藩全集：家書，長沙：嶽麓書社，1988：3574。

〔註12〕梁啟超輯，唐浩明點評，曾國藩嘉言鈔，長沙：嶽麓書社，2007：146。

〔註13〕曾胡治兵白話句解，濟南，山東書局（改訂版），民國二十一年（1932）：73。

〔註14〕曾胡治兵白話句解，濟南，山東書局（改訂版），民國二十一年（1932）：152～153。

〔註15〕姚永樸，舊聞隨筆：卷3：左文襄公，朱漢民，丁平一，湘軍：第8冊，846。

〔註16〕劉蓉，與江岷樵廉訪書；養晦堂文集：卷5，朱漢民，丁平一，湘軍：第6冊，420。

〔註17〕左宗棠，與郭意成；左文襄公全集：書牘：卷5，朱漢民，丁平一，湘軍：第6冊，97。

或不足以守，甚且視為迂闊而莫之省，此天下之所以日趨於亂而莫可救藥也。」並表明了自己的政治文化信念：「鑫也徒抱此區區之志，……每當盤根錯節掣肘違心之會，益歎民情之易與，而信王道之可行，……庶幾補救於萬一耳。」〔註18〕

正如蔡鍔所論，「吾國之心，斷送於『偽』之一字。吾國人心之偽，足以斷送國家及其種族而有餘。……由偽生疑，由疑生嫉。嫉心既起，則無數惡德從之俱生，舉所謂倫常道德皆可蹴去不顧。」〔註19〕晚清士人劉光賁說：「中國諸事，俱敗於『不樸誠』三字。」〔註20〕湘系理學經世派深刻認識到，舉國上下交相徵利，人心喪亂、教化失調是政治衰敗、社會動亂的根本原因之一。故提出誠正自持以矯之。「聖賢教人修身，千言萬語，而要以不忮不求為重。忮者，嫉賢害能，妒功爭寵，求者，貪利貪名，懷士懷惠，所謂未得患得，既得患失之類也。」〔註21〕正因為曾國藩等堅持了不忮不求，在政治上軍事上亦無重咎、無大敗。

二、衛道救時的思想

湘系經世人物高度重視儒家之「道」，不僅將其視為一種名教學術，更視為一種人倫信仰。「聖人在上，則扶危定難，以救生民於一時；聖人在下，則黜邪衛正，以救人心於萬世。」〔註22〕劉蓉在覆郭嵩燾書中說：「世道人心，胥溺至此，吾輩身際其會，既有所不屑為，而亟思一反之，以期不負吾君，不負吾民，不負吾夙昔讀書求道之微志」。〔註23〕胡林翼自述「近來惕然深懼，非畏賊也，畏此身之無所補益，徒負名教耳。」〔註24〕

守道的目的在於恢復和維持符合儒學倫理的社會秩序，澄清天下，安定

〔註18〕王鑫，覆劉霞仙先生（七年三月二十八日）；王壯武公遺集：卷12：書札6，朱漢民，丁平一，湘軍：第6冊，561。

〔註19〕曾胡治兵白話句解，濟南，山東書局（改訂版），民國二十一年（1932）：73～75。

〔註20〕劉光賁，煙霞草堂文集：卷5；王爾敏，當代經世小儒，桂林：廣西師範大學出版社，2008：442。

〔註21〕增補曾胡治兵語錄：治心；常萬里點評曾國藩兵法，長沙：湖南人民出版社，2014：331。

〔註22〕羅澤南，滕文下；讀孟子箚記：卷1，羅澤南集，長沙：嶽麓書社，2010：292。

〔註23〕陸寶千，劉蓉年譜，臺北：中央研究院近代史研究所專刊（40），1979：265。

〔註24〕胡林翼，致司道及各局；胡林翼集：第2冊，長沙：嶽麓書社，1999：225。

生民。為實現經世濟民的理想，湘軍人物秉承湘系理學經世派先驅唐鑒的觀點，將儒學之事擴充到當時幾乎一切軍事行政和文化領域。湖湘文化的經世傳統和深厚的學術積累，不僅使湘軍有「澄清天下」的志向，而且具備了匡世濟民的能力。湘軍人物大都知民間疾苦，有極強的實幹精神。曾國藩將「才堪治民」作為選拔將才的首要條件，羅澤南臨終時說，「亂極時站得定，才是有用之學」。在這種思想引導下，湘軍人物不僅善於作戰，而且長於經世。他們革除陋規弊政，重振法度綱紀，恢復社會秩序，一定程度維護了基層士紳和百姓的利益，不僅對太平軍起到了「釜底抽薪」的作用，而且推動了政治經濟體制變革。

太平天國從一開始就在文化上與傳統絕對對立，與當時大多數士人心理相扞格。他們焚燒書院學宮，毀壞官舍神廟，「敢將孔孟橫稱妖，經史文章盡日燒。」並規定，凡庠生、監生等，非天爵，一律革除功名。天國科舉試題卻「不本四書五經」，而取自天王頒行的詔令，以「闡述太平真主救世的道理」。在湘軍人物看來，太平天國所施行的文化政策，就是「竊外夷之緒，崇天主之教。……舉中國數千年禮義人倫詩書典則，一旦掃地蕩盡。此豈獨我大清之變，乃開闢以來名教之奇變。」自然「痛天主教之橫行中原，赫然奮怒以衛吾道者」了。〔註25〕

湘軍與太平天國的競爭，是意識形態、人才、政略、戰略等綜合實力的競爭。成敗轉化的關鍵，就在於兩者的文化品格和戰略眼光差距太大。海外歷史學家唐德剛說，「十九世紀中期以來替天行道的洪楊諸賢，都只是具有『改朝』之才，而缺其換制之識」。〔註26〕天國領袖中，頗具政治眼光的馮雲山早逝，石達開不受信任，最終導致這次運動偏離了航向，走向了家族政治、集團內鬥和腐化衰敗，埋下了失敗的伏筆。

三、重理創制的思想

湘軍人物強調本理以創制，注重開風氣之先。既考慮到制度的沿革性，又強調制度的實用性，因革損益，規模宏遠，在兵制、官制、財用、人事、軍屯、刑律等方面均有所創見，實開晚清制度變革之先河。

湘軍人物經世始終不離制度範疇，也於此著力最多。郭嵩燾言「各種創

〔註25〕曾國藩，討粵匪檄；唐浩明主編，曾國藩詩文集，長沙：嶽麓書社，2015：140。
〔註26〕唐德剛，晚清七十年：第2冊：太平天國，臺北：遠流出版事業股份有限公司，1998：28。

制，皆立國之本也」。〔註27〕王闓運評價郭嵩燾「筠仙言政事好立法度，望人遵守，以夷國能行其法為不可及。且以為英吉利有程、朱之意，能追三代之始，鋪陳久之。」〔註28〕曾國藩在《求闕齋日記類鈔》中「以不能樹人立法為恥」，將「天下之大事宜考究者」的經世之務分為十四宗：「曰官制、曰財用、曰鹽政、曰漕務、曰錢法、曰冠禮、曰昏禮、曰喪禮、曰祭禮、曰兵制、曰兵法，曰刑律，曰地輿，曰河渠。」〔註29〕羅澤南強調在理的指導下，制度應隨時損益，以符合現實需要，為湘軍創制提供了理論依據。「古今之理一也。時殊勢異，則其事有不可行者，不能不隨時而損益。」〔註30〕左宗棠亦云：「吾輩議事，胸無成見，苟有益於時局而事屬可行，必無捍格。」〔註31〕

　　湘軍人物立志於創造規模，胡林翼自言「從軍七年，尚未厭兵，私志尚欲創造規模，力開風氣。……愚公之山，精衛之石，殆毋類是！」〔註32〕劉蓉考察事勢，以為「凡舉大事當先定規模、挈綱領，合群策群力以圖之，使人人效其智慧、勤其職事，竭其材力之所能致，故用力不勞而事已畢集。」〔註33〕這個規模與綱領就是「常」，就是制度。「常者既立，雖有百變，不足以窮吾之說。」〔註34〕

　　江忠源作為湘系經世派第一個官拜巡撫者，即「拜疏言軍事，請嚴軍法，撤提鎮，汰弁兵，明賞罰，戒浪戰，明賞罰，察地勢，嚴約束，寬脅從，凡五千餘言。又疏請四川、湖南北分造戰船，習水師，令廣東籌款鑄砲。是為公籌畫東南大局之始。」著力於從根本上解決軍事問題，並得到咸豐帝的認可。〔註35〕

〔註27〕錢基博，近百年湖南學風（含經學通志），北京：中國人民大學出版社，2004：57。

〔註28〕王闓運，湘綺樓日記：光緒六年二月二日，朱漢民，丁平一，湘軍：第7冊，北京：社會科學文獻出版社，2013：289。

〔註29〕曾國藩，求闕齋日記：卷上：治道；曾文正公文集，長沙：嶽麓書社，1995：70。

〔註30〕羅澤南，離妻上下；讀孟子箚記1，羅澤南集，長沙：嶽麓書社，2010：299。

〔註31〕王興國、聶榮華主編，湖湘文化縱橫談，長沙：湖南大學出版社，1996：34。

〔註32〕胡林翼，致羅遵殿；胡林翼集：第2冊，長沙：嶽麓書社，1999：299。

〔註33〕劉蓉，與曾滌生侍郎書；養晦堂文集：卷5；劉蓉集：第2冊，長沙：嶽麓書社，2008：176。

〔註34〕曾國藩，紀氏嘉言序；曾文正公全集：詩文：文集：卷1，朱漢民，丁平一，湘軍：第3冊，56。

〔註35〕李元度，江忠烈公事略；國朝先正事略，朱漢民，丁平一，湘軍：第9冊，182。

四、因勢革弊的思想

湘軍人物強調明是非、倡節義，讓社會秩序回到儒家倫常的軌道上來。「是非不明，節義不講，此天下所以亂也。」〔註36〕為達到這一效果，湘系經世派服膺王夫之以理革弊的思想。「民有流俗之淫與偷而相沿者矣，人也，非天也，其相沿也，不可卒革，……。天不可知，知之以理，……拂於理則違於天，必革之而後安，即數革之，而非以立異也。」〔註37〕

湘軍人物的共同文化特性，在於對於違理背德的種種弊端和醜惡現象，嫉之如仇，必欲革之而後安。早期曾國藩如此，彭玉麟終其一生始終如此。曾國藩早在 1851 年就憑著一腔血性，上《敬陳聖德三端預防流弊疏》，嚴格按理學原則指責新登基的咸豐帝，帝「怒擲其折於地」，欲罪之。後在湖南幫辦團練，組練新軍，率軍入江西作戰，更因個性耿直、任事太實，屢屢遭受官場掣肘。彭玉麟則自認「性褊急，學問不深，意氣不平。耳聞目見，遇有情理不順事，即不關己，亦耿結於懷，不能銷釋，甚至終夜不寢，以思其何故。……要皆一腔熱血作祟，使之不覺耳。」並屢次對曾國藩直言不諱，「麟其好言哉，不過不敢知而不言，有蹈蒙蔽之咎，非所以處夫子之道故也。」〔註38〕

楊岳斌、劉蓉同治初主政甘陝，郭嵩燾巡撫廣東，均因嫉惡太過，責人太切，操持太急，招致強烈反彈，蘭州省城甚至發生嚴重的綠營兵變，均不安於位而去職。吳士邁評價道「甘肅吏治實不堪問，蓋有使之然而然者。然必先辦軍務，而後可講吏治。楊宮保於軍務未有起色之時，先講吏治，竟屬徒勞。」〔註39〕胡林翼評價李元度：「其短處則愛才如命，嫉惡如仇。而所疾固多惡人，所愛未必才士也。」〔註40〕

湘軍最終的成功，不在於其革弊務盡，而在於其因勢利導，借勢革弊。曾國荃說「除弊須慎之又慎，多其察，少其發。發之不當，則威損矣。」〔註41〕

〔註36〕胡林翼，致曾國藩；胡林翼集：第 2 冊，長沙：嶽麓書社，1999：639。

〔註37〕王夫之，讀通鑑論：隋文帝二；船山全書，長沙：嶽麓書社，1988：697。

〔註38〕柳詒徵，陶風樓藏名賢手札：彭玉麟致曾國藩（二十），朱漢民，丁平一，湘軍：第 6 冊，288。

〔註39〕杜貴墀，吳士邁傳；巴陵縣志：卷 35：人物志八傳，朱漢民，丁平一，湘軍：第 9 冊，682。

〔註40〕胡林翼，致羅遵殿；胡林翼集：第 2 冊，長沙：嶽麓書社，1999：431。

〔註41〕郭嵩燾，郭嵩燾日記（同治二年八月十二日），朱漢民，丁平一，湘軍：第 7 冊，246。

被郭嵩燾贊為精語。所謂勢者,變動而不可止者也。「勢」是形勢、條件發展到一定階段所形成的,不以人的主觀意志為轉移的必然趨向。過於抗勢革弊,發不以時,則必然遭致失敗。這一點是多數湘軍人物在實踐中得出的沉痛教訓。隨著湘軍在政治上不斷成熟,其謀勢、造勢、取勢、用勢的方法手段,愈加得心應手。如曾國藩因皇帝之勢,將團練改造為新軍,因清軍長江水師全盤崩潰之勢而創建水軍,因軍功積纍之勢而援軍四出,順理成章取得多個省份的行政軍事實權,因湘系督撫權力的擴張之勢而更深入地推進軍制、釐金、漕政、鹽法、賑濟等改革。

湘軍注重制度的管總作用,強調為治之道在於興利去害,同時更看重「為政在人」的重要作用。「左宗棠所稱為治之道,興利不如除害,任法不如用人。」〔註42〕「大抵為政在人,取人以身。公正人也,以正人而引正士,扶持正氣,何弊不可除?何利不可興?」湘軍「任法不如任人」的思想,有一定侷限,但卻是從長期經世實踐中總結而出的。事實上,清政府之所以衰敗無能,不在於無法,而在於有法難依,有名無實。

五、以實動名的思想

湘軍人物作為踐履之士,講求名實相符,以質勝文;作為自下而上的改革者,追求實至而名歸,走的是一條十分艱難的以實動名之路。

晚清作為一大衰世,名實相歧成為常態。「方今良法美意,事事有名無實。」〔註43〕湘軍作為理學經世派,按照理學要求,首在綜覈名實,循名以責實,以實而動名。

曾國藩言:「今日而言治術,則莫若綜覈名實;今日而言學術,而莫若取篤實踐履之士。物窮則變,救浮華者莫如質。積玩之後,振之以猛,意在斯乎!」〔註44〕表明了他整肅吏治的決心。「經濟之學,吾之從事者二書焉,曰《會典》,曰《皇朝經世文編》。」〔註45〕其中《會典》即清代典章制度彙編,

---

〔註42〕清政府鎮壓太平天國檔案史料:同治三年十一月初六日寄諭左宗棠等會劉閩省李世賢股並籌浙省善後事宜(剿捕檔),朱漢民,丁平一,湘軍:第3冊,530。

〔註43〕張穆,海疆善後宜重守令論;鴉片戰爭時期思想史資料選輯,北京:中華書局,1963:92。

〔註44〕錢基博,近百年湖南學風(含經學通志),北京:中國人民大學出版社,2004:36。

〔註45〕曾國藩,求闕齋日記類抄:卷上;梁啟超輯,唐浩明點評,曾國藩嘉言鈔,長

可見曾國藩對於名教禮法的重視。胡林翼也說：「舉人不能不破格，破格則須循名核實。」〔註46〕將循名核實作為治吏之道。劉坤一認為：「國朝良法美意，均有成規，因其舊而新之，循其名而實之，正不必求之高遠，侈言更張。」〔註47〕應該說，儒學具有「充滿歧義」的一面，正如後來章太炎所批判的，「宗旨多在可否之間，議論止於函胡之地」，「其失不在支離而在汗漫」。〔註48〕而理學經世派則反其道而行之，高度重視以格物精神考量名實關係，並以此為治術之本。

綜覈名實，這一看起來簡單而基本的要求，在實際政治中卻因涉及多方利益，變得撲朔迷離，給倡導者帶來極大阻力，充滿著暗流甚至殺機。

劉蓉說：「蓋十餘年來，上下相習既久，機緘深而揣摩日熟，稍欲提挈綱領，綜覈名實，規劃甫施，而畫諾坐嘯之謠，都人已爭傳之。季公所以得謗，未使不由於此。」言左宗棠受到誣告陷害，即由辦事太實，得罪於權貴。劉蓉進一步分析：「自度智略不如季老，而迂直膠執過之，異日之難合寡諧，蓋可逆睹。」〔註49〕此語不幸後來一語成讖。

相對循名責實而言，以實動名可能是更易切入的途徑。這也決定了湘系經世派順勢創制的行為取向：即通過積理抗勢，尚質重實，最終以求實至而名歸。

郭嵩燾體察程顥「廓然大公，物來而順應」〔註50〕之說，強調「天下事著不得一毫意見。」〔註51〕任天下事，必須剔除主觀成見。他認為「天下一理而已，理為勢屈，則姑自貶損焉，而無與勢抗，使吾理積之益厚。理為情隱，則益引情而達之於理，而後足以自立。」〔註52〕

沙：嶽麓書社，2007：1。

〔註46〕胡林翼，致羅遵殿；胡林翼集：第 2 冊，長沙：嶽麓書社，1999：300。

〔註47〕劉坤一，致郭筠仙中丞（同治四年八月初三日）：劉忠誠公遺集：書牘：卷 3，朱漢民，丁平一，湘軍：第 6 冊，北京：社會科學文獻出版社，2013：235。

〔註48〕章太炎，諸子學略說，桂林，廣西師範大學出版社，2010：7，1。

〔註49〕劉蓉，覆胡詠芝宮保書；養晦堂文集：卷 6，朱漢民，丁平一，湘軍：第 6 冊，426。

〔註50〕程顥，答橫渠張子厚先生書；二程集：上冊，北京：中華書局，1981；460。

〔註51〕郭嵩燾，郭嵩燾日記（咸豐十一年七月），朱漢民，丁平一，湘軍：第 7 冊，235。

〔註52〕郭嵩燾，郭嵩燾日記（咸豐十一年七月），朱漢民，丁平一，湘軍：第 7 冊，235。

在積理的過程中，首在實行，通過銖積寸累達到貫通的境界。曾國藩強調「知一句便行一句」，「古之成大業者，多自克勤小物而來……為政者亦未有不由銖積寸累而克底於成者也。」〔註53〕郭嵩燾反對說話高言深語，而做事非浮即誕，強調最終落腳點在於誠樸而已。「近時有一種高明之士，能為大言，能作深語，而試之以事，非浮即誕。故嘗謂千變萬化，未有離誠樸二字而能幹事者。」〔註54〕

湘軍經世派在時勢不允許的情況下，往往劍走偏鋒，祛名而求實，最終達到名至實歸的效果。如早期建軍時，曾國藩給皇帝的奏摺中僅說在省城建一「大團」，甚至在很長一段時間內曾國藩都不稱湘軍為「軍」。早期湘軍征戰四方，常受制於地方督撫，而湘軍人物手中多無地方實權，為之掣肘不少，後期湘軍漸以戰功著，造成了江南地區和其他戰區無湘系人物主持則難以立足的局面，從而使湘軍徹底從邊緣化走向的核心，取得了夢寐以求的地方資源支配權力。

六、舉賢礪才的思想

湘軍人物高度看重人才的重要作用，多以造就人才為己任。太平軍興，皇帝詔臣工極言得失。曾國藩以講求人才入奏，並提出「今日所當講求，尤在用人一端。人才有轉移之道，有培養之方，有考察之法，三者不可廢一。」〔註55〕胡林翼強調「取天下，以人才為第一義」，〔註56〕「造就人才，原是君子之心、仁人之術。」〔註57〕「國之需才，猶魚之需水，鳥之需林，人之需氣，草木之需土，得之則生，不得則死。」〔註58〕胡林翼在實踐中「汲汲以獎拔人才為事。……嘗密薦才堪大任者十有六人，多蒙擢用。」為求才用才，他「披肝瀝膽，無幾微間隔。遇事苦心調護。」〔註59〕劉蓉贊胡林翼「為

〔註53〕曾國藩，筆記二十七則：曾國藩全集：第14冊：詩文，長沙：嶽麓書社，2011：437。

〔註54〕郭嵩燾，雲臥山莊尺牘：卷1，朱漢民，丁平一，湘軍：第6冊，北京：社會科學文獻出版社，2013：658。

〔註55〕曾國藩全集：奏稿：第1冊，長沙：嶽麓書社，1987：6。

〔註56〕胡林翼，通鑑：漢記（一）；讀史兵略：卷3；胡林翼集：第3冊，長沙：嶽麓書社，2013：148。

〔註57〕胡林翼：致司道總；胡林翼集：第2冊，長沙：嶽麓書社，1999：244。

〔註58〕李元度，胡文正公事略；國朝先正事略，朱漢民，丁平一，湘軍：第9冊，134。

〔註59〕李元度，胡文正公事略；國朝先正事略，朱漢民，丁平一，湘軍：第9冊，134。

國留意人才者，獨閣下孜孜汲引，抗章論列，末俗之所駭詫。」〔註60〕

　　劉蓉認為：「教不素明，士不夙養，天下人才，日就衰替。夫欲趨事圖功而才不足以供器使，……則豫人才以備世用，誠今日之急務矣。」〔註61〕「凡舉大事，當先定規模，挈綱領，合群策群力以圖之，使人人效其智慧，勤其職事，竭其材力之所能至，……今天下兵雖敝，餉雖匱，得其人而任之，不難治也。所謂其人，不必奇偉非常之才，苟其忠實練達，麤有干略，即可隨其才之大小而備器使之用。」〔註62〕

　　這裡表達了三個意思，一是湘軍渴望創建的是與經世規模相契合的人才群體，而不是一兩個人才，二是認為儲備獎拔人才是關鍵性的急務，重於兵事餉事，三是人才的標準並非求奇求偉，而是可盡器使之用。劉蓉進一步分析失去人才支持的三個原因：「求之不竭其誠，遇之不優其禮，用之不盡其才，三者古今所由，失士之大端也。」只有克服主事者「神機獨運」「成算自優」的志得意滿，且應「少損聰明」，防止「清濁亦苦於太明，故賢者無由輸其誠，不才者無所匿其短」，才能形成多士景從的局面。〔註63〕應該說，劉蓉比較全面地概括了湘軍集團對於人才的觀念和用才的特點。

　　湘軍人物在育才用才方面眼光獨到，提出「氣類相感，再誠心求之，虛心納益，決不可用權術籠絡」〔註64〕的求才聚才之道，提出「寬以錄才」，「磨礪而成」的育才思路。「因思人才極乏之時，再不寬以錄之，則凡需激勵而後成，需磨練而後出者，舉遭屈抑矣。」只要其人天良未盡泯滅，便可有用。「吾察人頗嚴，用人頗緩，言人頗篤，此中自謂稍有分寸也。」「大抵用人之法，總須用苦人。心思才力，多出於磨練，故遇事能知其艱苦曲折，亦能耐勞。膏粱紈袴，皆下材也。」〔註65〕劉蓉強調「人才以鼓舞而奮，以

〔註60〕劉蓉，與胡詠芝宮保書（二）；養晦堂文集：卷6，朱漢民，丁平一，湘軍：第6冊，428。

〔註61〕劉蓉，寄曾滌生侍郎書；養晦堂文集：卷5，陸寶千，劉蓉年譜，臺北：中央研究院近代史研究所專刊（40），1979：72。

〔註62〕劉蓉，與曾滌生侍郎書（一）；養晦堂文集：卷5，朱漢民，丁平一，湘軍：第6冊，421。

〔註63〕劉蓉，與曾滌生侍郎書（一）；養晦堂文集：卷5，朱漢民，丁平一，湘軍：第6冊，421。

〔註64〕方宗誠，柏堂師友言行記：卷3，朱漢民，丁平一，湘軍：第8冊，北京：社會科學文獻出版社，2013：500。

〔註65〕方濬師，讀「胡文忠遺集」；蕉軒隨錄：卷4，朱漢民，丁平一，湘軍：第8冊，506～507。

歷練而成。」〔註66〕曾國藩在《勸誡紳士四條》中也說:「天下無現成之人才,亦無生知之卓識,大抵皆由勉強磨練而出耳。」〔註67〕湘軍強調人才的實效性,取其能任事克難,而不震於虛名。「求才必試以艱危,用人當責以實效。」〔註68〕

同時,湘軍人物提出「用其所長」,「用其朝氣」的用才思路。左宗棠說「凡用人,用其朝氣,用其所長,常令其喜悅,忠告善道,使知意之所向,勿窮以縮短,迫以所不能,則得才之用矣。」〔註69〕湘軍人物認為當時人才多在草澤民間,應拓展視野,就地取材。「芝草醴泉,生不擇地」〔註70〕「宇宙之大,何患無才」。〔註71〕郭崑燾以此勸誡曾國荃祛除「募勇必於湘鄉,湘鄉必於婁底一帶」的偏見。

曾國藩依據自己的體察,反對「上智下愚」的說法,認為「上智者不常,下愚者亦不常」。〔註72〕「人才何常,培養之,如春雨之潤苗;摧殘之,如秋霜之凋物。」〔註73〕胡林翼也強調「求才之法,謀野則獲,謀邑則否。野多樸而邑多巧,野尚質而邑尚文也。」〔註74〕胡林翼還深有遠見地提出與太平軍的人才爭奪戰略:「塵埃之中,何地無才,何才不可策用?……惟官不用民,而民乃為賊用。此機一失,禍患無窮。」〔註75〕「古來成事敗事之人,必在塵埃草野中,用之則為臣僕,棄之則為盜賊。」〔註76〕認為必須重視民間人才的選用,否則將為淵驅魚,造成大患。

〔註66〕劉倬雲編,宰湘節錄,朱漢民,丁平一,湘軍:第 1 冊,362。

〔註67〕曾國藩,勸誡紳士四條;勸誡淺語十六條;曾國藩全集:詩文,長沙:嶽麓書社,1995:441。

〔註68〕曾國藩,曾文正公奏稿:卷 11,28。

〔註69〕左宗棠,與李希庵;左文襄公全集:書牘:卷 2,朱漢民,丁平一,湘軍:第 6 冊,79。

〔註70〕郭崑燾,致劉霞仙撫部蓉;雲臥山莊尺牘:卷 1,朱漢民,丁平一,湘軍:第 6 冊,656。

〔註71〕羅澤南,與曾滌帥論責成重任書;羅忠節公遺集:卷 6,朱漢民,丁平一,湘軍:第 6 冊,327。

〔註72〕曾國藩全集:詩文,長沙:嶽麓書社,1995:268。

〔註73〕曾國藩,覆許仙屏編修;曾文正公書札:卷 33,傳忠書局,1876:44,45。

〔註74〕胡林翼,胡林翼集:第 2 冊,長沙:嶽麓書社,1999:944。

〔註75〕胡林翼,請通飭修築碉堡啟;胡林翼集:第 2 冊,長沙:嶽麓書院,1999:63。

〔註76〕胡林翼,致翁學使祖庚同書;胡林翼集:第 2 冊,長沙:嶽麓書社,1999:53。

　　湘軍中曾國藩、胡林翼、左宗棠、沈葆楨等凡歷任督撫者，均開幕府延請幕友才士，其中以曾、胡二人幕下人才為最盛。胡氏因去世較早，對後世的影響不及曾。曾國藩一生致力聚才、育才、薦才、用才，時時不忘求人自輔。他的幕府為晚清之冠首，規模最大，影響最為深遠，為當時中國一流精英人才之淵藪。人才結構方面，既有左宗棠、郭嵩燾、劉蓉、彭玉麟、李鴻章、李瀚章這類軍政謀略人才，也有像王闓運、方宗誠、俞樾這樣的文士學問家，也有容閎、李善蘭、華蘅芳、徐壽等學貫中西的新式人才和科學家。可以說，曾國藩以其博大的胸襟、開闊的視野和不主故常的思維，不自覺地脫離了儒學的傳統範圍，為近代人才起到了開闢作用。

七、儆懼自省的思想

　　湘系經世派人物秉承理學反躬自省的工夫，時刻儆懼謹慎，以求善始慎終。與歷史上許多實力派政治軍事集團不同，其功高震主之後仍能保持與朝廷微妙的平衡關係，打破了歷來論勢不論理的非理性政治傳統，也克服了功臣集團因驕致敗的週期律。這應當歸因於理學在政治運作中的自我調適功能。理學儆懼自省思想的浸染，強化了理性駕馭權力的能力。

　　湘軍人物十分注重反躬自責。劉蓉言「反躬責己，吾黨所珍，小者之不能自克，則大事其何濟矣！」〔註77〕湘軍人物從小事入手，自察入微，以求內心無愧，私心不作，始終保持了在政治上、軍事上的清醒冷靜。

　　曾國藩後來自省道：「道光末年在京上疏，頗有鋒芒。自出京後，在軍十四年，所奏之折，無一語不樸實，無一字不謹慎。……從古居大位立大功之人，以謹慎敗者少，以傲慢敗者多。」〔註78〕王闓運評論曾國藩「看曾公疏，未嘗一日忘懼。」〔註79〕由於曾國藩時常驚懼，拘於言行，甚至給咸豐帝留下了「素性拘謹」的深刻印象。〔註80〕湘軍人物在行軍作戰中也無時不刻意自省。羅澤南自道，自帶兵以來「三軍存亡繫之，蒼生安危寄之，每念

〔註77〕劉蓉，與曾滌生侍郎書（一）；養晦堂文集：卷5，朱漢民，丁平一，湘軍：
　　　　第6冊，北京：社會科學文獻出版社，2013：422。
〔註78〕陳昌，霆軍紀略，朱漢民，丁平一，湘軍：第1冊，497。
〔註79〕王闓運，湘綺樓日記（光緒四年四月十五日），朱漢民，丁平一，湘軍：第7
　　　　冊，282。
〔註80〕諭內閣著賞曾國藩假三月回籍治喪假滿在赴江西督辦軍務（剿捕檔）；清政府
　　　　鎮壓太平天國檔案史料：咸豐七年二月二十七日，朱漢民，丁平一，湘軍：第
　　　　3冊，401。

及此，毛髮悚然。」他自述「澤南一介書生，……軍興以來，勉從戎行，……未至有大戾，而其中失機之處，每至事後而始明，智力不逮故也。議論世事易，獨任大事難。」〔註81〕王鑫自省曰：「珍常有三恨，恨任事太早、學業太淺、用心太苦而多忤人。」〔註82〕湘軍人物多反對恃才傲物，認為：「凡有才者，每易視天下事，因以易視天下人，此才之蔽也。」〔註83〕而真正濟世之才，惟有用心不怠，經歷實踐鍛鍊才能造就。

湘軍人物臨事則懼，臨難則勇，臨危臨利則不動心，以求進道，統帥多以懼，戰將多求勇，較好地處理了「懼」與「勇」的辯證關係。曾國藩在作戰中「每聞春風之怒號，則寸心欲碎；見賊船之上駛，則繞屋彷徨。」〔註84〕王鑫認為「蓋古聖賢之所以戰兢惕厲者，非畏禍而惡死也，以為必如是而後可云盡道耳。」〔註85〕王闓運評價：「曾國藩以懼教士，以慎行軍，用將則勝，自將則敗。楊岳斌、鮑超以無懼為勇，以戒慎為怯，自將則勝，用將則敗。《論語》曰：『臨事而懼。』帥之言也。《記》曰：『我戰則克。』將之言也。」〔註86〕王鑫言：「當謹守大聖人臨事而懼，好謀而成之訓，敢不朝夕虔誦。男每獲勝後，徧呼諸勇，慰勞畢，即極力戒飭，暢論不可保戒懼、不可怠之道，……故諸勇無敢有以得勝二字形諸語言者。」〔註87〕

湘軍人物能始終保持對自身的清醒認識，正確對待毀譽。王鑫說：「自古聖賢，無不從戰兢恐懼中來，切不可因毀言而觸怒生怨。」〔註88〕左宗棠言：「遇不如意事，見不如意人，最可驗平素道力。時覺自己常有不是處，則德業自進。」〔註89〕曾氏自言：「余自乙丑年起，凡七次被參，總以不變不動處

〔註81〕羅澤南，與左季高先生論湖南協餉書；羅忠節公遺集：卷6，朱漢民，丁平一，湘軍：第6冊，329。

〔註82〕陳康祺，郎潛三筆：卷5，朱漢民，丁平一，湘軍：第8冊，592。

〔註83〕郭崑燾，諭居官十五則示兒子慶藩；雲臥山莊家訓：家訓卷上，朱漢民，丁平一，湘軍：第3冊，252。

〔註84〕王定安，求闕齋弟子記：卷5：平寇2，朱漢民，丁平一，湘軍：第9冊，29。

〔註85〕王鑫，王壯武公遺集：卷17：家書1（四年十月初六日），朱漢民，丁平一，湘軍：第6冊，631。

〔註86〕王闓運，湘軍志：營制篇第十五，長沙：嶽麓書社，1983：161。

〔註87〕王鑫，王壯武公遺集：卷17：家書1（三年七月十三日），朱漢民，丁平一，湘軍：第6冊，北京：社會科學文獻出版社，2013：623。

〔註88〕王鑫，王壯武公遺集：卷17：家書1（四年九月初十日），朱漢民，丁平一，湘軍：第6冊，629。

〔註89〕左宗棠，與王璞山（二）；左文襄公全集：書牘：卷2，朱漢民，丁平一，湘

之。」〔註90〕他曾言「昔璞山嘗以吾言為非，今諸君盡以吾言為是，亦誤矣。」〔註91〕郭嵩燾將一生功名毀譽看淡，說：「人生不過百年，區區一時之毀譽，其猶飄風，須臾變滅，良亦無足計耳。」〔註92〕郭崑燾教誡子弟說：「天下之有才而自誤者多矣，子弟與為高明，寧為沉潛。高明者，成固莫測，敗亦莫知所終。沉潛者，退可以保家，進亦足以創業。」〔註93〕

湘軍人物深通辯證之道，認為世事無常，常恐水滿則溢，月滿則缺。王鑫認為：「古今來事勢無常，轉危為安，恃此憂勤惕勵之心以維之。」〔註94〕曾國藩在接到節制四省軍務之令後，認為「體制太隆，權位太重，虛望太盛，才略太短，顛蹶之患，不卜可知。」〔註95〕立即上疏力辭。曾國藩即使克復金陵之後，亦毫無驕縱之色。反而體察物情，認識到自己「用事太久，兵柄過重，利權過廣，遠者震驚，近者疑忌。」〔註96〕公開宣稱「非前者果拙而後者果工也。時未可為，則聖哲亦終無成；時可為，則事半而功倍也，皆天也。」〔註97〕雖有顧及前任督兵大員顏面之意在，也說明了大勝之後立於權力頂峰的曾國藩尤為驚懼。曾國藩以史為鑒，多次勸誡曾國荃：「吾位固高，弟位亦實不卑，吾名固大，弟名亦實不小，而猶沾沾培墳墓以永富貴，謀田廬以貽子孫，豈非過計哉？」〔註98〕

軍：第 6 冊，76。

〔註90〕趙烈文，能靜居日記（同治六年五月二十二日），朱漢民，丁平一，湘軍：第 7 冊，165。

〔註91〕朱孔彰，王壯武公別傳：咸豐以來功臣別傳，朱漢民，丁平一，湘軍：第 9 冊，275。

〔註92〕王盾，湘學誌略，長沙：湖南人民出版社，2009：375。

〔註93〕郭崑燾，示兒子慶藩貼；雲臥山莊家訓：家訓：卷下，朱漢民，丁平一，湘軍：第 3 冊，257。

〔註94〕王鑫，覆胡潤芝中丞（七年二月二十八日）；王壯武公遺集：卷13：書札6，朱漢民，丁平一，湘軍：第 6 冊，556。

〔註95〕曾國藩，致左季高；曾文正公全集：書札：卷17，朱漢民，丁平一，湘軍：第 6 冊，43。

〔註96〕曾國藩，覆郭嵩燾；曾國藩全集：書信：第 6 冊，長沙：嶽麓書社，1993：4415。

〔註97〕曾國藩，金陵軍營官紳昭忠祠記；曾文正公全集：文集：卷4，朱漢民，丁平一，湘軍：第 3 冊，65。

〔註98〕曾國藩，致沅弟（同治元年七月初一日）；唐浩明編，曾國藩家書：下冊，長沙：嶽麓書社，2015：38。

第二節　湘軍的主要經世實踐：創制

　　湘軍人物積極探索經世濟時的大本大源、大經大法，對於制度之創革尤為重視，視為經世之良具，期待創制立法為當世典則，而不滿足於一事一時之功效。

　　湘軍提出務本開源的「通儒」經濟，能辯證看待制度的沿革損益，認為「道無古今」，而制度則必須與時事相契合，表達了革新創制的意志和決心。「大經大法，萬世所不能外，而其制度文為，則必隨時而損益。禹、湯、文、武即生今日，夏、商、成周之制，亦有不能盡行者。道無古今，用有古今也，必泥其跡而行之，非通儒之經濟矣。」〔註99〕曾國藩將創立規制作為賢豪之士的應有之義。「所貴乎賢豪者，非直博稽成憲而已，亦將因其所值之時，所居之俗而創立規制，化裁通變，使不失乎三代制禮之意」。〔註100〕

　　湘軍人物不獨有經世的抱負，且有創制的實行。在晚清湘軍四十餘年歷史中，軍制、吏治、財用、文教等經世領域各方面，湘軍集團均有所建樹。每一創制，多因革損益，周察百端，立意宏遠。沈葆楨盛讚曾國藩「每定一法，必舉數十年利病，如身入其中而通盤計之。」〔註101〕其所立制度，不僅在當時發揮了巨大作用，而且影響了後世很長一段時間。

一、儒學思想走進軍營：晚清軍制的深刻變革

　　有清以來以滿洲兵威凌天下，「朝廷兵柄不輕假漢人。」即使是平三藩之變中以綠營為主力，朝廷「仍輒簡一親貴大臣為大將軍，或曰「經略」，副以一人曰『參贊』」總其兵事。」〔註102〕雍正始，因鎮壓各地起義經制兵不足，而參用民間勇營，人數多寡不定，無統一編制，事後即撤。

　　湘軍以勇營起家，將勇營改創為實質上的軍隊，甚至完全替代了八旗綠營正規軍，雖然一直居於國家制度體系之外，但卻有其事實上之地位。嘉慶初年，「始以鄉勇輔兵之不足，然十裁二三耳」，而咸同時期，湘軍勇營成為

〔註99〕羅澤南，人極衍義，羅澤南集，長沙：嶽麓書社，2010：187。

〔註100〕曾國藩，覆劉霞仙中丞；曾文正公書札：卷27；陸寶千，劉蓉年譜，臺北：中央研究院近代史研究所專刊（40），1979：342。

〔註101〕姚永樸，舊聞隨筆：卷2：倭文端公，朱漢民，丁平一，湘軍：第8冊，北京：社會科學文獻出版社，2013：838。

〔註102〕胡思敬，國聞備乘卷1：兵權不輕假漢人，朱漢民，丁平一，湘軍：第8冊，793。

國家軍事力量絕對的主力。「此二百年來兵制之一變也。」〔註103〕「克敵致果，所聞所見，皆勇之功」。〔註104〕「朝廷養士二百餘年，司計所入，大半以供軍餉。乃大亂幾及十年，出死力以扞危疆，顧獨在草澤寒微之賤士。」〔註105〕這充分說明自咸同始，軍制已經產生了重大變化。

羅爾綱認為：「有清一代的軍制，咸豐前是綠營制度的時代，咸、同以至光緒甲午為湘軍制度的時代，甲午戰後為興練新式陸軍的時代，而論其轉變，則以湘軍為其樞紐。」〔註106〕湘軍軍制居於承上啟下的地位，對舊軍制而言，是儒學文化對軍制滲透影響下發展的一個高峰，同時又是古典軍制的終結；對新軍制而言，它通過引進西法等一系列良法美意，特別是思想建軍和軍事教育方面的創制，對後世軍隊產生了深遠影響，成為近代軍制的發軔。軍事學研究學者施渡橋先生認為「湘軍的建立，是晚清軍事變革的先聲。」〔註107〕

湘軍在軍制上的具體創設，前章已經述及，在此僅就其大端作簡略梳理。一是以募兵製取代了綠營的世兵制，將弁勇丁以招募為主，並有嚴格的甄別淘汰機制。二是以集中的勇營製取代了綠營的分汛制。綠營兵分馬兵、步兵、水師等，就地方部隊而言，編制為標、協、營、汛四級。為防範兵力兵權集中，多將地方綠營分汛各地。「軍興調發，而將帥莫知營制。被調者，輒令綠營將官營出數十人，多者二百人，共成千人、三千人之軍，將士各不相習。」〔註108〕湘軍則自成軍後，一營始終固結，上下相習，平日素豫，恩信關係易於維持。三是建立了較為完備的軍隊行政管理體制。湘軍營制兼具精微與疏略兩個特點。所謂精微，即湘軍勇營制度具有較強的完備性和工作效率，凡募兵、訓練、餉事、後勤、文案、情報等均司有專人，責權明晰，營規軍紀分明，貴於實用。所謂疏略（「楚勇尚剽銳，營制疏略。」〔註109〕），是指湘軍文法禮儀較綠營更為簡略，風氣質樸，反而行之有效，生氣勃發。第

〔註103〕李元度，羅忠節公事略；國朝先正事略，朱漢民，丁平一，湘軍：第9冊，242。
〔註104〕兵勇異同論：申報第284號（癸酉三月初四日），朱漢民，丁平一，湘軍：第8冊，107。
〔註105〕盛康輯，皇朝經世文編續編：卷77：兵政3：湖口石鐘山楚軍水師昭忠祠記（彭玉麟），朱漢民，丁平一，湘軍：第3冊，344～345。
〔註106〕羅爾綱，湘軍兵志，北京：中華書局，1984：208。
〔註107〕施渡橋，晚清軍事變革研究，北京：軍事科學出版社，2003：42。
〔註108〕王闓運，湘軍志：營制篇第十五，長沙：嶽麓書社，1983：158。
〔註109〕王闓運，湘軍志：營制篇第十五，長沙：嶽麓書社，1983：21。

四，湘軍還建有一系列的相關輔助制度。湘軍軍制從狹義上來說，僅僅指營制，從廣義上說，則包括了與軍事相關的幕府制度、團練制度、釐金制度、賑濟制度、屯田制度等。如幕府制度使得湘軍能聚集英才共襄大事，成為湘軍智庫和將帥疆吏的後備軍；團練制度則為湘軍穩固地方，清查土匪，肅清奸細，保障了後方的安全。「至咸豐年間，舉行練團練族之法，尤重戶族之權。十餘年來，夜戶不閉，宵柝無驚。」〔註110〕

湘軍軍制對於舊體制的根本性突破改良，主要在以下方面：

（一）以儒家標準自行募兵擇將

曾國藩和劉蓉都曾主張對綠營進行大幅裁撤和徹底改造。如劉蓉曰：「今天下綠營兵籍，約計百六十萬人，……謂莫如將綠營兵額裁去三分之一，而以其餉撥加兵丁口糧，汰去老羸，挑選精壯，……有敢仍前剋扣兵糧以肥其私者，嚴其罪罰。」〔註111〕然因種種原因，裁撤正規軍始終未能實現。故湘軍只得另起爐灶，再辟蹊徑。湘軍初建，強調以「以士人領山農」，摒棄一切油滑之徒，保證了兵源質量。彭玉麟比較勇營與綠營時言：「蓋勇為新募，非精壯不收，兵皆舊充，而疲老未汰耳。……名為戎行之士，實等遊惰之民，以之執戈而銜枚，愚者亦謂其不可。」〔註112〕

胡林翼以勇、廉、知兵略為選將標準：「最可危者，湖北兵將文武無一堪守之才。……將不得人，不勇，不廉，不知兵略。」〔註113〕曾國藩認為：「帶勇之人，第一要才堪治民，第二要不怕死，第三要不急急名利，第四要耐受辛苦。治民之才，不外公、明、勤三字。……四者似過於求備，而苟闕其一，則萬不可帶兵。」並認為「大抵有忠義血性，則四者相從以俱至；無忠義血性，則貌似四者終不可恃。」〔註114〕後任湖南巡撫毛鴻賓也指出湖南勇軍之所以得力，在於有較好的管理章程和選將制度。「湖南省募勇章程，首以擇將

〔註110〕陸寶千，劉蓉年譜，臺北：中央研究院近代史研究所專刊（40），1979：348。
〔註111〕劉蓉，覆蔣之純廉訪書；養晦堂文集：卷7，朱漢民，丁平一，湘軍：第6冊，北京：社會科學文獻出版社，2013：456～457。
〔註112〕孔廣德編，普天忠憤集：全集之卷14：彭玉麟，強兵力，朱漢民，丁平一，湘軍：第3冊，332～333。
〔註113〕胡林翼，致鄭小珊敦謹少卿；撫鄂書牘一；胡文忠公遺集：書牘：卷59，朱漢民，丁平一，湘軍：第6冊，136。
〔註114〕曾國藩，與彭筱房曾香海；曾文正公全集：書札：卷3，朱漢民，丁平一，湘軍：第6冊，15。

為主，有將領而後有營官百長等項，以遞相鈐制，其所募之勇往往有籍可稽，是以無事能謹守營規，有事能恪遵功令。」〔註115〕

湘軍因其「紀律嚴明，所部將弁皆其鄉黨信從者」，故能爆發出強大的戰鬥力，「前後克復城池，大小二百餘戰。其戰陣每以堅忍勝，大江南北所向披靡。此二百年來軍政之一振興也。」〔註116〕

（二）改良軍隊結構和選拔制度

曾國藩為徹底改造軍隊，在給江忠源的書信中說：「今欲圖謀大局，萬眾一心，自須別開生面，斬新日月，專用新招之勇，求忠義之士將之。」〔註117〕胡林翼痛陳「武備廢弛，已成不可救藥之勢。且有兵之處無賊，有賊之處無兵，兵與賊終不相逢。即迫之使戰，亦不過虛應故事，必無蕩平之日。除卻用士用民，守中言戰，別無良策。」〔註118〕因此，湘軍「純用儒生、農氓，或陸營弁丁。」〔註119〕與舊式軍隊相比，他們熟悉風俗民情，更有社會理想和追求功業的銳氣。

而綠營中「由守兵升至把總要經歷五級階梯，需要花費很長一段時間。此後，再經過千總、守備、都司、游擊、參將等階梯，論資排輩，逐級升遷。待升為總兵進入高級軍官行列，多已是垂暮之年。」〔註120〕綠營「三四十歲以外，猶為廝養之賤卒，五十歲以外，始為循資之裨將，既已純乎暮氣，豈能建立奇功。」〔註121〕而湘軍將領經過幾年歷練，三十左右即可獨當一面。曾國藩對屬下之士也放手任用，不加掣肘，甚至對不肯在自己腳下盤旋，立志獨創格局者大加讚賞。

湘軍極度重視不拘一格選拔將帥。胡林翼說「用都、遊以上，不如用千總以下。智勇困於所溺，仕宦怠於已成，此都、遊以上之說也。能與士卒比

〔註115〕咸豐十一年十二月初九日寄諭毛鴻賓著照湖南章程妥辦募勇事宜（剿捕檔）；清政府鎮壓太平天國檔案史料，朱漢民，丁平一，湘軍：第3冊，474。

〔註116〕善化縣志：卷15：兵防，朱漢民，丁平一，湘軍：第7冊，北京：社會科學文獻出版社，2013：578。

〔註117〕郭振鏞，湘軍志平議；湘軍史專刊之一，長沙：嶽麓書社，1983：208。

〔註118〕胡林翼，啟張石卿中丞亮基；胡林翼集：第2冊，長沙：嶽麓書社，1999：45。

〔註119〕王闓運，湘軍志：水師篇第六，長沙：嶽麓書社，1983：72。

〔註120〕徐建，曾國藩對清代選將制度的改革，北京大學學報，1993～3。

〔註121〕張之洞，酌擬變武科新章折；張之洞全集：第3冊，武漢，武漢出版社，2008：496。

飲食，可得士卒之死力；能耐饑渴奔走，然後能與盜賊相追逐，此千總以下之說也。」〔註122〕曾國藩「所用皆練勇，營弁中勇健者輒引以為營哨官，擢拔至提鎮者數十百人，而未嘗用一營兵。」〔註123〕為物色符合標準的將才，曾國藩「夢想以求之，焚香以禱之，蓋無須臾或忘諸懷。」〔註124〕「唯才是用」是湘軍軍隊戰鬥力的源泉，胡林翼「尤汲汲以講拔人才為事。屬吏一技之長，一行之善，隨登薦牘，手書褒美，以寵異之。士有志節才名，潛伏不仕，千里招致，務盡其用。」胡林翼嘗言「才者無求於天下，天下當自求之。」〔註125〕鮑超也認為：「凡行師之道，練兵必先練將，而精選擇用，內不避親，外不避仇，自宜正己化人，破除情面，認真公事，將中選將。」〔註126〕

（三）以儒家價值締造軍系文化

湘軍兵由將招，具有一定私屬性。而終湘軍四十年，未發生王朝末世常見的擁兵自重甚至大規模叛亂情形。這與湘軍以理學文化立軍的宗旨有著十分密切的關係。儒學價值深入軍中各個層級，變「尚力」為「尚理」，變單純的「利益驅動」為「價值驅動」。正如劉蓉所言：「蓋君臣大義自在人心，雖屬武夫粗材，亦共知名分森然不可干犯。此萬古綱常所由維持於不壞者。」〔註127〕由於理學思想滲透全軍，絕大多數將領士卒均能明忠義，嚴紀律，倡果敢，對內具有尊上崇禮、信義相孚的凝聚力，對外以忠誠為天下倡，有愛民博濟之情懷。

湘軍堅定不移地奉行「以文統武「的傳統。所謂以文統武，亦並非以文制武。即在給予武將充分自主權和尊重武人人格的基礎上，通過士人領兵的軍隊結構調整、簡明嚴謹的軍紀營規、明恥教戰的思想教育、持之以恆的理學文化薰陶、公平公正的選將擢拔制度等，使得基層主官在政治認同和文化價值上與高層保持高度一致，將湘軍的訓練指揮調動權力和軍隊文化影響力

〔註122〕胡林翼，啟陳剿盜十三條；胡林翼集：第2冊，長沙：嶽麓書社，1999：110。
〔註123〕郭振鏞，湘軍志平議，朱漢民、丁平一，湘軍：第1冊，118。
〔註124〕曾國藩，與彭筱房曾香海（咸豐三年九月）；曾文正公全集：書札：卷3，朱漢民，丁平一，湘軍：第6冊，15。
〔註125〕胡文忠公遺集：首卷：胡文忠公行狀，14，15。
〔註126〕陳昌，霆軍紀略，朱漢民，丁平一，湘軍：第1冊，541。
〔註127〕劉蓉，密陳涇州軍心危疑疏（同治四年十二月二十二日），劉中丞奏議：卷14，朱漢民，丁平一，湘軍：第5冊，北京：社會科學文獻出版社，2013：204～205。

牢牢控制在以文人經世派為核心的理學分子手中。在亂世中保留了文人對軍隊的絕對控制，也一定程度祛除了軍事的「武悍之氣」。

湘軍的以文統武實踐，與歷代文人領兵傳統既有深刻的歷史文化聯繫，又有自身的獨特創見。過來文人領兵，多取揚文抑武的方式，以犧牲軍隊效率和戰鬥力為代價，容易形成文武對立，文武不和的局面，更不利於發揮武將的自主性積極性，甚至導致軍隊文法盛行，虛禮重重，戰鬥力衰竭。而以曾國藩等為代表的湘系理學經世派，則採取了文武融合的方式。一方面，以文人加入軍隊，親歷戎行，與武夫同甘共苦，共履艱難，造成大規模的文人武化現象。湘軍人物與一般文士不同，多講求樸魯之氣，多理學之士，而無理學之氣。另一方面視武人士卒如兄弟子姪，以禮治軍，援情入禮，以文化維繫軍隊，形成共同的理學價值觀，甚至改變了武人的氣質。

曾國藩認為文人之心「多曲」，不夠坦白明亮，甚至有很多虛偽成分。故在選拔文人帶兵這一點上十分慎重，在保舉獎掖和執行軍紀上無絲毫偏袒。如曾國藩「之薦左宗棠，而劾李次青，不以恩怨而廢舉動，名臣胸襟，自足千古。」〔註128〕

（四）在兵權上獨立自主

湘軍作為民間武裝，最大的特點是兵權自主，即軍隊的招募、訓練、人事、賞罰、調動、作戰，多由統兵大員特別是疆吏自主，朝廷不過分遙制。曾國藩曾經因一度較長時間不彙報軍情，受到朝廷質問，遂惶恐提出每十日一報，朝廷反而安慰其不必過於拘於形式，以實際需要為主。實際上，朝廷在咸同時期，已逐步喪失了對這支新軍的絕對控制權力，主要是通過統兵大員的臣屬關係予以間接調度。其主要原因，是因為戰爭遍及四方，朝廷經制軍已經基本腐朽崩潰，遂不得不引用依賴湘軍這支在戰鬥中成長起來的地方武裝。在這裡，權威的需要已經逐步讓渡給了效率的需要。

曾國藩自言：「南宋罷諸將兵柄，奉行祖制也。故百年中奄奄待盡，不能稍振。……韓、岳等軍制，自成軍，自求餉，彷彿與今同。大抵用兵而利權不在手，絕無人應之者。」〔註129〕曾國藩的目標是建立一支可由自己絕對支配的軍隊。

〔註128〕曾胡治兵白話句解，濟南，山東書局（改訂版），民國二十一年（1932）：124。
〔註129〕趙烈文，能靜居日記（同治六年六月二十三日），朱漢民，丁平一，湘軍：第7冊，169。

（五）以致知的態度探索建立新的軍事制度

湘軍能根據戰爭需要和對現實的體察，隨著戰爭重點的轉移，以先驅者的視野逐步創立新的兵種和軍事制度，同時在這一過程中，逐步革新了中國近代軍制。

湘軍馬隊的創建。因李續賓三河之敗，「即係賊馬數千，為湘軍向來所未見。昨吳國佐景德鎮之挫，亦為賊馬所眩」。故曾國藩提出「今欲整頓陸軍，不得不添設馬隊。……擬由官文等奏調察哈爾馬三千匹」〔註 130〕「湘軍成馬隊，至湖北乃有之。恒用北將，束以湘營制，而多隆阿以此顯。初以三百七十八人為營，四人為棚，六棚為哨。後討撚寇，更改以三百二十二人為營，營五哨。」〔註 131〕馬隊的建立，提高了湘軍的綜合作戰能力，為湘軍以後進軍西北奠定了基礎。

湘軍水師的創建。清代水師就長江而言，湖北有漢陽游擊營水師、荊州水師營、宜昌鎮水師營等。「然有水師之名而無船砲之實，官弁仍居衙署，兵丁僅習刀矛，仍與陸師同軌也。」〔註 132〕太平軍初起時水師特盛，清軍武漢以下三千里長江水師形同虛設。在訊問俘虜得知太平軍以水師機動情形之後，郭嵩燾、江忠源等首先認識到「非急治水師不足以應敵」，〔註 133〕遂即謀創水師。咸豐三年，曾國藩大治水師於衡州，「合數省之物力，各督撫之經營，楊載福等數年之戰功，乃克成此一枝水軍。」〔註 134〕「成軍以出，首拔鄂、岳，卒以此制賊命，奠定東南。」〔註 135〕「自長江剏設水師，軍事始有歸宿」。〔註 136〕

平定太平天國後，同治四年又簡其精銳改為長江經制水師，「上起荊州，下界蘇、常，凡營二十有二，戈船、哨弁七百有奇，兵之數萬有一千數百，為戰船七百七十有四艘。分立五標，設總兵官四，而統轄於長江水師提督。」〔註 137〕

〔註 130〕王定安，求闕齋弟子記：卷 6：平寇 3，朱漢民，丁平一，湘軍：第 9 冊，北京：社會科學文獻出版社，2013：53。

〔註 131〕王闓運，湘軍志：營制篇第十五，水師篇第六，長沙：嶽麓書社，1983：162。

〔註 132〕湖北通志：卷 64：武備 2：兵制，朱漢民，丁平一，湘軍：第 7 冊，608。

〔註 133〕郭嵩燾，玉池老人自敘，朱漢民，丁平一，湘軍：第 9 冊，302。

〔註 134〕李成謀，丁義方，石鐘山志：卷 10：武功：國朝紀實，朱漢民，丁平一，湘軍：第 7 冊，676。

〔註 135〕湖北通志：卷 64：武備 2：兵制，朱漢民，丁平一，湘軍：第 7 冊，608。

〔註 136〕陳康祺，郎潛紀聞：卷 4，朱漢民，丁平一，湘軍：第 8 冊，582。

〔註 137〕湖北通志：卷 64：武備 2：兵制，朱漢民，丁平一，湘軍：第 7 冊，608。

長江防務第一次在清代被作為一個整體來看待。長江水師在彭玉麟管帶下，始終保持著較強的戰力。「數千里水程險道，宵小不敢竊發，舟行賴以無恐者，皆宮保力也。」〔註138〕中法戰爭中，晚年楊岳斌曾率湘軍水師十二營赴臺作戰，抗擊法國侵略者，並取得勝利。

湘軍底定天山後，即著手營建新疆軍事行政管理體制。在軍事方面「始移烏魯木齊提督駐喀什噶爾。天山南北並設三鎮七協二十九營，凡參、遊之屬二十四，都、守之屬六十五，千、把之屬三百七十三，而軍標、撫標各營尚不在列。」〔註139〕將原駐北疆烏魯木齊的提督移駐南疆西部的喀什噶爾，同時健全常駐兵制度，使得新疆邊防日益鞏固，直至晚清，均無較大變亂。不能不說是湘軍制度創設之功。

湘軍軍事創制對晚清兵制產生了直接影響。當時東南地區水師即仿照湘軍水師建制規模，「自是東南七省皆有水師戰船，多用湘軍將，及製造皆仿湘軍焉。」〔註140〕而中國製造輪船，「議始於咸豐十一年，總督曾文正公疏請也。同治元、二年間，設局安慶試造。」〔註141〕早在 1866 年 6 月，左宗棠就上疏《創辦福州船政局奏請》，深刻論述建立近代海軍的必要性。「東南大利，在水而不在陸。……欲防海之害而收其利，非整理水師不可，欲整理水師，非設局監造輪船不可。」同時更進一步指出武器裝備在近代軍事中的重要性：「彼此同以大海為利，彼有所挾，我獨無之。譬猶渡河，人操舟而我結筏；譬猶使馬，人跨駿而我騎驢，可乎？」〔註142〕福建船政學堂和馬尾造船廠，即左宗棠一手擘畫而成，不僅初步形成了近代海軍及造船工業體系，而且培養了第一批中國海軍人才。

後朝廷用湘軍系統的劉長佑總督直隸，開始將直隸綠營改造為練軍。曾國藩由兩江調任直隸後繼續練軍事業。劉長佑和曾國藩均制定了直隸練軍《章程》，兩者小有出入，但總體原則都是仿傚湘軍改造綠營。劉長佑「議建直隸練軍，其法就制兵三萬，揀精壯者聚處訓練，增其口糧，仿湘軍制，五

〔註138〕上海新報：有古大臣風：新式第 671 號（1872 年 6 月 11 日），朱漢民，丁平一，湘軍：第 8 冊，64。

〔註139〕袁大化修，王樹枏等纂，新疆圖志：卷 25：職官 4，朱漢民，丁平一，湘軍：第 7 冊，780。

〔註140〕王闓運，湘軍志：營制篇第十五，水師篇第六，長沙：嶽麓書社，1983：82。

〔註141〕蔣啟勳修，汪士鐸撰，續纂江寧府志：卷 6：實政，朱漢民，丁平一，湘軍：第 7 冊，732。

〔註142〕劉泱泱等點校，左宗棠全集：奏稿：第 3 冊，長沙：嶽麓書社，2009：52。

百人為一營，五營為一軍，軍置馬隊五百，將領以南人習戰陣者充之，凡設七軍，分為七屯。」〔註143〕曾國藩到任後批評劉長佑章程文法太繁密，「而前此所定練軍規條，至一百五十餘條之多，雖士大夫不能驟通而全記，文法太煩，官氣太重。」〔註144〕但曾國藩囿於經驗，仍堅持以營為練軍單位，去掉了劉長佑所定「軍」一級的管理層級。湘淮軍堅持以營為戰鬥單位，需要擴大戰爭規模時增設統領，統領所轄部隊營數編制不固定。雖然在內戰中頗具優勢，但長期缺乏固定的高級別軍事統籌，不能不說對於軍制近代化改革起到了遲滯作用，也限制了中國軍隊在後來更大規模對外戰爭中發揮作用。特別是淮軍既無湘軍多年凝練的軍系文化，各營之間缺乏協同，在甲午戰爭中對敵日軍近代化師團便一敗塗地。

　　湘軍軍制以文化立軍，明恥教戰，凝聚起了強大持久的戰鬥力。同時參用火器洋炮，改革戰術手段，產生了新軍事制度的萌芽，確為中國近代軍事變革的先聲。同時也存在三大缺陷，其一為節省財政開支，軍隊多臨時募集，事畢遣散，兵士未能長期受到專業化訓練，特別是近代化軍事素質未能有效提升；二是過於依賴儒家文化，有重人輕法的傾向，軍心維繫要靠一二道德高尚之人表率推動，一旦習氣漸深，日久鬆懈，兵心易於瓦解。三是制度有疏略之處，長期沒有建立起固定的大規模軍事作戰單位，與近代軍事發展趨勢及戰爭實際需要不符。

二、儒家價值衝擊官場：整肅吏治的執著與艱難

　　道咸之交，天下亂象紛呈，太平軍在檄文中聲言：「官以賄得，刑以錢免，富兒當權，豪傑絕望。」〔註145〕可謂對晚清官僚社會描繪入骨。即使後來加入曾國藩陣營的美籍華人留學生容閎也認為：「太平天國叛軍確實有充足的理由推翻清王朝。我完全同情他們，並且確實想去參加到太平軍的行列。」〔註146〕

〔註143〕王安定，皇清誥授光祿大夫兵部尚書兼都察院右都御使雲貴總督予謚武慎劉公行狀，朱漢民，丁平一，湘軍：第 9 冊，北京：社會科學文獻出版社，2013：234。

〔註144〕曾國藩，遵旨籌議直隸練軍事宜折（同治八年五月二十一日）；曾國藩全集：第 10 冊：奏稿 10，長沙：嶽麓書社，2013：437。

〔註145〕奉天討胡檄布四方諭，太平天國詩文鈔：上冊，商務印書館，民國二十三年（1934）。

〔註146〕畢容閎著，王蓁譯，西學東漸記，中國人民大學出版社，2011：34。

湘軍起自底層，深明其中原委，都不約而同地將吏治優劣視為社會動亂的根源，對太平天國等民亂甚至有著某種程度的理解，非常鮮明地提出吏治為天下安危之本的思想。劉蓉評論流寇之禍「其始無良吏弭其際以捍其災，其繼抑無恤其難者，甚或虐視遺黎之存而朘削摧殘之，惟恐不至。」「夫盜之初，固吾民耳，其所以捐父母，冒廉恥，干法禁者，非其性然也。教化之不至，飢寒之不恤，遊惰之不禁，是以陷於盜而不免。」〔註147〕胡林翼也說：「國家之敗皆由官邪。民亂必由官貪。」〔註148〕都將天下治亂安危歸於吏治。曾國藩論太平天國「推尋本源，何嘗不是有司虐用其民，魚肉日久，激而不復反顧。」〔註149〕王鑫責備地方官對百姓「不盡驅之為賊不止。」〔註150〕羅澤南批判官僚階層「竭生民之膏血，填無厭之谿壑，上下交徵，無所不至，天下之禍，遂有不知所終極者。」〔註151〕

從這些言論可以看出，湘軍人物對官場的憤懣不亞於其敵對方太平軍方面，然而兩者對於救世的理論和途徑卻截然相反：太平軍是以拜上帝教為理論武器，揭竿而起，旨在推翻舊體制，而湘軍人物則因其所受儒學教養和固有社會地位，選擇的卻是矯偏補弊，力挽狂瀾，自我改良的道路。太平軍早期道德的正義性卻無法彌補其文化上的先天不足。因其文化素質的缺陷，不僅選擇了完全不適於中國傳統心理的宗教為旗幟，還作為崛起於草昧的民間力量，在軍事勝利之後無法面對和駕馭突如其來的無限權力，因而迅速腐化。

湘軍人物對晚清末官場之玩忽、吏治之窳敗有著清醒而深刻的認識。曾國藩在其道光三十一年的《應詔陳言疏》中，對官場弊端有過十分形象的描述：「京官之辦事通病有二：曰退縮，曰瑣屑；外官之辦事通病有二：曰敷衍，曰顢頇。……有此四者，歷俗相沿，但求苟安無過，不求振作有為」，並且敏銳地預見到：「將來一有艱巨，國家必有乏才之患。」〔註152〕劉蓉批

〔註147〕陸寶千，劉蓉年譜，臺北：中央研究院近代史研究所專刊（40），1979：41。

〔註148〕胡林翼，胡林翼集：書牘：第2冊，長沙：嶽麓書社，1999：3。

〔註149〕曾國藩，曾文正公書札：卷1，傳忠書局，1876：30。

〔註150〕王鑫，書九峰中丞（七年六月初九日），壯武公遺集：卷1：書札6，朱漢民，丁平一，湘軍：第6冊，北京：社會科學文獻出版社，2013：594。

〔註151〕羅澤南，公孫下；讀孟子劄記：卷1，羅澤南集，長沙：嶽麓書社，2010：288。

〔註152〕曾國藩，應詔陳言疏；曾國藩全集：第1冊：奏稿1，長沙：嶽麓書社，2013：5。

評當時官吏「羞惡不生於心，安危不關其慮，躬市井之行，充然無復廉恥之色。」〔註153〕王鑫批評官場「泄泄沓沓，釀而縱之，胥陷斯民於水火，益深益熱而莫不知省也，悲乎！」〔註154〕

在解決動亂的政治方略上，湘軍人物提出了以整飭吏治為核心的治安之策。劉蓉在咸豐六年冬提出，天下多難，國家乏才，「論者或委諸氣數之適然，不知皆吏治不修之故也。」〔註155〕駱秉章闡明「剿辦賊匪為治標之計，而澄清吏治、整頓營務為治本之圖。……吏治不修，則亂源不塞。」〔註156〕曾國藩提出「以吏治大改面目，並變風氣為第一，蕩平疆土二千里，猶為次著。」〔註157〕胡林翼直言「夫吏治之不修，兵禍之所由起也；士氣之不振，民心之所由變也。」〔註158〕「地方得一廉能之吏，賢於十萬甲兵矣。」〔註159〕他深刻指出，吏治如再不變革，「湖北之民揭竿而起者，不必粵寇之再至，而將盜弄於潢池也。」〔註160〕左宗棠道「戡亂之道，在修軍政，尤在飭吏事。軍政者，弭亂之已形；吏事者，弭亂之未發也。」〔註161〕在咸豐帝垂詢「天下大局，宜如何辦理？」時，郭嵩燾對：「當以講求吏治為本。」〔註162〕

湘軍之所以不遺餘力強調整肅吏治。首先在於政治是軍事的基礎，失去政治優勢，軍事上必然難以作為。江忠源說：「治賊當清其源，使任封疆者，勿以吏治為緩圖。」〔註163〕劉蓉指出「吏治為財賦之源，養民贍軍，以保疆

〔註153〕劉蓉，贈賀角生徵士序；養晦堂文詩集：文集：第卷2，朱漢民，丁平一，湘軍：第3冊，160～161。

〔註154〕王鑫，王壯武公遺集：日記：咸豐丙辰（二月二十六日），朱漢民，丁平一，湘軍：第7冊，9。

〔註155〕劉倬雲，宰湘節錄，朱漢民、丁平一，湘軍：第1冊，362。

〔註156〕駱秉章，四川營務廢弛情形疏（咸豐十年八月初七日）；駱文忠奏稿：續刻四川奏議卷1，朱漢民，丁平一，湘軍：第4冊，184。

〔註157〕曾國藩，覆胡林翼（咸豐十年七月二十二日）；曾國藩全集：書信：第2冊，長沙：嶽麓書社，1992：1516。

〔註158〕胡林翼，胡林翼集：第1冊，長沙：嶽麓書社，1999：204。

〔註159〕胡林翼，啟湖廣總督程晴峰裔採（咸豐二年九月三十日）；宦黔書牘2；胡文忠公遺集：書牘：卷54，朱漢民，丁平一，湘軍：第6冊，1298。

〔註160〕王閩運，湘軍志：湖北篇第三，長沙：嶽麓書社，1983：35。

〔註161〕左宗棠，甄別道員廳縣折（同治二年正月十五日）；左宗棠全集：奏稿：第1冊，長沙：嶽麓書社，1987：164。

〔註162〕郭嵩燾日記（咸豐八年十二月初二日），朱漢民，丁平一，湘軍：第7冊，北京：社會科學文獻出版社，2013：217。

〔註163〕朱孔彰撰，江誠恪公忠義；咸豐以來功臣別傳，朱漢民，丁平一，湘軍：第9冊，527。

土，皆恃此以為要圖。」〔註164〕太平軍早期軍紀頗嚴，秋毫無犯，民心擁戴，使得湘軍步步荊棘，更意識到整肅吏治，挽回世道人心為彌亂之本。王鑫就說，太平軍「偽行仁義，民且懷之。」〔註165〕左宗棠言：「江西事恐不可為，以民心全變，大勢已去也。」〔註166〕二是湘軍的經世目標使然。湘軍所期待者絕不僅是軍事上的成功，其經世之學，囊括了幾乎所有的政治軍事乃至文化學術領域，為謀求經世理想，實現長治久安，整肅吏治必然是題中之意。三是作為儒家知識分子和理學信徒，對德性有著天然地關注。對於官場上種種委蛇避讓、泄泄沓沓、賄賂購求、假公濟私、魚肉百姓等惡劣行為，在價值觀上始終無法接受。彭玉麟對於官場弊端憤怒之心不可遏抑，「麟愚拙，少學問，賦性粗莽，熱血作耗，每好不平鳴，自稚年至今不改，諺云至死不變，或信然歟。性之所使，不知尊卑，罔知顧忌。」〔註167〕即使身膺要職，他們多數人仍能堅守初心，不以個人利益進退為轉移。正如劉蓉所言：「既已達而在上矣，則當行道於天下，以宏濟艱難為心。」〔註168〕儘管在方法上、激烈程度上有所不同，結局也各異，但湘軍人物整肅吏治的決心和方向，則是一以貫之的。

（一）逆勢而行的孤持其志

整肅吏治之難，在於積習已久，官場風氣閉塞萎靡，是非含混，利益關係錯綜複雜。「惡肩荷，惡更張，惡綜覈名實，以推諉為明哲，以因襲為老成，以奉行虛文故事為得體。」〔註169〕曾國藩言：「國藩入世已深，厭閱一種寬厚論說、模棱氣象，養成不黑不白、不痛不癢之世界，誤人家國已非一日。」〔註170〕然而，「千羊之裘非一腋可成，大廈之傾非一木可支。今人心

〔註164〕劉蓉，覆胡詠芝宮保書；養晦堂文集：卷6，朱漢民，丁平一，湘軍：第6冊，426。

〔註165〕王鑫，致左季高先生（六年十二月初二日）；江忠源集・王鑫集：王鑫集：卷12，長沙：嶽麓書社，2013：665。

〔註166〕左宗棠，答鄂撫胡潤之中丞，左宗棠全集：第10冊，長沙：嶽麓書社，2012：138。

〔註167〕柳詒徵，彭玉麟致曾國藩（十九）；陶風樓藏名賢手札，朱漢民，丁平一，湘軍：第6冊，286。

〔註168〕錢基博，近百年湖南學風（含經學通志），北京：中國人民大學出版社，2004：48。

〔註169〕魏源集：上冊，北京：中華書局，1976：328。

〔註170〕曾國藩全集：第22冊：書信1，長沙：嶽麓書社，2011：279。

日非，吏治日壞，軍興十年而內外臣工惕屬悔禍者殆不多見。」〔註171〕郭嵩燾言當今士大夫已經喪失了社會責任感，「故視生民利病漠然不動其心，其所刻意較量者，恩怨耳，趨避耳。有豪傑出，將孤行其意，則動觸危機。」〔註172〕正如王船山針對明末士林官場風氣所言：「前代之亡，皆以無人而致敗，惟本朝不然，……諸君子才一運肘，即為所掣，惟一死謝國而已。」〔註173〕晚清湘軍人物似乎又遇到了高度類似的歷史問題。

湘軍人物從理想主義出發，逆勢而行，與舊文法、舊體制、舊觀念、舊習慣相抗，「孤持其志，以與來風頹波靡之人心相迕。」〔註174〕湘軍人物早年「稍欲提挈綱領，綜覈名實，規劃甫施，而畫諾坐嘯之謠，都人已爭傳之。」〔註175〕屢屢碰壁，甚至憤懣莫名。曾國藩初起之時，即「先清內訌，不經有司掩捕，即置重典，十旬中戮二百餘人，謗訕四起。」〔註176〕趙烈文評價乃師曰：「師歷年辛苦，與賊戰者不過十之三四，與世俗文法戰者不啻十之五六。」〔註177〕

面對「庸夫高枕詫千秋，烈士孤忠亙百憂」〔註178〕的局面，劉蓉認識到為實現理想，只能先委蛇隱忍。「古大臣際衰亂之世，處昏濁之朝，與庸豎僉壬相儕伍，既不忍坐視綱常淪胥，生民塗炭，而思竭吾力以救之，抑不得不貶損丰采，委蛇隱忍，以求共濟。」〔註179〕

曾國藩成師以後，雖竭力經營，然初挫敗於靖港，失利於岳州，繼喪師於湖口，憤極赴水兩次。即使是被胡林翼視為「以浩氣舉事」「時賢中不數觀」的左宗棠早年也憂讒引退。正如郭嵩燾所言，「不辦事則已，辦事未有不受氣

〔註171〕曾國藩，曾文正公書札：卷9，傳忠書局，1876：45。

〔註172〕郭嵩燾，蘿華山館遺集：李元度序，朱漢民，丁平一，湘軍：第3冊，264。

〔註173〕王船山，搔首問；船山全書：第12冊，長沙：嶽麓書社，1992：628。

〔註174〕陸寶千，劉蓉年譜，臺北：中央研究院近代史研究所專刊（40），1979：256。

〔註175〕劉蓉，覆胡詠芝宮保書；養晦堂文集：卷6，朱漢民，丁平一，湘軍：第6冊，北京：社會科學文獻出版社，2013：426。

〔註176〕朱孔彰，曾文正公別傳；咸豐以來功臣別傳，朱漢民，丁平一，湘軍：第9冊，3。

〔註177〕趙烈文，能靜居日記（同治六年六月二十三日），朱漢民，丁平一，湘軍：第7冊，169。

〔註178〕劉蓉，曾太傅輓歌百首；養晦堂文詩集：詩集：卷2，朱漢民，丁平一，湘軍：第3冊，181。

〔註179〕劉蓉，與江岷樵廉訪書；養晦堂文集：卷5，朱漢民，丁平一，湘軍：第6冊，419。

者。辦大事受大氣，辦小事受小氣，此雖盛時亦所不免。」〔註 180〕曾國藩長期以來未能躋身疆吏，手無寸柄，「以客軍羈江西，外逼石達開、韋昌輝劇寇，內與地方官相牴牾，其艱危窘辱，殆非人所堪。……募民捐貲給軍，所給印收，州縣輒指為偽，拘訊捐戶，詬厲之已甚。」〔註 181〕「昔在湖南、江西，幾於通國不能相容。六七年間，浩然不欲復聞世事。」〔註 182〕曾氏自言「所至齟齬，百不遂志。今計日且死矣，君他日誌墓，如不為我一鳴此冤，泉下不瞑目也。」〔註 183〕咸豐七年，曾國藩在奏摺中備述歷年以來「艱難情狀無以自申者」：一是與綠營相比，湘軍將弁政治上難有出路，「不特參、遊、都、守以上無缺可補，即千、把、外委亦終不能得缺。」屬下將弁雖保舉至二三品，仍在湘軍中任哨長、隊目。二是經濟待遇亦無長遠保障，湘軍將領因係招募，「一日告假，即時開除，終不得照綠營廉俸之例，長遠支領。」三是湘軍首領曾國藩自身無權。因權位不足以相轄，不僅「不敢奏調滿漢各營官兵。」即使本軍「偶欲補一千、把之缺，必婉商巡撫，請其酌補。其隸九江鎮標者，猶須商之總兵，令其給予劄付。」使其產生「雖居兵部堂官之位，而事權反不如提鎮」之歎。曾國藩細察局勢，認為無地方之權，則「決不能以治軍。縱能治軍，決不能兼及籌餉。」〔註 184〕

　　湘軍經世人物憑著一點血誠千里轉戰，為朝廷力撐東南數省殘破之局，卻一面久處「客寄虛懸之位」，長期忍受著「枵腹從事，自捐自養」〔註 185〕的萬般艱巨。即使精通權術、長袖善舞如胡林翼，也逃脫不了物議非論：「況皖省八年塗炭，無人過問，有過而問者，則又群起而議之、排之，竊所不解。故不能保楚，實我罪也，圖皖非我罪也。」〔註 186〕王鑫嘗謂「古今恨事，莫大於天既生豪傑於斯世，而又欲以困厄之，使一腔熱血灑於江湖寂寞之濱，此千百世後猶聞風而痛惜。」〔註 187〕後任湖南巡撫毛鴻賓亦替曾國藩抱不平，「雖曾

〔註 180〕郭崑燾，示兒子慶藩貼；雲臥山莊家訓：家訓：卷下，朱漢民，丁平一，湘軍：第 3 冊，254。

〔註 181〕王定安，湘軍記；湘軍史專刊之二，長沙：嶽麓書社，1983：57。

〔註 182〕曾胡治兵白話句解，濟南，山東書局（改訂版），民國二十一年（1932）：81～82。

〔註 183〕劉蓉，曾太傅輓歌百首；養晦堂文詩集：詩集：卷 2，朱漢民，丁平一，湘軍：第 3 冊，181。

〔註 184〕曾國藩全集：奏稿：第 2 冊，長沙嶽麓書社，1987：866。

〔註 185〕曾國藩全集：奏稿：第 2 冊，長沙嶽麓書社，1987：866。

〔註 186〕方宗誠，柏堂師友言行記：卷 2，朱漢民，丁平一，湘軍：第 8 冊，495。

〔註 187〕王鑫，與儲桓桓；王壯武公遺集：卷 9：書札 2，朱漢民，丁平一，湘軍：第

國藩之忠誠有以鼓舞群力，而人民土宇悉陷賊中，進兵之路多歧，籌餉之方無出，動遭牽制，良可惋惜。」故向朝廷進言：「向使曾國藩補授江督在三年以前，其措施必不至是。」〔註188〕

即使屢受打擊，曾國藩等仍將一切艱巨視為理學修為磨礪之途，以信義相聚合，相互扶持激勵，而一旦艱難起立於鋒鏑之間，則其用世之志因屢受困抑而益見勃鬱恢張。曾國藩自言其志：「本以不顧生死自命，寧當更問毀譽？」〔註189〕劉蓉曰：「反躬而自責，則吾道固廣，吾德日新，或者吾志亦將有大白之一日。……流俗之毀譽榮辱，其能入有道之懷而攖吾慮乎？」〔註190〕曾國藩即便是在軍事比較順手之時，也曾在一年多時間內「寄諭責備者七次，御史參劾者五次，從無不平之意形諸顏色。」〔註191〕李續宜為此勸導曾國藩「先儒有言，凡遇不得意事，試取更甚者譬之，心地自然涼爽。」〔註192〕

（二）革弊興利的經世舉措

如何改造官僚體系，興利革弊，以正風氣，使之更廉潔，更有效率，更符合儒家道德準則，成為湘軍的首要之選。湘軍人物深刻認識到「自古迄今，未有官由賄得，政以賄成，而國尤不亂者也。」〔註193〕曾國藩說：「州縣略好一分，百姓略安一分，即吾輩清夜自思，可自慰一分。」他讚賞胡林翼的吏治改革是「以王者之心，行伯者之政」，功在天下。」〔註194〕湘軍人物一旦身膺疆吏，具備實現理想的基本條件，無不率以治吏為功。曾國藩任江督時言：「三吳吏治不能整頓，以此負國負民，非吾平生所忍」。〔註195〕

6 冊，北京：社會科學文獻出版社，2013：497。

〔註188〕毛鴻賓，統籌東南大局折（咸豐十一年七月十三日）；毛尚書奏稿：卷3：撫湘疏稿，朱漢民，丁平一，湘軍：第4冊，267。

〔註189〕曾國藩，曾文正公書札：卷24，傳忠書局，1876：26。

〔註190〕劉蓉，覆郭筠仙中丞書；養晦堂文集：卷7，朱漢民，丁平一，湘軍：第6冊，449。

〔註191〕曾國藩，覆鮑春霆軍門；曾文正公全集：書札：卷31，朱漢民，丁平一，湘軍：第6冊，65。

〔註192〕柳詒徵，陶風樓藏名賢手札：李續宜覆曾國藩（二），朱漢民，丁平一，湘軍：第6冊，271。

〔註193〕劉蓉，致某官書；養晦堂文集：卷3，4～5。

〔註194〕曾國藩，覆胡林翼；曾國藩全集：書信：第2冊，長沙：嶽麓書社，1992：1516。

〔註195〕趙烈文，能靜居日記（同治六年九月十日），朱漢民，丁平一，湘軍：第7冊，176。

1. 能於治吏

湘軍人物並非徒託空言的道德家，而是具有極強認知力、洞察力、實行力的理學信徒。湘軍之所以能在短短數年之內，上無奧援，憑一己之力，扭轉數省風氣，獨創一代格局，與歷代改革家的結局判若殊途，就在於湘系經世集團在理學思想引導下，本末兼修，勇於踐行，德足以運其才，智足以去其弊，力足以成其勢，能足以集其事。其中多數人本身就是能人幹吏，對官場積弊、社會問題察之既久，悉之既深，舉措行政，往往能洞見機宜，切中時弊。

如駱秉章「外樸內明，於賢、不肖之尤著者，口雖不言，而辨之甚精，既能推轂賢才，賢才亦樂為之用。至其清介自守，尤為一時封疆大吏所不及，此其建樹之本也。」〔註196〕「故威行於府縣，貪靡之風幾革。」〔註197〕左宗棠「遇將士不尚權術，惟以誠信相感孚，貪夫悍卒，一經駕馭，罔不貼然。」〔註198〕

在戰爭進行的同時，胡林翼即開始著手吏治。他從自身做起，行止之時，不索取州縣應酬。「不張蓋，不設儀仗，不戴頂，不入署，……惟萬萬不准糧臺及州縣費用一文。天下作大官人，視州縣應酬為天經地義，除需索供應，講究應酬，別無所思，別無所知，是可恥也，必力矯之。」〔註199〕一經克復湖北省城，即「奏蠲江夏等四十六州縣田糧，以蘇民困；復牙帖，開鹽釐，以裕軍儲。」〔註200〕胡氏根據「五年大熟，州縣乃或報災，經臣駁斥在案；六年大饑，州縣轉不報災，經臣駁斥在案」之情形，斷定「湖北牧令多不得人。」提出「今欲嚴禁陋習，與群吏更始，請皇上敕下部臣，暫勿拘臣以文法、資格，行之數年或可改觀。」〔註201〕直接向皇帝要不為文法所拘，從根源上力行整飭吏治的特殊政策。

2. 明於察吏

郭嵩燾評價當時湖南北兩地撫臣駱秉章、胡林翼「不過認真兩字。認真得一分，便有一分收驗。……事事認真。吏治軍務兩事，都有幾分結實可

〔註196〕薛福成，駱文忠公遺愛；庸庵筆記：卷2：史料，朱漢民，丁平一，湘軍：第8冊，679。

〔註197〕王闓運，湘軍志：湖南防守篇第一，長沙：嶽麓書社，1983：11。

〔註198〕葛虛存，軼事；陳澤珲主編，長沙野史集鈔：上部古人筆記，長沙：嶽麓書社，2011：267～268。

〔註199〕胡林翼，再致鄂中僚友；胡林翼集：第2冊，長沙：嶽麓書社，1999：209。

〔註200〕王闓運，湘軍志：湖北篇第三，長沙：嶽麓書社，1983：34～35。

〔註201〕王闓運，湘軍志：湖北篇第三，長沙：嶽麓書社，1983：34～35。

靠。」〔註202〕胡林翼理政反對「鄉民望官衙如滄海」，注重調查研究。在貴州黎平任知府時，就十分注重親近士紳，毫無官場架勢。「延見士類及椎結苗頭，以保甲冊籍為團練張本。自朝至莫，口不絕音。其士類來見，或坐或立，其苗頭來見，或賜以酒食，令其據地而坐，均詳詢以民情地勢，使各得盡其意而去。」認為為官「不因親民而賤，不因簡傲不親民而貴也。」〔註203〕胡氏「遇四方之使，雖小吏末弁，引坐與談，舉所述聞見，隨筆記之，以備參考。」〔註204〕因此，湘軍人物凡任地方，均能查察民情冷暖，熟悉風土地勢。

湘軍人物一改過往含混模糊的作風，強調對人才的考察辨析，分辨賢愚。劉蓉批評當時官場「立法以興廉，而廉不必興，設律以去貪，而貪者不必去。舉措既乖，賢愚斯混，欲求濟治，詎可得乎。」〔註205〕將對吏才的清晰考量作為治吏的先決條件。胡林翼說「救天下之急證，莫如選將；治天下之真病，莫如察吏。兵事如治標，吏事如治本。」〔註206〕「為政之要，千條萬縷，而大綱必在得人。」〔註207〕胡林翼對「所派官紳，各視才地所宜，時加手書訓戒，綜覈名實，精力絕人。」〔註208〕胡林翼對於屬吏，常「揚善公庭，規過私室。」〔註209〕對於治才短缺，玩忽職守者，「必擇其尤玩者特劾之。天下之好劾人者，林翼是也；天下之至不好劾人者，亦莫林翼若也。」〔註210〕其主政湖北，「劾鎮道丞守以下數十人，與屬吏更始，禁應酬，嚴奔兢，崇實黜華。於是在官者稍稍推廉尚能，知吏事矣。」〔註211〕

湘軍人物多根據理學原則，形成一套從現實場景和細節入手，富有辯證思想的「察人之法」。如王鑫自言：「人或譽之，而我偏於譽之之時得其短，

〔註202〕郭嵩燾日記（咸豐八年十二月初二日），朱漢民，丁平一，湘軍：第7冊，北京：社會科學文獻出版社，2013：218。

〔註203〕胡林翼，麻城縣稟陳地方情形批；胡林翼集：第2冊，長沙：嶽麓書社，1999：1008。

〔註204〕徐宗亮，歸廬談往錄：卷1：錄上，朱漢民，丁平一，湘軍：第8冊，622。

〔註205〕陸寶千，劉蓉年譜，臺北：中央研究院近代史研究所專刊（40），1979：36。

〔註206〕胡林翼，致周樂；胡林翼集：第2冊，長沙：嶽麓書社，1999：169。

〔註207〕閻敬銘編，胡文忠公遺集：卷10，同治七年醉六堂重刊本；13。

〔註208〕李元度，胡文正公事略；國朝先正事略，朱漢民，丁平一，湘軍：第9冊，134。

〔註209〕方濬師，讀「胡文忠遺集」；蕉軒隨錄：卷4，朱漢民，丁平一，湘軍：第8冊，508。

〔註210〕胡林翼，再致鄂中僚友；胡林翼集：第2冊，長沙：嶽麓書社，1999：209。

〔註211〕李元度，胡文正公事略；國朝先正事略，朱漢民，丁平一，湘軍：第9冊，131。

人或毀之，而我偏於毀之之下見其長，此察人自旁人者也；我欲揚之，不遽揚也，時凡抑之，以聽其自露，我欲抑之，不遽抑也，時反揚之，以聽其自呈，此操縱之在我者也。人有心而我無心，人無心而我有心，不觀於人所公睹之地，而察於人所易忽之處，庶幾乎情偽可辨，而用之不得其當者鮮矣。」「若推其本，則必先使我心真如鑒之渣滓淨盡，而後妍媸畢照，如衡之毫釐不爽，而後輕重不淆」。〔註212〕胡林翼則「每於理財之中暗寓查吏之法。」〔註213〕其對屬員「勤接見，決壅蔽」，「諮之以謀而觀其實，告之以禍而觀其勇，臨之以利而觀其廉，期之以事而觀其信。」〔註214〕

　　曾國藩言：「求才之道約有三端：『曰訪察、曰教化、曰督責。探訪如鷙鳥、猛獸之求食，如商賈之求財；訪之既得，又須辨其賢否，察其真偽。教者，誨人以善而導之以其所不能也；化者，率之以躬而使其相從於不自知也；督責者，商鞅立木之法，孫子斬美人之意，所謂千金在前猛虎在後也。」〔註215〕相比王鑫，曾國藩倒多了些法家權術意蘊。曾氏又說：「人之才品，萬有不同，大要惟質樸可為久。」「吾欲以勞、苦、忍、辱四字教人，故且戒官氣，而姑用鄉氣之人。」〔註216〕從根本上還是將儒家德性標準放在首位。同時又提出對人的考察必須以我為主，重客觀表現，並且持續不斷。「故愛其才而以我用之，可也，愛其才而以我從之，不可也；愛其才而不以人言為憑，必從而節取之，可也，愛其才而必謂人言為不足憑，不復從而審察之，不可也。」〔註217〕

3. 果於進退

　　劉蓉深刻指出，官員進退賞罰的黜陟之典已敗壞不堪，是吏治腐敗的根源所在。「黜陟亂則國何以治，刑賞乖則民何以措。」〔註218〕曾國藩言「吾輩所

〔註212〕王鑫，與朱石翹太守書（三年七月十二日）；王壯武公遺集：卷8：書札1，朱漢民，丁平一，湘軍：第6冊，北京：社會科學文獻出版社，2013：461。
〔註213〕王定安；求闕齋弟子記：卷7：平寇4，朱漢民，丁平一，湘軍：第9冊，69。
〔註214〕胡林翼，覆張石卿中丞啟；宦黔書牘3；胡文忠公遺集：書牘卷54，朱漢民，丁平一，湘軍：第6冊，131。
〔註215〕曾國藩全集：日記：第1冊：咸豐十年六月二十九日，長沙：嶽麓書社，1987：516。
〔註216〕曾胡治兵白話句解，濟南，山東書局（改訂版），民國二十一年（1932）：26～28。
〔註217〕郭嵩燾，致伯兄家書（一）；雲臥山莊尺牘：卷8，朱漢民，丁平一，湘軍：第6冊，734。
〔註218〕劉蓉，致某官書；養晦堂文集：卷3，劉蓉集：第2冊，長沙：嶽麓書社，2008：47。

慎之又慎者，只在用人二字上，此外竟無可著力之處。」〔註219〕湖南巡撫毛
鴻賓認為「天下之治亂在乎用人之當否，所用賢則綱紀振飭，法度修明，雖亂
世亦可為治；所用非賢則綱紀倒置，法度廢弛，雖平時亦可以致亂。」〔註220〕

　　吏治之難源於選官之難、體例之繁。「欲補一官，須詢部例，欲委一缺，
先問省章。賢能者苟無歷俸之資，則不可以驟升；庸懦者苟無貪劣之績，則不
可以竟黜。非是則部詰於上，吏持於下，按籍以索才，濫竽而備數，欲求激勵
人才之效，詎可得乎！」〔註221〕咸豐之初，官場積於素習，無人敢於直言，
無人勇於執法，甚至兵敗失城亦一無查究，上下相沿，萎靡不振。「郴州、道
州連次潰陷，大吏從不查參，即至避匿逃回亦無一言論及，以致效尤接踵，習
為故常。」〔註222〕湘軍人物於「積玩之後，振之以猛，」開始以進退賞罰為
主的改革整頓。

　　劉蓉對晚清官場用人導向有著深刻的揭露：「究心民瘼者，雖積資累年，
仍潦倒而淹下吏。」〔註223〕「稍有潔己自好者，不惟白首下僚，無望夫官階
之轉，而參劾且隨之；而貪污者流，既以肥身家，樂妻子，而陞擢之榮，歲且
數至。……此豈其情也哉！」〔註224〕為改變這種「逆淘汰」式的官場規則，
湘軍人物不遺餘力。胡林翼為維持吏治清明，強調說：「在此一日必劾貪官怯
將，所謂一息尚存，此志不懈矣。」〔註225〕胡林翼甫經履任，就提出「軟熟
者不可用，詔諛者不可用，胸無實際、大言欺人者不可用。」〔註226〕「擇吏
必右寒畯而左膏粱，欲其知稼穡艱難斯民情偽也。」〔註227〕胡林翼對僚屬和
州縣主官在任用上區別對待，尤為重視去偽革蔽，「佐襍必不能不循資格，否

〔註219〕曾國藩，曾文正公書札：卷9，傳忠書局，1876：22。
〔註220〕毛鴻賓，遵旨敬陳管見折（同治四年二月二十七日）；毛尚書奏稿：督粵疏稿：
　　　　　卷16，朱漢民，丁平一，湘軍：第4冊，335。
〔註221〕劉蓉，覆左季高中丞書；養晦堂文集：卷6，朱漢民，丁平一，湘軍：第6
　　　　　冊，435。
〔註222〕張亮基，查明湖北失事文武各員折（咸豐三年三月十七日）；張大司馬奏稿：
　　　　　卷3，朱漢民，丁平一，湘軍：第4冊，18～19。
〔註223〕劉蓉，再保賢能牧令疏；陸寶千，劉蓉年譜，臺北：中央研究院近代史研究
　　　　　所專刊（40），1979：288。
〔註224〕劉蓉，致某官書；養晦堂文集：卷3，4～5。
〔註225〕胡林翼集：第2冊：書牘，長沙：嶽麓書社，1999：149。
〔註226〕曾胡治兵白話句解，濟南，山東書局（改訂版），民國二十一年（1932）：30。
〔註227〕李元度，胡文正公事略；國朝先正事略，朱漢民，丁平一，湘軍：第9冊，
　　　　　北京：社會科學文獻出版社，2013：143。

則司吏胥高下其手，而撞騙萬端。……惟州、縣有民社之寄，斷不可僅守資格，要缺必須遴員差委，例得酌量。……昔在黔、湘，見藩臬某某，動輒言例，無一事不照例，實則無一事真照例。京官有所囑託，或吏有賄求，如鼓答桴，其應如響。」〔註228〕曾、左均認定貪鄙者不可用，左宗棠認為「人才唯好利、沒幹兩種不可用」，曾國藩則補充說：「好利中尚有偏裨之才，唯沒幹者決當屏斥。」〔註229〕

湘軍人物在選才用人上態度鮮明，舉措分明，「浮偽之士在所必屏。」〔註230〕鑒於許多中高層官員痼習深厚，激之不賞，罰之不懼，故尤其注重從社會下層士紳中選用能吏將才，對確有效驗者，能以不次之擢。曾國藩「舉塔齊布於戎行，識羅澤南於諸生，拔楊載福於卒伍，延彭玉麟於筦庫，保胡林翼以大用，而湖南懈沓之風由公一變。」〔註231〕時人評價曾國藩「其大綱首在於知人。凡其所保舉者，無不為干城之器，因而發縱指使，無往不宜。」〔註232〕胡林翼亦說：「辦事全在用人，用人全在破格。」〔註233〕「士民之稍異庸流者，望頂戴官職如登天，駕馭而用之，破格以憂之，其力自倍。」〔註234〕特別注重選用士紳中稍有才識，且具功名心者，以獲取力半功倍的效果。胡林翼「密薦忠亮宏濟之才十有六人」，如閻敬銘、嚴樹森、羅遵殿、劉其銜等後「多任封疆與開藩者」。〔註235〕

左宗棠一經履任浙江，即「奏甄別浙江道、府、州、縣十八員，分別降、革、勒休有差。」〔註236〕同治九年，曾國藩到任直隸總督。「舉賢才十餘人，黜貪墨者二十餘人，當時風氣為之大變。」〔註237〕

〔註228〕胡林翼，致兩司；胡林翼集：第2冊，長沙：嶽麓書社，1999：336～337。
〔註229〕曾國藩全集：第25冊：書信4，長沙：嶽麓書社，2011：312。
〔註230〕郭嵩燾日記（同治元年閏八月初五日），朱漢民，丁平一，湘軍：第7冊，241。
〔註231〕朱孔彰，曾文正公別傳；咸豐以來功臣別傳，朱漢民，丁平一，湘軍：第9冊，3。
〔註232〕論飭取考語：申報第2698號（1880年11月2日），朱漢民，丁平一，湘軍：第8冊，174～175。
〔註233〕胡林翼，致莊惠生；胡林翼集：第2冊，長沙：嶽麓書社，1999：338。
〔註234〕胡林翼，啟呂方伯；胡林翼集：第2冊，長沙：嶽麓書社，1999：47。
〔註235〕胡林翼，胡文忠公遺集：首卷：胡文忠公行狀，同治武昌刊本，5。
〔註236〕李慈銘，越慢堂日記：孟學齋日記甲集：（同治三年十二月初二日），朱漢民，丁平一，湘軍：第7冊，212。
〔註237〕方宗誠，柏堂師友言行記：卷3，朱漢民，丁平一，湘軍：第8冊，501。

湘軍人物中，如彭玉麟、閻敬銘等皆嫉惡如仇，敢於重拳治吏，直聲遍朝野。彭玉麟「每盛怒，則見之者皆不寒而慄。每年巡哨，必戮數人，……其兵額常缺，自揣不能朦混者多夜遁，僉呼之為活閻王。」〔註238〕「由珂里起程，其寡媳送行時，往往跪請此行幸勿殺人。」〔註239〕「自奉巡江之命，不獨水師整頓，即東南數省大小吏，亦未敢過於貪酷」。〔註240〕閻敬銘以翰林改戶部主事，不畏強權，執法敢任。胡林翼謂有風骨，奏請來營效用，旋署湖北按察使。湘軍大吏如沈葆楨「以風厲為主，善燭奸私，動輒參殺，官吏慄慄，詳文、控狀、奏稿嘗自批自作，幕友無所挾其能。」〔註241〕

（三）整肅吏治的制度化成就

正如王闓運所說「所貴乎豪傑者，為其能開拓心志，轉移俗人之風尚也。」〔註242〕湘軍人物自秉政以來，抱定轉移風尚之志，大力肅貪、治賄、去蔽、懲惰，欲與民更始，恢復儒家政治秩序和道德法統。胡林翼言：「吾輩不必世故太深，天下惟世故深誤國事耳。……專意揣摩迎合，吃醋搗鬼，當痛除此習，獨行其志。陰陽怕懵懂，不必計及一切。」〔註243〕湘系經世派的整肅吏治，不是運動式的激情整肅，而是以制度創設為手段，補弊糾偏，標本兼治，形成了一系列制度化成就。

1. 嚴治胥吏，還權於官

吏治渾濁，與胥吏弄權密切相關，這一弊端延綿日久。科舉出身的官員多不諳律令科條，不悉地方人情，甚至缺乏應有的行政素質，一聽胥吏之為區畫。清人趙翼亦言：「條例過多，竟成一胥吏之天下，而經義盡為虛設耳。」〔註244〕且官員多為流官，書吏多為本土，官少而吏多，一遇官員懶政不察，能力庸下者，則胥吏上下其手，播弄權勢，許多地方實權幾乎掌握在胥吏之

〔註238〕李伯元，蘭亭筆記：卷8，朱漢民，丁平一，湘軍：第8冊，北京：社會科學文獻出版社，2013：735。

〔註239〕書彭宮保太保軼事：申報第6138號（1890年5月24日），朱漢民，丁平一，湘軍：第8冊，329。

〔註240〕歐陽昱，見聞瑣錄：前集：卷4：彭剛直，朱漢民，丁平一，湘軍：第8冊，709。

〔註241〕歐陽昱，見聞瑣錄：前集：卷1：任中丞，朱漢民，丁平一，湘軍：第8冊，704。

〔註242〕王闓運，湘軍志：援江西篇第十，長沙：嶽麓書社，1983：110。

〔註243〕胡林翼，致嚴樹森；胡林翼集：第2冊，長沙：嶽麓書社，1999：532。

〔註244〕干春松，制度化儒家及其解體，北京：中國人民大學出版社，2003：24。

手，至清代而尤甚。「府吏胥徒之屬，不名一藝，而坐食於州縣之間者以千
計⋯⋯玩法舞文，羅織無辜之苦，其尚可問也哉！⋯⋯使毒歸閭里，怨歸朝
廷。」〔註245〕胡林翼言「書差貪虐之風，實有不可遏止之勢。依仗盛勢，
魚肉鄉愚。稍有人心，為之髮指。」〔註246〕郭嵩燾甚至言：「本朝則與胥吏
共天下耳！」〔註247〕

胡林翼認為「大清律易遵而例難盡悉，刑律易悉而吏部處分律難盡悉，
此不過專為吏部生財耳，於實政無絲毫之益。夫疆吏殫竭血誠以辦事，而吏
部得持其短長，豈不令英雄氣短乎？」〔註248〕又云：「六部之胥，無異宰相
之柄。予謂條例日繁，弊端日甚。」〔註249〕中樞如此，地方官吏尤甚。胡氏
因此明確提出應「取書役之權，還之於官。」〔註250〕王鑫力主「痛懲書役之
弊，以次及於刁矜地棍。」〔註251〕閻敬銘任山東藩臺，時藩庫「僅存銀數千
兩，其故由州縣虧空，賄屬幕友、書吏，通同蒙蔽，牢不可破，歷年大吏，
不能清理。」閻下令核算。諸幕書力言事不可行，百端作難。閻敬銘震怒之
下徹查，「弊竇盡發露。籍州縣一百五十三家，殺書吏數人，逐幕友十餘
人。⋯⋯數年，藩庫積銀至五百萬兩。」〔註252〕湘軍將領蔣益澧「功名既成，
復折節讀書，禮下才士。⋯⋯因延杭州二拔貢生在廨講論，躬師事之。⋯⋯
後二生以公事干請，公許之，告薦者曰：『師命固不敢違，然恐後來難繼，為
我敬謝先生。』於是二先生辭而去，公厚贈焉。」〔註253〕

為防止胥吏弄權，曾國藩對官員提出「六必躬親」的要求，即放告之期親
自收狀、差票傳人親自刪減、命盜案件必須親自勘驗，承審限期親自計算，監

〔註245〕劉蓉，致某官書；養晦堂文集：卷3，劉蓉集：第2冊，長沙：嶽麓書社，
　　　　2008：46。
〔註246〕胡林翼集：第2冊：家書，長沙：嶽麓書社，1999：1018。
〔註247〕徐珂，清稗類鈔：卷11：胥役類，北京：中華書局，1986：5250。
〔註248〕胡林翼，致左宗棠；胡林翼集：第2冊，長沙：嶽麓書社，1999：79。
〔註249〕王之春，椒生隨筆：卷5：論部吏，朱漢民，丁平一，湘軍：第8冊，532。
〔註250〕胡林翼，箚各州縣革除錢漕弊政；胡林翼集：第2冊，長沙：嶽麓書社，1999：
　　　　978。
〔註251〕王鑫，與左季高先生（四年八月初五日）；王壯武公遺集：卷8，朱漢民，丁
　　　　平一，湘軍：第6冊，471。
〔註252〕歐陽昱，閻相國，見聞瑣錄：前集：卷1，朱漢民，丁平一，湘軍：第8冊，
　　　　北京：社會科學文獻出版社，2013：701～702。
〔註253〕朱孔彰，蔣果敏公別傳；咸豐以來功臣別傳，朱漢民，丁平一，湘軍：第9
　　　　冊，458。

禁管押之犯常往看視,「每日牌示頭門,每月冊報上司,必須親自經理」,如此「則聽訟之道,失者寡矣。」並明示「如其怠惰偷安,不肯躬親者,記過示懲;如其識字太少,不能躬親者,嚴參不貸。」〔註254〕

2. 嚴於督責,勤政清訴

為齊一心志,湘軍力倡督責之法,對於敷衍塞責者毫不留情面。如彭玉麟在安慶,「命府縣限三日內,將間巷所貼偽示剔除淨盡。」而屆期通衢果無偽示,「及入窮街僻巷,則見偽示張貼者如故,且多悖逆之辭。」彭玉麟「知其猶是官場敷衍舊習,召首府擢發罵之,復奮拳毆之。」〔註255〕胡林翼在湖北「專意吏事,懲貪惡,任賢能,吏治蒸蒸然日上。」〔註256〕

曾國藩教訓官吏:「造福造孽,只在吾人寸心一轉移間耳。」勒令「通省上下,皆以勤字為本,自有一種旭日初升氣象。」〔註257〕胡林翼也說:「須知官勤一刻之力,民受三時之福;官盡一分之心,民受無窮之利。」〔註258〕曾國藩任職江南、直隸,發布《諭巡捕門印簽押》《勸誡淺語十六條》《直隸清訟事宜十條》等科條,嚴令屬官、從吏及地方遵守。強調「凡為督撫者,以不需索屬員為第一義。」要求僚屬「不許凌辱州縣。……不許收受銀禮。……不許薦引私人。」〔註259〕曾國藩言「為州縣者,苟盡心於民事,是非不得不剖辨,讞結不得不迅速。」嚴禁在執法時「不訊不結,不分是非,不用刑法」,長期拖延,斥之為「名為寬和,實糊塗耳,懶惰耳,縱奸惡以害善良耳」。〔註260〕為此曾國藩以督責之法明確辦案時限,「黑白較然,不稍含混,一變向來麻木不仁之習。」〔註261〕在嚴厲督責下,直隸一省「一年之中,清理三萬餘件,

---

〔註254〕曾國藩,直隸清訟事宜十條,曾文正公全集:詩文:雜著:卷4,朱漢民,丁平一,湘軍:第3冊,104~105。

〔註255〕薛福成,彭尚書迴翔文武兩途;庸庵筆記,卷2,朱漢民,丁平一,湘軍:第8冊,682。

〔註256〕李元度,胡文正公事略;國朝先正事略,朱漢民,丁平一,湘軍:第9冊,134。

〔註257〕曾國藩,直隸清訟事宜十條,曾文正公全集:詩文:雜著:卷4,朱漢民,丁平一,湘軍:第3冊,104。

〔註258〕錄胡文忠公致前貴州荔波令今遷江蘇郡守嚴君錫康手札;申報第1936號(1878年8月16日),朱漢民,丁平一,湘軍:第8冊,156。

〔註259〕曾國藩,諭巡捕門印簽押;曾文正公全集:詩文:雜著:卷3,朱漢民,丁平一,湘軍:第3冊,86。

〔註260〕曾國藩,勸誡淺語十六條;曾文正公全集:詩文:雜著:卷3,朱漢民,丁平一,湘軍:第3冊,88。

〔註261〕曾國藩,直隸清訟事宜十條,曾文正公全集:詩文:雜著:卷4,朱漢民,

積案皆決。」〔註262〕

3. 引用士紳，破除文法

湘系經世派十分注重吏治人才培養，並形成了一套較為有效的聚才、識拔、選育和薦用之法，總體在不拘一格參用士紳，其核心在於幕僚制度。

咸豐初，張亮基、駱秉章兩任湖南巡撫開創了信用士紳之風，打破了官民暌隔的政治沉悶風氣，也客觀地促進了士紳權力的提升擴張，擴大了清政府的統治基礎。「元明以來，官民之分愈嚴，上下之情愈隔，故治癒弗良。張、駱二公參用紳士，實有深意。」〔註263〕「自寇亂以來，地方公事官不能離紳士而有為。」〔註264〕

曾國藩在地方財政事務中，也提出「用地方官不如用委員，用委員不如用紳士。」〔註265〕「又思委員之道，以四者為最要：一曰習勞苦以盡職，一曰崇儉約以養廉，一曰勤學問以廣才，一曰戒傲惰以正俗。紳士之道，以四者為最要：一曰保愚懦以庇鄉，一曰崇廉讓以奉公，一曰禁大言以務實，一曰擴才識以待用。」〔註266〕胡林翼也說：「近年宦途頗難，牧令既少真才，佐雜尤多庸妄。其心術見識不堪設想，不如士民之真性未漓，可激以忠義。」〔註267〕湘軍注重人法相依，延用士紳，大力引用體制外的士紳參政，目的在於排除習氣太深的熟軟官僚，擴大求才渠道，同時拓展經世的政治基礎。湘軍所治之地，紳權一度上升，胥吏之氣一度受到遏抑。湖南在很大程度上形成官紳共治之局，「貪靡之風幾革」。

湘軍人物在用人方面，已心獨斷，不拘文法。如駱秉章任命黃淳熙為湘鄉知縣，「不由藩司。……賴史直失城，當議罪，而更奏薦，後竟補岳州知府，於是文法拘格悉破矣。」〔註268〕疆吏用人不循常法，斷以己意，進一步增強了督撫權力，在提高行政效率的同時，也削弱了中央集權制。督撫之

丁平一，湘軍：第 3 冊，107。

〔註262〕方宗誠，柏堂師友言行記：卷 3，朱漢民，丁平一，湘軍：第 8 冊，501。

〔註263〕朱克敬，瞑庵二識：卷 1，朱漢民，丁平一，湘軍：第 8 冊，北京：社會科學文獻出版社，2013：563。

〔註264〕鄭焱，近代湖湘文化概論，長沙：湖南師範大學出版社，1996：105。

〔註265〕湖南通志：卷 59：食貨志 5：榷稅，朱漢民，丁平一，湘軍：第 7 冊，363。

〔註266〕曾國藩全集：日記：第 1 冊，長沙：嶽麓書社，1987：654。

〔註267〕胡林翼，覆張石卿中丞啟；宦黔書牘 3；胡文忠公遺集：書牘：卷 54，朱漢民，丁平一，湘軍：第 6 冊，131。

〔註268〕王闓運，湘軍志：湖南防守篇第一，長沙：嶽麓書社，1983：11。

權崛起，其餘藩、臬不再直接對朝廷負責，幾成督撫屬吏。

　　曾國藩建立起了近代中國史上人數最眾、才學最優、人才最盛、影響最大的幕府。曾國藩賦予幕府的主要職能一是佐治，即延請幕友人才協助參謀軍政，辦理文書、錢糧等具體事務。二是儲才，不拘一格延請各類才俊，既有實用型的幹才，也有從事純理論研究的學術型人才。容閎謂：「總督幕府中亦有百人左右，幕府外更有候補之官員、懷才之士子，凡法律、算學、天文、機器等等專家，無不畢集，幾於舉全國人才之精華，彙集於此。」〔註 269〕三是育人。曾國藩他將天下要務分為兵事、吏事、餉事、文事四項，培養人才的方法主要有課讀、歷練、言傳身教、定期考試等。四是成宦。湘軍幕府，特別是曾國藩幕府，幾乎成為理學經世派的大本營，也歷練成就了大批文武兼備的濟世幹才。「其文職官至實缺（含署職）鹽運使以上者五十二人，武職官至實缺（含署職）總兵、提督者四人。其中大學士二人：文華殿大學士李鴻章、東閣大學士左宗棠。軍機大臣二人：左宗棠、錢應溥。督撫堂官二十三人，……布政使、按察使、鹽運使二十六人。……從事科研、教育、翻譯、文學活動的著名科學家、學者、文學家十三人……。」〔註 270〕時人稱「近日封疆專閫，大半出公門，曾侯相所謂薦賢滿天下，良不誣也。」〔註 271〕

三、儒學經濟改造財政：財賦管理中的有效建樹

　　湘軍肇始之初，即面臨「東南財賦之區概遭蹂躪，開源（絕）〔節〕流兩窮於術」的嚴峻局勢。〔註 272〕湘軍師行所至，必須自行籌糧籌款，攻城復地，還有大量災民難民需要救助。這都決定了湘軍必然將財政建設置於重要地位。

　　為此，湘軍力持按戰時體制改造地方財政，循經濟規律開源節流，在「湘中財賦不及江浙七郡之一」的情況下，湖南一地在駱秉章和湘系理學經世派主持下，「內固疆圉，外救鄰封」。十餘年中，「未嘗請大府之錢，未嘗乞鄰邦之助，兵無饑噪之事，民無困敝之虞。」〔註 273〕僅咸豐五年十月至八年秋，湖

〔註 269〕容閎，西學東漸記：第 13 章：與曾文正之談話，朱漢民，丁平一，湘軍：第 8 冊，761。

〔註 270〕朱東安，曾國藩集團與晚清政局，北京：華文出版社，2007：152。

〔註 271〕王之春，胡文忠薦賢；椒生隨筆：卷 8，朱漢民，丁平一，湘軍：第 8 冊，533。

〔註 272〕湖南通志：卷 59：食貨志：5：榷稅，朱漢民，丁平一，湘軍：第 7 冊，北京：社會科學文獻出版社，2013：363。

〔註 273〕駱秉章，左文襄公答毛寄耘中丞書；駱文忠公自訂年譜，朱漢民，丁平一，

南對江西，就陸續加增水陸勇丁 19000 有餘，用餉至 260 萬餘兩，……另協濟江西軍餉 23 萬兩。〔註 274〕湖南湖北憑地方之力養兵十數萬，援軍輻射四方，多為兩湖供餉，仍有餘力接濟外省。

而這一經濟奇蹟，仍離不開湘系經世派的理學思想。左宗棠總結駱秉章主持湖南財政的成功，「局外百端揣擬，莫測所由，熟知廉慎仁恕之德足立其本，精誠專一之行足善其用也。」〔註 275〕湘系經世派整頓地方財政時，自律以嚴，施政以慎，臨民以仁，待人以恕，並以此為理財之本。同時以精誠專一的理學之道指導理財，講求理學精微之道，誠正辦事，在方法上求專，在政策上一以貫之。湘軍所從事者，大略有以下幾事：

（一）廣財源而裕軍實

曾任中樞之臣的曾國藩清醒地看到嘉道以後清王朝國庫的空虛。「以天下之大而無三年之蓄，汲汲乎惟朝夕之圖。」〔註 276〕軍興後，太平軍攻佔金陵，繼而北伐西征，江南富庶之地相繼被兵，大量餉源斷絕，地方糜爛不堪，國庫更加拮据。軍興三載，已開支軍費 2963 萬餘兩，「現在部庫僅存正項待支銀二十二萬七千餘兩，七月份應發兵餉尚多不敷」。〔註 277〕1853 年，清廷為減輕財政負擔，下令疆吏將帥就地籌餉。

新軍屬勇營性質，沒有國家經費保障，自然更形艱難。最初幾個月尚由湖南藩庫供餉，然自移駐衡州後，除少數款項由戶部指撥和外省協濟外，所用餉需幾乎全部自籌。墨絰從戎以來，曾國藩等不僅要著手招募訓練，更要自籌經費，雖百計羅掘，仍入難敷出。「自來辦軍務者專主督師，不及籌餉，今既兼須籌餉矣，籌餉之外，又復籌糧，籌糧之外，又須籌運，千憂百慮，業集於一人之心，節節艱難，步步滯礙。」〔註 278〕然而湘軍初創的喜悅使羅澤南無形中流露出一股豪意。在給朋友的信中回憶：「吾輩治兵，而君（指朱堯階）與

　　　　湘軍：第 9 冊，189。

〔註 274〕駱秉章，清駱秉章先生自敘年譜：咸豐八年，臺北：商務印書館，1978：91。

〔註 275〕駱秉章，左文襄公答毛寄耘中丞書；駱文忠公自訂年譜，朱漢民，丁平一，湘軍：第 9 冊，189。

〔註 276〕朱孔彰，曾文正公別傳；咸豐以來功臣別傳：卷 1，朱漢民，丁平一，湘軍：第 9 冊，2。

〔註 277〕張集馨，道咸宦海見聞錄，北京：中華書局，1981：377。

〔註 278〕劉蓉，覆駱籥門宮保書；養晦堂文集：卷 7，朱漢民，丁平一，湘軍：第 6 冊，446。

筠仙、樹堂籌餉，天下事乃取辦吾輩數人之手。」〔註279〕

　　湘軍立軍之初，軍費拮据，正項不足，遂開辦捐輸等補充。特別是捐輸有賣官爵之實，「自咸豐軍事興，一再減成，所在設局，各省又請領空白執照，委員分途勸捐，減之中更有減，至於千金可得縣到省，百金可得佐雜到省，而吏治真淆雜不可問矣。」〔註280〕由於政府軍需孔亟，不得不一再降低賣官標準，導致吏治更加混亂。因協餉不時至，捐輸不定額，均不能持久。而晚清湖南「向稱瘠土，非商賈輻輳之地，山澤之貨，關市之稅，厥利甚微。」〔註281〕故不得不另闢餉源。湘軍平定太平天國及後來西征，軍費來源結構有所不同：前期主要依靠兩湖地方財稅，以地丁、漕政、鹽政、關稅、釐金為大宗。後期以江南及他省協餉、海關稅、釐金、借外款等為主。如左宗棠西征新疆，「前後至借洋商、民商一千數百萬，隨時以協款抽償，經營一載，士飽馬騰。」〔註282〕具體而言，同治十三年左宗棠奏借洋款三百萬兩，光緒四年續借洋款五百萬兩，後復新借三百五十萬華、洋各款，主要歸江蘇、浙江、廣東、湖北四省協餉中還本付息。〔註283〕

　　釐金實則屬商業流通稅，按過境商品價值約百分之一收取，故曰釐金。清代長期以來未實行該稅制，因咸豐年間軍務開支浩繁，遂有釐金之議。「釐金之議，創於上元周騰虎，即漢代算緡法也。揚州某帥奏行之，駱秉章繼行於湖南，胡林翼又仿行於湖北。」〔註284〕由於太平天國截斷長江水路，湖南驟然成為南北商業要道。如醴陵原僻處東南，少有商人往來。自咸豐三、四年後，大江梗塞，「凡江、浙、閩、粵、川、黔諸商賈率道乎是，舟車往來，絡繹不絕。」〔註285〕這些都為湖南開辦釐金提供了條件。

　　經駱秉章、左宗棠等籌畫，湖南釐局自一開始就注重制度設置，參用官紳，相互鈐制，「天下皆有釐局，而湖南立法最善。其法兼用官紳，互相鈐

〔註279〕郭嵩燾日記：第 1 卷：咸豐十一年七月十五日，長沙：湖南人民出版社，1980：467。

〔註280〕郭振鏞，湘軍志平議；湘軍史專刊之一，長沙：嶽麓書社，1983：249。

〔註281〕湖南通志：卷 59：食貨志 5：榷稅，朱漢民，丁平一，湘軍：第 7 冊，北京：社會科學文獻出版社，2013：358。

〔註282〕朱孔彰，左文襄公別傳；中興以來功臣別傳，朱漢民，丁平一，湘軍：第 9 冊，121。

〔註283〕欽定平定陝甘回匪方略：光緒四年戊寅：卷 308，朱漢民，丁平一，湘軍：第 5 冊，457。

〔註284〕朱克敬，瞑庵雜識：卷 2，朱漢民，丁平一，湘軍：第 8 冊，552。

〔註285〕鄭焱，近代湖湘文化概論，長沙：湖南師範大學出版社，1996：71。

察，分局司事，皆命於總局。而聽分局之舉劾，制若郡縣然。」收取釐金，「所有江、楚、廣、南各色貨物，總以每錢一千抽收二三十文上下為率，……如買賣零舖，不能指定貨色，難以計算者，即酌量按月抽捐。」〔註286〕主要對大宗商品，於農夫小販則不予收取。每一收稅，「為三聯票，一存分局，一上總局，一與商人。朔望揭數與衢，使商人得糾局短長，故不能大為奸利。」〔註287〕通過定期公示，取信於人。隨著軍事行動延伸，湘軍還於外省添設釐局，專抽東征軍餉，實行隔省辦釐之法。

　　湘軍人物力主釐金，還有一個儒家文化背景，即寧可損商而不願病農，防止重蹈明末稅課太重導致農民淪為流民。釐金主要從行商坐商大宗商品中收取，不直接取之於農，而且稅額較低，對市場物價影響有限，民生亦能樂業，商賈仍復流通。曾國藩說：「軍興以來，士與工商生計或未盡絕，惟農夫則無一人不苦，無一處不苦。農夫受苦太久則必荒田不耕；軍無糧則必擾民；民無糧則必從賊；賊無糧則必變流賊，而大亂無了日矣。故今日之州縣，以重農為第一要務。病商之錢可取，病農之錢不可取。」〔註288〕胡林翼也說：「搜括之政。儒者不尚。然軍政係億萬生靈之命。軍餉係水陸三萬餘兵勇之命。兩害相形。則取其輕。兩利相形。則取其重。與其饑軍而誤地方，無若取商賈之利以援大局。」〔註289〕

　　同時，湘軍人物批判了當時流行的釐金病民之說，一方面強調釐金「助餉積成鉅款」的重要作用，「果使別有生財之道，夫孰肯居聚斂之名？」一方面指出施行釐金以來「而農安於野，士安於家，商賈亦相安於市，百物價值初未騰貴，民間無所謂病也。」批判動稱抽釐為弊政之說「但為局外之空談，未究局中之情事，則聖門恥於言利，凡人皆若可疑，欲舉一以概其餘，將因噎而竟廢食。」〔註290〕

〔註286〕駱秉章，保舉鹽茶釐金兩局出力官紳折（咸豐八年四月二十三日）；駱文忠奏稿：卷8，朱漢民，丁平一，湘軍：第4冊，135。

〔註287〕朱克敬，暝庵雜識：卷2，朱漢民，丁平一，湘軍：第8冊，552。

〔註288〕曾國藩，勸誡淺語十六條；曾文正公全集：詩文：雜著：卷3，朱漢民，丁平一，湘軍：第3冊，88。

〔註289〕胡林翼，荊宜施道稟沙市客幫懇變抽釐章程批；胡林翼集：第2冊，長沙：嶽麓書社，1999：961。

〔註290〕毛鴻賓，湖南釐金仍照舊章辦理折（同治二年三月初二日）；撫湘疏稿；毛尚書奏稿：卷9，朱漢民，丁平一，湘軍：第4冊，北京：社會科學文獻出版社，2013：315～316。

胡林翼大力整頓湖北多年來的漕糧積弊，截留京餉，自辦捐稅，主要是徵收過境川鹽與百貨釐金，湖北遂號稱全國第一富省。「總計以上釐金三百多萬，田賦一百七八十萬，再加上捐輸等收入，正常情況，每年財政收入當達五百多萬。較之道光末期，猛增六七倍。」〔註291〕胡林翼等通過財政整頓和稅制改革，在湖北建立起獨立的地方財政體系。並以一省之財力養兵五六萬。在財務調撥方面，湘系督撫取得了最大的自主權，完全不用通過藩庫，僅憑督撫一紙書，各局當即可辦。如胡林翼駐軍黃州時，一日念及餉事，取白紙，草書數行刊印，加關防馳遞。令各路釐局各辦釐金三萬串。「紙去不十日，錢船絡繹而至。」〔註292〕

（二）重理財而節用度

湘軍人物從戎從政，將理財作為經世的必備能力，且在理財的具體舉措上多有創見。羅澤南說：「往年寒苦讀書，錢貨全不繫懷，一入戎行，時時較量，師行而糧食，不得不仰仗此物以圖天下事也。」〔註293〕湘軍在成軍之後，駱秉章、曾國藩、胡林翼、左宗棠等對軍內財政多有建樹。時人稱「文忠公（駱秉章）理財之法，冠出一時。」〔註294〕

1. 多方節省軍費開支

因連年戰爭，地方財政艱窘異常，甚至官吏連正常的薪酬都無著落。曾國藩提出節用之法，以期公私兩全。「節用之道，莫先於人少。官親少，則無需索酬應之繁；幕友家丁少，則減薪工雜支之費。官廚少一雙之箸，民間寬一分之力。此外衣服飲食，事事儉約，聲色洋煙，一一禁絕；不獻上司，不肥家產。用之於己者有節，則取之於民者有制矣。」〔註295〕曾國藩在軍制中明確規定湘軍開支最高限額。「凡帶千人者，每月支銀不准過五千八百兩。凡統領萬人者，每月支銀不准過五萬八千兩。凡帶百人者，用長夫不准過三十六名。凡帶千人者，用長夫不准過三百六十名。」〔註296〕胡林翼因湘軍餉銀

〔註291〕龍盛運，湘軍史稿，成都，四川人民出版社，1990：195。

〔註292〕徐宗亮，歸廬談往錄：卷1：錄上，朱漢民，丁平一，湘軍：第8冊，621。

〔註293〕羅澤南，與左季高先生論湖南協餉書；羅忠節公遺集：卷6，朱漢民，丁平一，湘軍：第6冊，329。

〔註294〕徐宗亮，歸廬談往錄：卷1：錄上，朱漢民，丁平一，湘軍：第8冊，622。

〔註295〕曾國藩，勸誡淺語十六條；曾文正公全集：詩文：雜著：卷3，朱漢民，丁平一，湘軍：第3冊，88。

〔註296〕曾國藩：曾文正公全集：詩文：雜著：卷2：營制，朱漢民，丁平一，湘軍：

概發湘平，後所收庫平，「每百申出三兩六錢，另儲備發，積少成多，遂成鉅款。」即利用兩種成色白銀的差價節省開支。又因「湖北銀少錢多，……於是銀錢對放。如放銀十兩，以五兩為實銀，十千實錢為率。時市銀易錢，每兩千有五百，糧臺漲價，竟至五百。……文忠之意，以錢易銀，徒為商賈謀利，不如暗益員勇。員勇薪資不寬，籍以津貼。」〔註297〕即用銀、錢糧臺兌換比而不以市場兌換比發放軍餉中的銅錢部分，以補貼員勇。曾國藩為解決軍中欠餉問題，還令李元度、曾國荃、李續賓、張運蘭、鮑超等部以增廣本府、縣學額的方式，先後報捐抵扣欠餉數十萬兩。這種強制報效的做法實為不得已而為之，對軍隊士氣有一定影響，也曾受到社會輿論的批評。

2. 確立銀錢不外散的後勤循環機制

水師不僅為陸師提供運兵機動，而且「戰船之後，須多雇民船隨行，銀、錢、米、鹽、油、炭百物之需無不備，醫卜、雜流、匠工諸色之人無不載。凡兵勇紮營，即以船為市，所發之餉，即換舟中之錢；所換之錢，即買舟中之貨。如此一來，銀錢總不外散，而兵勇無米鹽缺乏之患、無昂貴數倍之苦。」〔註298〕湘軍中內部金融循環機制，首在利不外流，後勤保障有利可圖，既提升了軍隊保障工作的積極性，又基本消除了大軍所經因供需矛盾造成物價陡長，更防止了大軍與民間貿易而可能造成的社會矛盾。這一做法主要依靠強大的水師轉運能力，後期在西北作戰就不具備這種條件，左宗棠則採取利用民間力量組織物資駄運。湘軍所鑄新疆銀元以一兩為率，高於規制的七錢二分，使隨軍商人有利可圖。故隨軍商人趨之若鶩，稱之為「趕大營」。同治光緒年間甘肅新疆等地外地人除湘人外，以天津人為多，且多為隨軍商販。

3. 確立了不發全餉的財務規則

湘軍征戰時期，只按期發生活費，「餘則分哨記注，存於公所。」「湖北各營兵餉，近年均係酌減五成發給，湖南……其餘各營官兵俸餉銀兩均暫行欠發三成，由藩庫實發七成。比較湖北尚多二成。」〔註299〕至兵勇裁革遣散之時，僅酌發川資，「由糧臺給一印票，至後路給清。」「如此有三利焉：營

　　　第3冊，83。

〔註297〕徐宗亮，歸廬談往錄：卷1：錄上，朱漢民，丁平一，湘軍：第8冊，622。

〔註298〕李志茗，湘軍：成就書生勳業的「民兵」，上海：上海古籍出版社，2007：68。

〔註299〕毛鴻賓，各營官兵俸餉欠成籌放折（同治二年五月初十日）；撫湘疏稿；毛尚書奏稿：卷9，朱漢民，丁平一，湘軍：第4冊，北京：社會科學文獻出版社，2013：320。

哨員不能私侵暗蝕，一也；勇不能任意開銷，出營流落，二也。回籍餘資，尚可營生，三也。」〔註300〕同時，這種不發全餉，存於公所的財務管理機制，已經具備銀行的雛形，不發全餉，以有限之銀保障運轉，可極大緩解軍餉難籌的問題。

4. 建立軍需轉運制度

湘軍為支撐戰爭需要強化了後勤轉運保障。在咸豐二年於湖南省垣設軍需總局（同治十二年改善後局），「為通省支發匯總之所」，後又於咸豐十一年分設報銷局，專司銷算造報。〔註301〕為支持鎮壓貴州苗變，又設長沙轉運局，芷江、黔陽軍米局，「均為此次援黔各軍便於解運軍火、接濟軍食而設。」自設置安慶內軍械所，開始製造近代化火器以來，湘軍再於光緒二年新設製造機器局，仿造洋槍各件。〔註302〕曾國藩通過容閎至美國購買母機，創設機器局，逐步建立起了近代軍事工業體系。

湘軍西征，糧草轉運艱難，經左宗棠等精心策劃，建立起了三條運輸孔道：「由肅州道哈密，為車運；由包頭、歸化城道蒙古草地，為駝運；由俄羅斯道塔城，為俄運。均輸之古城。遠者五千里，近亦三千里。」〔註303〕保障了西征軍所需。這也是中國軍隊第一次規模化購買外國糧食補充軍需。在千里轉移過程中，採取「層遞銜接」的辦法，使「人畜得以稍舒，而士氣常新」。〔註304〕

5. 改變地方稅收結構

釐金雖非湘軍所創，但湖南、湖北釐金卻因其制度完備，效果良好而在晚清獨樹一幟。從始至終，地方商稅釐金都是湘軍軍費的重要來源。湖南「咸豐軍興以來，創設釐金局，專榷商賈，初入銀錢，歲各數十萬計，軍餉賴之。」〔註305〕「計自咸豐五年四月設立釐金局，咸豐六年三月設立鹽茶局，試辦以來，至上年（咸豐七年）十二月底止，總計撥解藩庫軍需局省平銀一百零七萬九千五百八十九兩七錢九分零二絲，足典錢一百四十七萬一千零二十五

〔註300〕徐宗亮，歸廬談往錄：卷1錄上，朱漢民，丁平一，湘軍：第8冊，624。
〔註301〕光緒朝東華錄：光緒六年，朱漢民，丁平一，湘軍：第5冊，493。
〔註302〕光緒朝東華錄：光緒六年，朱漢民，丁平一，湘軍：第5冊，494。
〔註303〕曾毓瑜，新疆靖寇記；征西紀略：卷4，朱漢民，丁平一，湘軍：第8冊，661。
〔註304〕魏光燾，勘定新疆記序，朱漢民，丁平一，湘軍：第2冊，640。
〔註305〕湖南通志：卷59：食貨志5：榷稅，朱漢民，丁平一，湘軍：第7冊，358。

串零八十六文，均經陸續支發軍餉。」〔註306〕即近兩年零八個月時間內，合每年獲銀四十萬兩以上。湖南釐金後來還有增長，據後任巡撫毛鴻賓奏，釐金歲入約在百萬內外。〔註307〕與此同時，湖南一省地丁應徵額只91萬餘兩。〔註308〕從以上數據分析可知，湖南釐金數年內增長迅速，超過了地方正賦收入。「於是商賈之輸納不異田賦正供矣。」〔註309〕這標誌著晚清稅收結構的重大變革，即以釐金為代表的商業稅超過了以地丁為主的正賦。

曾國藩鎮壓太平天國期間，報銷軍費二千萬兩有零，其中釐金一項，約占一千六百萬左右。〔註310〕「宗棠受命西征，自同治七年至光緒六年，先後十有三年，總計支出之數，約逾一萬萬二千萬有奇。」〔註311〕西征各軍「計日授食，每月需八九萬兩，」以十三年共156個月計，共1248萬兩～1404萬兩。〔註312〕可見軍餉約占西征軍軍費的十分之一左右。左宗棠因西征軍用浩繁，不得不另片奏請「釐金一項，……為數尚巨，似可移作西征軍餉。」朝廷接受了這一建議，經戶部奏准，「每歲於各海關洋稅、各省釐金項下，割提實銀四百萬兩，分給陝、甘。」〔註313〕其中於各海關六成洋稅項下，指撥一百萬兩，則各省釐金約占三百萬兩，仍居大頭。

6. 施行口外屯田

左宗棠在分析了陝甘地區「地方荒瘠，物產非饒」「舟楫不通，懋遷不便」「新疇已廢，舊藏旋空」「生穀無資，利源遂塞」「食物翔貴，數倍地方」「軍興既久，公私交困」「轉饋艱難，勞費倍常」「受降之後，散遣無歸」等

〔註306〕駱秉章，保舉鹽茶釐金兩局出力官紳折（咸豐八年四月二十三日）；駱文忠奏稿：卷8，朱漢民，丁平一，湘軍：第4冊，北京：社會科學文獻出版社，2013：135～136。

〔註307〕毛鴻賓，湖南釐金仍照舊章辦理折（同治二年三月初二日）；撫湘疏稿；毛尚書奏稿：卷9，朱漢民，丁平一，湘軍：第4冊，314。

〔註308〕王慶雲，直省地丁表；石渠餘紀：卷3；龍盛運，向榮時期江南大營研究，北京：社會科學文獻出版社，2011：256。

〔註309〕湖南通志：卷59：食貨志5：榷稅，朱漢民，丁平一，湘軍：第7冊，363。

〔註310〕朱東安，曾國藩集團與晚清政局，北京：華文出版社，2007：197。

〔註311〕朱德裳，續湘軍志；湘軍史專刊之一，長沙：嶽麓書社；279。

〔註312〕易孔昭，胡孚駿，劉然亮，平定關隴紀略，朱漢民，丁平一，湘軍：第2冊，593。

〔註313〕易孔昭，胡孚駿，劉然亮，平定關隴紀略，朱漢民，丁平一，湘軍：第2冊，593。

困難之後，表明自己「立意仿漢趙充國，開屯田以省轉饋，撫輯以業災民，且防且剿，且耕且戰，」以期「奠此一方，永弭後患。」〔註314〕湘軍自從征西北，自甘陝以至新疆，均採取這種防剿並舉，耕戰結合的方法，逐步推行屯田，「兵屯與民屯措置，取其糧以贍軍，墾其地足以助民。」〔註315〕緩解了邊遠疆域作戰轉運困難、物價騰貴、軍食不濟、民生凋敝等現實問題。

湘軍並非簡單套用歷代屯田之法，而是改革舊制，以防止因屯田而削弱軍隊戰鬥力。左宗棠反對傳統「寓兵於農」之法，認為軍事與農耕「譬猶左畫圓右畫方，兩者相兼，必致一無所就。是且戰之民不能戰，且耕之民不暇耕也。」為此，他提出「必分別兵農，責兵以戰，課農以耕，而後餉事可節，兵事可精也。」〔註316〕所以，湘軍在西域推行的屯田，是以地方部隊和流民為主的，而不是簡單地化兵為民。伴隨屯田的，是水利和商業的恢復與興盛。「寧夏有秦、漢之渠，甘、涼有天山之雪，以灌以溉，旱暵無虞。二郡之外，水利猶未興也。乃相其陰陽，觀其流泉，分飭防軍代民挑築。……渠成則小旱不能為之災，自今歲其有矣。」〔註317〕屯田取得了很好的成績，如新疆一地，「墾地至一千萬餘畝。」〔註318〕戰後數年棉花、糧食生產達到了新的高度，商路通達、物產豐饒，稅收及軍糧逐漸充盈。

（三）除弊政以蘇民困

財政枯竭，民怨沸騰，主要原因之一在於地方財政弊政累累，官僚從中盤剝中飽。羅澤南言「竭生民之膏血，填無厭之谿壑，上下交徵，無所不至，天下之禍，遂有不知所終極者。」〔註319〕在整肅吏治的同時，湘軍的經濟政策也同樣指向了地方財政管理中的弊病。湘軍人物對地方財政的改革，動因始由軍餉不濟，次為蘇減民困。

〔註314〕易孔昭，胡孚駿，劉然亮，平定關隴紀略，朱漢民，丁平一，湘軍：第 2 冊，592。

〔註315〕易孔昭，胡孚駿，劉然亮，平定關隴紀略，朱漢民，丁平一，湘軍：第 2 冊，601。

〔註316〕魏光燾，勘定新疆記，朱漢民，丁平一，湘軍：第 2 冊，620。

〔註317〕易孔昭，胡孚駿，劉然亮，平定關隴紀略，朱漢民，丁平一，湘軍：第 2 冊，北京：社會科學文獻出版社，2013：601。

〔註318〕袁大化修，王樹枏等纂，新疆圖志：卷28：實業1：農，朱漢民，丁平一，湘軍：第 7 冊，781。

〔註319〕羅澤南，公孫下，讀孟子箚記：卷 1；羅澤南集，長沙：嶽麓書社，2010：288。

1. 整頓釐金

釐金興起，雖然緩解了財政危機，而「各省仿之。然不免中飽。」湖南辦理釐捐之初，即「由撫臣駱秉章參稽輿論，體察商情，仿唐臣劉晏引用士流之法，不歸衙署，不假手吏胥，力除關卡陋習。」〔註320〕大大提高了釐金的成效。釐金之法，「歸局而不歸署，以防胥吏索需之源，用官而兼用紳，以通商民難達之隱。」〔註321〕故「綜計每歲所入，雖衰旺不同，大約總在百萬內外，頻年保境援鄰，支持危局，深資其力。」其原因即「用人立法，權衡悉當，收解胥歸復實，商民久相信從，用能有俾餉需，無傷政體。」〔註322〕湖南釐金在駱秉章等的辦理下，財政重心由傳統的藩庫轉移到了局庫，「藩司列銜畫行，莫能問其數。局庫之儲倍於藩庫。」〔註323〕

胡林翼在湖北亦仿湖南成法，「精思熟慮，法劉晏『理財用士人』一語，加以章程課法，詳密周至，遂立富強之效。」〔註324〕郭嵩燾主政廣東，針對「粵東貿易皆仕宦之家為之，坐釐不能辦也。所辦行釐，又皆士紳包攬，分別設卡稽查，商旅不勝其煩，又一皆督轅主之。」經「輾轉籌商，始獲裁汰各卡，歸併一局辦理，遽增至一百四十餘萬兩。」〔註325〕

2. 清減漕丁

除釐金外，湘軍財政改革另一個重點是漕折地丁。漕糧是由東南地區漕運（以運河、海運等方式運輸）京師的稅糧，是除地丁之外的重要稅源，後不運實糧，改為折銀，因攤入運輸成本和沿途損耗等，所需繳納的價格要遠遠高於市場價。咸豐三年，部定漕米變價，每石只折銀一兩三錢，而各省州縣照舊浮收，而「楚南地丁向來每兩加五錢，漕米折色向來每石收銀六兩。四、五兩年，穀價賤，錢價賤，民間每年收租穀百石，須賣去穀三十餘石方能完糧，佃戶除納租外，收得穀石不敷工本，以致紛紛退佃。」〔註326〕湖北

〔註320〕毛鴻賓，湖南釐金仍照舊章辦理折（同治二年三月初二日）；撫湘疏稿；毛尚書奏稿：卷9，朱漢民，丁平一，湘軍：第4冊，314。
〔註321〕湖南通志：卷59：食貨志5：榷稅，朱漢民，丁平一，湘軍：第7冊，360。
〔註322〕毛鴻賓，湖南釐金仍照舊章辦理折（同治二年三月初二日）；撫湘疏稿；毛尚書奏稿：卷9，朱漢民，丁平一，湘軍：第4冊，314。
〔註323〕王闓運，湘軍志：湖南防守篇第一，長沙：嶽麓書社，1983：11。
〔註324〕姚永樸，舊聞隨筆：卷3：胡文忠公，朱漢民，丁平一，湘軍：第8冊，840。
〔註325〕郭嵩燾，玉池老人自敘，朱漢民，丁平一，湘軍：第9冊，306。
〔註326〕駱秉章，駱文忠公自訂年譜，朱漢民，丁平一，湘軍：第9冊，196。

「加至數倍，鄂省竟有每石十數千者，上下因之交困。」〔註327〕由於負擔太重，導致不安於農的嚴重事態。

因戰亂，地方政府得以截留漕折以充軍費，給了湘軍整頓漕政的機會。咸豐五年，左宗棠決心「改制，取中飽者充公佐餉」，在湘潭始試行，「定丁糧加四錢，減於前三錢；漕折石銀三兩，減於前四兩；南折石一兩，減於前二兩。凡減浮收銀四萬，實增正納三萬餘兩。」湘潭書吏抗不收稅，駱秉章又斷然許士民設局，自徵自解。結果十月開徵，至十二月止，不僅本年田賦全部交納完畢，歷年舊欠亦交納過半，總計收銀十多萬兩。〔註328〕為在長沙、善化兩縣推行，駱秉章將激烈反對改革的糧道謝煌、署善化縣令謝廷榮撤任，嗣後，先後批准長沙、善化、寧鄉、益陽、衡陽、衡山等縣錢漕較重者悉按湘潭章程。咸豐帝為此朱批讚賞駱秉章：「久任封疆，所陳皆歷練有據之倫，洵非以耳為目者比。」〔註329〕駱秉章主政湖南，「減納價，核官吏中飽，裁監司例取，省費億計。……民減賦，而國用增。其後湖北、江西皆仿而行焉。」〔註330〕

胡林翼於咸豐七年春間創設減漕，嚴裁冗費，祛百年之積弊，受到皇帝朱批獎諭。經整頓，「統計湖北減漕一項，每年為民間省錢一百四十餘萬串，為帑項增銀四十二萬兩，又節省提成銀三十一萬兩，利國利民，但不利於中飽之蠹。……故湖北瘠區養兵六萬，月費至四十萬之多，而商民不疲，吏治日橫。」〔註331〕其法「下不剝民，上可裕國，實去其中飽耳。……民困由是大蘇。」〔註332〕湘軍人物在整頓地方漕糧浮折，剔除官吏中飽方面，再一次走在了各省前列。後來曾國藩在兩江，閻敬銘在山東，都推行了減漕折的政策。

3. 穩定貨幣

清政府為籌措軍費，且因滇銅無法北運，銅材嚴重短缺，遂於咸豐年間發行當十、當百、當五百、當千虛值大錢，頒令各省鑄造，後又推行紙幣。而在湖南，「每卯私鑄比官鑄更多，私鑄價值比官錢減半，故錢店皆買私鑄之大錢，

〔註327〕王定安，求闕齋弟子記：卷7：平寇4，朱漢民，丁平一，湘軍：第9冊，69。

〔註328〕陳嘉榆，（光緒）湘潭縣志：卷6，長沙：嶽麓書社，2010：144。

〔註329〕駱秉章，駱文忠公自訂年譜，朱漢民，丁平一，湘軍：第9冊，北京：社會科學文獻出版社，2013：196。

〔註330〕王闓運，湘軍志：湖南防守篇第一，長沙：嶽麓書社，1983：10。

〔註331〕王定安，求闕齋弟子記：卷7：平寇4，朱漢民，丁平一，湘軍：第9冊，69。

〔註332〕方宗誠，柏堂師友言行記：卷3，朱漢民，丁平一，湘軍：第8冊，501。

而不買商店之大錢，以致商店之大錢無處銷售。兵民以大錢贖當，當店收得大錢亦堆積不能流通，旬日之間，省城貿易歇業者不知凡幾，即省城雇工之人，支得一半大錢，回家亦不能用。冬月杪，省城民情詢詢，幾至罷市。」駱秉章果斷出示「停用當五十當百大錢，當十者仍聽民便，並定以八成制錢，收繳大錢一千，分段清查，「數日之內，已清查城廂內外當五十、當百大錢共一十六萬餘貫，而在局發出有數可稽者止九萬餘貫，是私鑄已將及半。」徹查之下，始悉長沙府家人與爐頭通同舞弊，即「將管局之委員革職，長沙府家丁絞決，爐頭絞決一人，其餘分別遣流，作為長沙府自行查出，交部議處。」〔註333〕後朝廷推行虛值紙幣，駱秉章則託詞請求湖南緩辦。左宗棠評價駱秉章「其遺愛之尤溥，無如剔漕弊、罷大錢兩事。」稱讚其「靖未形之亂，不動聲色，而措湖湘如磐石之安，可謂明治體而識政要，非近世才臣所能及也。」〔註334〕

4. 改革鹽法關稅

食鹽專賣是清代財政收入的重要來源之一，為增加財政收入，特別是解決軍餉問題，湘軍人物對鹽法也進行了改革。郭嵩燾言：「鹽法數十年必一變。利之所趨，弊即乘之，故常有所變更以持其弊。」〔註335〕

湘軍鹽政改革的主要舉措有向商人發行鹽引籌措軍費，甚至也採取軍隊捆鹽自賣以抵扣軍餉的非常措施。同時增鹽、茶釐稅，加大對私鹽的打擊力度。如郭嵩燾在兩淮鹽運使任上，就大刀闊斧制止私鹽，杜絕舞弊，不僅解清欠款，而且大大增加庫收，以助軍餉。其自謂：「在任一月，南臺欠餉，一例解清，皖餉支解一萬。」〔註336〕在辦理海關稅方面，郭嵩燾早年曾「奉諭查辦山東海口稅務，鉤致二百餘年之積弊，歲得課稅二百萬。」〔註337〕

（四）謀善後而賑斯民

湘軍起自民間，與綠營八旗等軍隊相比，更注重軍民關係的處理，倡導

〔註333〕駱文忠公自訂年譜：左文襄公答毛寄耘中丞書，朱漢民，丁平一，湘軍：第9冊，189。

〔註334〕駱文忠公自訂年譜：左文襄公答毛寄耘中丞書，朱漢民，丁平一，湘軍：第9冊，189。

〔註335〕郭嵩燾，覆淮南引地議；養知書屋詩文集：文集：卷25，朱漢民，丁平一，湘軍：第3冊，235。

〔註336〕郭嵩燾，玉池老人自敘，朱漢民，丁平一，湘軍：第9冊，北京：社會科學文獻出版社，2013：305。

〔註337〕郭崑燾，伯兄筠仙先生五十壽序；蘿華山館遺集，朱漢民，丁平一，湘軍：第3冊，265。

愛民。晚清戰亂，東南富庶之地幾無完土，令人睹景神傷，不得不思善後之策。而從政治上來說，湘軍人物也意識到「不恤民饑，則亂民有所籍口，而無以責之。」〔註338〕「倘兵過而仍撫馭失宜，終成不了之局，更增後顧之憂。」〔註339〕政府救助職責的缺失，必然在道德上受到譴責，為了政府的「合法性」和與太平軍爭奪民心，湘軍也必須把救濟民眾作為必然之責。

曾國藩描述「徽池、寧國等屬，黃茅白骨，或竟月不逢一人；蘇浙之田，多未耕種。」他通過對太平軍的觀察對比，預言：「粵匪初起，頗能禁止姦淫，聽民耕種。……今耕者廢業，煙火斷絕，賊行無民之境，猶魚行無水之地，豈有能久之理？……昔年賊之所至，築壘如城，掘壕如川，近日亦就草率；而官軍修壘濬壕，遠勝於昔；賊中群酋受封至九十餘王之多，各爭雄長，敗不相救；而官軍和衷共濟，三江兩湖，呼應靈通。」〔註340〕在戰爭的天平向己方偏移之時，湘軍得以騰出更多精力籌措善後，以減輕戰爭對社會的損害。

安撫難民，恢復社會秩序與生產秩序等善後工作，較之軍事更為不易。「帶勇剿賊，其事尚易，處無事之地，撫初歸復業之民，則約束稽查，有倍難於臨陣者。」〔註341〕彭玉麟在戰爭期間多方設法籌給「每縣各三千金，給買牛種，招民復業，收成後，將牛種原本讓三還七收回。又給歉湊足三千金，再買牛種，如是者數年，民歸復業益多。……又聞江寧亂時，城中婦女千餘人，逃至江干，有為楚船誘去者，公飭水師截留，暫置之安慶。及金陵克復，乃使各歸其家云。」〔註342〕「若紳士被難之家，其婦女則僅登簿籍，令歸其家，而朔望給錢米周之，不令入普育堂者，養其恥也。」〔註343〕漢中收復後，劉蓉入府城，「見屍骨縱橫，輒慟哭，命悉棺斂，官瘞之，奏免丁糧，恤忠烈，借給牛、種，以收人心。」〔註344〕

在賑濟難民方面，左宗棠形成了一系列救濟制度。同治元年四月，左宗

〔註338〕梅英傑，湘軍人物年譜：第1冊，長沙：嶽麓書社，1987：199。

〔註339〕郭崑燾，致張石卿撫部亮基；雲臥山莊尺牘：卷5，朱漢民，丁平一，湘軍：第6冊，705。

〔註340〕王定安，湘軍記；湘軍史專刊之二，長沙：嶽麓書社，1983：126。

〔註341〕郭崑燾，覆易仲潛司馬孔昭；雲臥山莊尺牘：卷4，朱漢民，丁平一，湘軍：第6冊，699。

〔註342〕方宗誠，柏堂師友言行記：卷3，朱漢民，丁平一，湘軍：第8冊，500。

〔註343〕方宗誠，柏堂師友言行記：卷3，朱漢民，丁平一，湘軍：第8冊，501。

〔註344〕王闓運，湘軍志：川陝篇第十三，長沙：嶽麓書社，1983：142。

棠疏言：「臣軍行所至，目睹災民男婦，露宿野處，道饉相望，有數日不得一食者，有一家餓斃數口者。……此等饑民，何忍任填溝壑。日夜思維，憂心如搗。」〔註345〕「我到浙以後，日坐愁城，目睹情形，幾於淚彈為河矣。一切賑救之策，皆從無中生有，黽勵圖之。」〔註346〕左宗棠直接以軍糧賑濟災民，以救一時之急。同治元年冬，左宗棠即以巡撫身份通檄已覆各屬，頒布賑濟善後條列十二事，同時，增鹽、茶釐稅，船戶釐稅等，並勸捐紳富籌集救濟經費，規定「設法全活百人者，準詳明實績，給予六品功牌。」〔註347〕又令府縣各同善局，委託廉幹紳士主事。一為收養幼孩，或發給親族領回，有拐賣者，事發斬首；或送鋪戶學習手藝，姿性穎異者送入義學讀書；或給他人收做養子，均由官給予執照。一為收養婦女。「由局發棉麻，課令紡績織成布疋，歸局發售，以充經費。十歲以下，如無可歸依，本地人民願收留作女作媳者，官給執照為憑。」一為撫恤孤寡殘廢，一為收埋骸骼。〔註348〕同時，左宗棠對軍隊嚴加約束，嚴禁拐擄擾索欺凌民間。與左矛盾甚深的郭嵩燾亦言「左帥至粵，橫決一時，得其函十餘，惟聞詬詈之聲。然居粵境兩月，於各州縣無稍苛擾，並犒軍銀三萬，亦卻之，而以其兵米之餘，放嘉應賑一千石，鎮平八百五十石。一切磊落出之，真可謂豪傑。」〔註349〕即使對從前曾任太平天國鄉官的士紳，亦行區別對待，對「有因家族累重，脅迫不堪，勉受偽職者」不再追究。〔註350〕左宗棠平浙之後，「於省城設立清賦局，議減三分之一，並裁浮費，定為經制。……最為善政之大者。」〔註351〕

　　湘軍平定甘陝，仍「一邊進剿，一邊善後」。「師行所至，先設賑局，以招之歸；待其來歸，即給牛種而使之墾；俟其有獲，即廣設義學，散佈書籍

〔註345〕秦湘業，陳鍾英，平浙紀略，朱漢民，丁平一，湘軍：第2冊，98。
〔註346〕左宗棠，與孝威（同治二年十一月初二）；左宗棠全集：詩文家書，長沙：嶽麓書社；1987：78。
〔註347〕秦湘業，陳鍾英，平浙紀略，朱漢民，丁平一，湘軍：第2冊，北京：社會科學文獻出版社，2013：100。
〔註348〕秦湘業，陳鍾英，平浙紀略，朱漢民，丁平一，湘軍：第2冊，北京：社會科學文獻出版社，2013：99～100。
〔註349〕姚永樸，舊聞隨筆：卷2：倭文端公，朱漢民，丁平一，湘軍：第8冊，838～839。
〔註350〕秦湘業，陳鍾英，平浙紀略，朱漢民，丁平一，湘軍：第2冊，北京：社會科學文獻出版社，2013：100。
〔註351〕秦湘業，陳鍾英，平浙紀略，朱漢民，丁平一，湘軍：第2冊，北京：社會科學文獻出版社，2013：101。

而教之讀。」〔註352〕湘軍劉錦堂部進軍新疆,「治軍之暇,兼籌善後事宜。目擊地方凋敝情狀,知最為切要之務,莫急於興水利以除民患、通驛路以便行旅、固城防以資守禦。」〔註353〕在施行水利等各項工程之時,挪用軍餉採取「以工代賑之法」,「按日酌發工價銀兩。」〔註354〕同光以來,湘軍在新疆「清丈土地,斟酌糧草,或照內地至薄之制垂為定例,或仿荒田三年、五年升科之意,以廣招徠,非損下以益上也,順民志以紓民困而已。」〔註355〕通過輕繇薄賦招徠流民,恢復和發展生產。為穩定邊疆,湘軍左宗棠、劉錦堂先後上奏,為新疆畫久安長治之策,請在新疆設行省,改郡縣,揭開了新疆歷史發展的新篇章。

四、儒家理想影響文化形態:湘軍對學統的修復重建

一種文化形態是否能成為主流,重要的標準之一是這看這種文化是否能與主流政治互動,從而對社會產生不可或缺的影響力。換言之,即其能否對政治治統產生直接或間接的重大影響。從文化視角看,湘軍經世集團的崛起,不僅修復了儒學特別是理學的學統,而且通過赫赫事功,重新增強了儒學的社會功用性,溝通了儒學與政治、社會的關係。

湘系士人「文運與國運相表裏」的觀念由來已久。唐鑒高度強調儒學學統:「統紀者何?孔子之學,孔子之教也。……意以之誠,心以之正,身以之修,家以之齊,國以之治,天下以之平。……至矣哉!統紀之所係莫大也;遠矣哉!統紀之歷久愈明也。」〔註356〕咸同湘系經世派人物秉承發揚了文道與治道相統一的文化—政治觀。羅澤南認為「道之興廢」為「世運之盛衰所由係也」。〔註357〕道之不明,士人之見輕於世,在於「惟徒習夫記誦詞章之

〔註352〕易孔昭,胡孚駿,劉然亮,平定關隴紀略,朱漢民,丁平一,湘軍:第2冊,601。

〔註353〕劉錦棠,新疆南路西四城興修各工完竣並籌辦應修各工折(光緒七年七月初二日);劉襄勤公奏稿:卷2,朱漢民,丁平一,湘軍:第5冊,7。

〔註354〕劉錦棠,新疆南路西四城興修各工完竣並籌辦應修各工折(光緒七年七月初二日);劉襄勤公奏稿:卷2,朱漢民,丁平一,湘軍:第5冊,7。

〔註355〕袁大化修,王樹枏等纂,新疆圖志:卷30:賦稅1,朱漢民,丁平一,湘軍:第7冊,783。

〔註356〕唐鑒,朱子學案目錄自序;唐確慎公集:卷1,朱漢民,丁平一,湘軍:第3冊,20。

〔註357〕羅澤南,重修濂溪先生墓記;羅忠節公遺集:卷5;羅澤南集,長沙:嶽麓書社,2010:80。

學，則不復求乎身心性命之學。」〔註358〕他們普遍認為，世道之亂源於人心澆漓，人心澆漓源於學術失正。「吏治之弊由於士行之不修，士行之不修由於學術之不正。……非明學術以敦士行，未由拯斯民之困也。」〔註359〕

湘軍人物征戰之餘，十分重視對儒學學統的修復和士風正道的提倡，自覺起任斯文之責。「七八百年間，湖湘人文日盛，而未聞有大儒名德相踵以起。今相國曾公以道德文章為時歸仰，起鄉兵討賊，一時任將帥若江忠烈、羅忠節、李忠武諸公，乃出宿學，卓然以扶持名教、砥節礪行為心。意將有人焉起任斯文之責者，以相維於兵革摧殘之餘。」〔註360〕

（一）對儒學制度的重建

曾國藩在朝為官之時，曾上疏咸豐帝請求重開經筵講學，恢復這一傳統制度，以增強儒家學統對中樞政治的影響。這一建議雖未採納，卻在湘系經世派中產生了巨大影響，激勵著他們為恢復儒家制度文化而努力。劉蓉稱讚曾國藩道：「老兄經筵之請，實今日鼓勵人才之大機。今即未能驟行，然啟沃之際，不可不常存此意。」〔註361〕為在學術文化上起衰振弊，湘軍人物將修復戰亂地區的儒家制度文化作為首要任務之一。

同治三年湘軍復南京，曾國藩即將修復南京貢院作為善後頭等大事。當年正是全國鄉試之年，一般鄉試均為八月，曾國藩特奏請推遲到十一月。為趕修貢院，曾國藩親自考察，派員採辦木料，廣集工匠。江南貢院修復後，兩江人士，聞風鼓舞。同治三年甲子江南鄉試的舉行，標誌著以南京為中心的江南地區正式恢復納入了儒家政治的傳統軌道。

湘軍將帥多利用自身政治和經濟影響資助倡修州縣志，一時湖南修志成風。彭玉麟、郭嵩燾、李元度、席寶田等湘軍人物都曾參與其中，或親自執筆，或領銜主纂，或重金資助。重修地方志主要為崇節義，紀義舉，重名器，弘揚聖道以正人心風俗，同時也有宣揚湘軍功業的目的。同治一朝湖南全省共有長沙、衡陽、寧鄉、湘陰、桂東、桂陽、新寧等 50 多個府州縣重修地方

〔註358〕羅澤南：羅忠節公遺集：卷 3，朱漢民，丁平一，湘軍：第 3 冊，北京：社會科學文獻出版社，2013：45。

〔註359〕劉蓉，贈賀角生徵士序；養晦堂文詩集：文集：卷 2，朱漢民，丁平一，湘軍：第 3 冊，160。

〔註360〕郭嵩燾，嶽麓書院碑記；養知書屋詩文集：文集：卷 25，朱漢民，丁平一，湘軍：第 3 冊，235。

〔註361〕陸寶千，劉蓉年譜，臺北：中央研究院近代史研究所專刊（40），1979：71。

志。1874 年，曾國荃、郭嵩燾還主纂了《湖南通志》一書。而記錄湘軍戰史的王闓運《湘軍志》和王定安《湘軍記》也相繼成書。

（二）對人才的贊育保全

太平天國之役，江南、北各地十年離亂，被兵之區，世家大族幾乎掃地罄盡，士子顛沛流離。湘軍集團為保存文脈，不僅重用有能力的士人，而且對讀書人極盡保護提攜之責。「兵燹之餘，以培養元氣為主。」〔註 362〕

劉蓉曾建議胡林翼：「荊襄漢黃，為古今生才之地，當設法廣為招徠，以備他日吏才將才之選」，以「保境息民，理財養士」為治鄂要務。曾國藩「督兩江，提倡正學，皖士之號為講學者尤眾，有三聖七賢之目」，當時長江中下游各省著名學者、古文家、科學家，幾乎被曾國藩等搜羅殆盡。〔註 363〕

湘軍人物在大規模擴充經世之才的同時，還利用個人影響為潦倒的名士宿儒遮風避雨，在戰亂中體現出些許文化的溫度。如曾國藩特地設置採訪局，專門收容文士，支給一定薪水，讓他們記錄戰爭中的貞節士女事蹟，以備採擇。在戰爭中為此不急之務，多為接濟文人起見。此外，還「招致宿儒，以樹風聲。……如蘇州陳碩甫先生奐，江寧汪梅村，興國萬清軒，並無一字干之，而公必為移書各督撫，使得所厚養。嘗言：『當茲剝復之交，保全善良，乃為天下留養微陽，以俟元氣之復。』」〔註 364〕曾國藩困守祁門，「為其一生行軍最苦之境。」即便如此，在「手寫遺屬，帳懸佩刀」的危急關頭，仍不忘救濟名士。「一日，忽憶及皖中多經學大師，遭亂顛沛，存亡殆不可知，遂遣人四出存問，存者貽書約相見戎幕，亡者恤其細弱，索其遺文。如桐城方宗城存之、戴鈞衡存莊，歙俞正燮理初，黟程鴻詔伯敷諸家，皆藉以得脫於險。」〔註 365〕對已故的桐城老儒許玉峰、朱魯存、蘇厚子、文鍾甫、戴存莊等，因久而未葬，曾國藩「慨然即出二百金，命各買山葬之。」〔註 366〕

江寧名士汪士鐸「樸實介潔，學問浩博，尤長於地輿，留心時事，不逐聲

〔註 362〕書各省督撫奏陳曾文正公遺事諸疏後：申報第 62 號（壬申六月初六日），朱漢民，丁平一，湘軍：第 8 冊，101。

〔註 363〕龍盛運，湘軍史稿，成都：四川人民出版社，1990：395。

〔註 364〕方宗誠，柏堂師友言行記：卷 2，朱漢民，丁平一，湘軍：第 8 冊，北京：社會科學文獻出版社，2013：497。

〔註 365〕陳康祺，郎潛三筆：卷 6，朱漢民，丁平一，湘軍：第 8 冊，592。

〔註 366〕方宗誠，柏堂師友言行記：卷 2，朱漢民，丁平一，湘軍：第 8 冊，北京：社會科學文獻出版社，2013：497。

利。」金陵城陷後，其「子女俱被難，孤身課經窮山中。文忠招至湖北，為修兵略及地與圖，衣食所費外，無他求也。」〔註367〕彭玉麟「於城內賃大廈三所，便寒士棲止。又開月課，取百人，人給膏火銀三兩，其前列三十名者，則加給銀四五兩。於是皖南北寒畯無歸者，盡得所依矣。」〔註368〕即使殺人如麻的曾國荃，戰後居家之時，「有朱晦庵者流寓長沙，歲暮貧甚，榜其詩於門曰：『申椒零落菊英殘，從古瀟湘作客難。連日市門三尺雪，更無人記問袁安〔註369〕。』公聞之，歎曰：『此我輩責也。』急造訪，贈錢十萬。」〔註370〕

（三）對地方文教事業的保護修復

　　太平軍將儒家經典一概斥之為妖書，對文廟、書院等文化設施及書籍極盡損毀之能事。軍興以來，「東南文字，盡毀於賊。」〔註371〕「中興將帥，每克一省一郡，汲汲然設書局，復書院，建書樓。官書無多，盡人可購。故海內之士多有枕經酛史，堪為世用者。」〔註372〕同治年間，「一時如江南、江蘇、淮南、浙江、江西、湖北、湖南七處，均設立官書局，刻印四部中要籍，流傳甚廣。」〔註373〕

　　為復興儒學，胡林翼在湖北首開書局，刻《讀史兵略》《弟子箴言》。同治初，曾國藩督師江上，「厭兵氣之盛，思以文學消息之，於是即安慶開書局，禮聘東南名宿周騰虎、湯裕、劉毓崧、趙烈文皆與校勘。其後，南京既平，復設金陵書局，延訪戴望、李善蘭、唐仁壽、成儒、劉恭冕、張文虎、汪士鐸入局任事，尤極一時之選。」〔註374〕

〔註367〕方宗誠，柏堂師友言行記：卷2，朱漢民，丁平一，湘軍：第8冊，北京：社會科學文獻出版社，2013：496。

〔註368〕方宗誠，柏堂師友言行記：卷2，朱漢民，丁平一，湘軍：第8冊，北京：社會科學文獻出版社，2013：500。

〔註369〕袁安為東漢明帝時大臣。年輕時家境十分貧寒。「時大雪，積地丈餘。洛陽令身出案行，見人家皆除雪出，有乞食者。至袁安門，無有行路，謂安已死，令人除雪，入戶見安僵臥。問：「何以不出？」安曰：「大雪，人皆餓，不宜干人。」令以為賢，舉為孝廉。（後漢書：袁安傳）。

〔註370〕姚永樸，舊聞隨筆：卷3：曾忠襄公，朱漢民，丁平一，湘軍：第8冊，845。

〔註371〕方宗誠，柏堂師友言行記：卷2，朱漢民，丁平一，湘軍：第8冊，北京：社會科學文獻出版社，501。

〔註372〕鄭觀應，盛世危言：藏書；鄭觀應集：上冊，上海：上海人民出版社，1982：304。

〔註373〕劉體信，萇楚齋續筆：卷3，朱漢民，丁平一，湘軍：第8冊，879。

〔註374〕胡思敬，九朝新語：卷4，朱漢民，丁平一，湘軍：第8冊，797。

曾國藩的安慶書局刻有《王船山先生遺書》，金陵書局刻有《四書》《十三經》《史記》《漢書》諸書。曾國藩幕下、部屬出身的地方大員，如左宗棠在福建刻張儀封所編諸大儒名臣書，在漢口設崇文書局，在西安設關中書局，刊刻儒家六經等；李鴻章在金陵刻《名臣言行錄》，並朱批諭旨等書；吳坤修在安慶刻《乾坤正氣集》及各忠節書；何璟（小宋）在湖北布政使任上刻《十三經》《經典釋文》《胡文忠公遺集》等書；丁日昌（雨生）在蘇州刻《通鑒》《牧令書》諸書。在湘軍人物的帶動下，各地督撫如漕督吳棠（仲宣）在淮上刻《小學》《近思錄》諸書。馬新貽（谷山）在浙江刻《欽定七經》。丁寶楨（稚黃）在山東開局刻《十三經》。〔註375〕掀起了重刻儒家經書和文化典籍的高潮，為恢復和傳承儒家文化作出了貢獻。

羅澤南作為篤信理學的儒將，在戰爭之餘就急迫地保護修繕文化設施。他駐軍衡州，修復石鼓書院，駐軍郴州，修復韓文公叉魚亭。進軍江西九江，「至蓮花峰下，謁濂溪周子墓。墓久傾圮，慨然共修治之。有記存集中。以是年薪水所餘百金，置灣洲義學，又置宗祠祭器。」〔註376〕

湘軍集團對於儒學的弘揚，還體現在湖南等地學額的增長上。清代各級文武學額均有定數，且較為穩定。因湖南一地在科舉考試中不佔優勢，故定額也較低。如順治初，湘鄉縣學額僅12名，雍正四年才增至15名。隨著湘軍在政治軍事領域的崛起，也積極為湖南爭取更多的政治文化資源，其中最明顯的是本土學額的迅速增長。據同治年間《湖南通志》，從咸豐三年開始，長沙、衡州府學增加文武學額分別為各13名、各5名，湖南相關各縣增加文武學額分別達121名。其中最高的為湘鄉縣，分別各增加了13名，最低為茶陵縣，分別各增加了5名。此外，湘軍川籍將領鮑超也通過積欠軍餉報效等形式，積極為家鄉夔州爭取增加學額。

郭嵩燾自言「讀書涉世垂四十年，實見人才、國勢關係本原大計，莫急於學。而自秦、漢以來學校之不修，二千餘年流極敗壞，以至今日。」〔註377〕湘軍人物注重學校、書院建設。特別是湘鄉一地，經湘軍集團努力，縣學由中學升為大學，除每年學額增加外，書院也增至5所。「至同治年間，湘鄉中

〔註375〕方宗誠，柏堂師友言行記：卷3，朱漢民，丁平一，湘軍：第8冊，501。

〔註376〕梅英傑，羅澤南年譜；湘軍人物志年譜：第1冊，長沙：嶽麓書社，1987：10，17。

〔註377〕郭嵩燾詩文集，長沙：嶽麓書社，1984：196。

試者 1616 人。」〔註378〕湘軍人物的教育思想是隨著其經世活動而不斷延伸的。如左宗棠同治五年資助湘陰書院膏火銀 2000 兩，同治九年資助蘭州書院膏火、甘肅鄉試會試士子川資 10000 兩，同治十二年資助重修甘肅平涼柳湖書院，新疆告定，即著手興建學堂。「全疆久淪異域，禮義不興，務在正經善誘，廣設義塾，急選儒生教授回漢各童，俾沾聖化，漸使風俗文字軌於大同，以牖其秉彝之良而格其囂陵之氣。」〔註379〕後又在江陰設立南菁書院。彭玉麟、胡林翼等也積極資助興辦書院。湘軍集團篤信理學卻在文化視野上並不閉目塞聽，在接觸西方先進科學技術特別是軍事技術以後，立即躍而行之，遠見卓識地提議興辦近代學堂甚至倡導留學外洋，促進了中國近代教育發展。郭嵩燾更是將興辦學校，作為改良政治文化的必由之路。「學校之起，必百年而後有成。用其百年之力以滌蕩舊染，又用其百年之力盡一世之人才而磨礪之；又用其百年之力，培養漸積以使之成。……垂三百年而始有振興之望。」〔註380〕

湘軍人物從理學思想中衍生出開新自強的思想，認為技藝雖屬形而下者，但確為學術上達的必由之路。「藝事係形而下者之稱，然志道、據德、依仁、遊藝，為形而上者所不廢。……況自海上用兵以來，泰西諸邦以機器輪船橫行海上，英、法、俄、德又各以船炮互相矜耀，日競其鯨吞蠶食之謀，乘虛蹈瑕，無所不至。此時而言自強之策，又非師遠人之長還以治之不可。」〔註381〕宗棠在閩浙總督任內時，「力請創造輪船，並有正誼堂書局、求是堂藝局之設，所有管駕、看盤、機器均選用閩中藝局生徒承充，並未參雜西洋師匠在內。……此風一開，則西人之長皆吾華之長，不但船堅炮利可以制海寇，即分吾華一郡一邑之聰明才智物力，敵彼一國而有餘。」〔註382〕左宗棠為藝事之學劃定了初步章程，企圖通過在不觸動科舉制根本的前提下改造八

〔註378〕劉鐵銘，湘軍與湘鄉，長沙：嶽麓書社，2006：13。
〔註379〕劉錦棠，關外各軍行糧坐糧章程善後臺局一切應撥款目繕請立案折（光緒九年七月初一日）；劉襄勤公奏稿：卷5，朱漢民，丁平一，湘軍：第5冊，19。
〔註380〕郭嵩燾，郭嵩燾日記：第4冊，長沙：湖南人民出版社，1982：19。
〔註381〕左宗棠，藝學說帖；左文襄公全集：詩文：文集：卷5，朱漢民，丁平一，湘軍：第3冊，北京：社會科學文獻出版社，2013：132。
〔註382〕左宗棠，藝學說帖；左文襄公全集：詩文：文集：卷5，朱漢民，丁平一，湘軍：第3冊，北京：社會科學文獻出版社，2013：132。

股取士的慣例。「大約藝事以語言、文字、製造三者為要。……大約學額十名，取錄藝事兩三名，於學額無所損，而於人才則大有益，省虛文而收實效。自強之策，固無有急於此者。」〔註383〕

在湘系經世派的積極推動下，以培養輪船製造、駕駛和海軍人才為主的福州船政學堂得以創立，中國政府開始派遣第一批官費赴美留學生。湘軍理學經世的碩果，又不經意間打破了儒學教育的傳統範圍，成為新式教育的發軔。曾國藩等湘系理學人物在教育方面的作為，深刻影響了中國的文化及意識形態。如容閎所評價：「中國教育之前途，實已永遠蒙其嘉惠。今日莘莘學子，得受文明教育，當知是文正之遺澤，勿忘所自來矣。文正一生之政績、忠心、人格，皆遠過於儕輩，迨如埃浮立司脫高峰，獨聳於喜馬拉耶諸峰之上，令人望而生景仰之思。」〔註384〕

第三節　湘軍創制評析

與歷史上形形色色的經世學派相比，湘軍經世，表現出強烈的制度改創的高度自覺，治軍理政，多以此為歸依。湘軍歷史雖然只有四十年左右，但其在制度方面的探索與創建，卻在更長的歷史時期和更廣泛的空間範圍內，深刻影響著中國。

一、湘軍創制本質上是制度革命

湘軍創制，既有迫於形勢的被動改良，也有瞻昐古今的頂層設計。正如曾國藩所言，治國之術，以「本朝為主，而歷溯前代之沿革本末，褒之以仁義，歸之以簡易。前世所襲誤者，可以自我更之；前世所未及者，可以自我創之。」〔註385〕其與歷史上的其他改革派迥乎不同者有四：

（一）突出了道藝兼修的指導思想

朱漢民認為：「為了重建儒學的人文信仰，宋明理學表現出對心術的偏愛，以強化儒學的宗教性功能。但是，在絕大多數宋明理學家那裡，治術仍

〔註383〕左宗棠，藝學說帖；左文襄公全集：詩文：文集：卷5，朱漢民，丁平一，湘軍：第3冊，北京：社會科學文獻出版社，2013：133。
〔註384〕容閎，西學東漸記：第14章，朱漢民，丁平一，湘軍：第8冊，767。
〔註385〕曾國藩，求缺齋日記類抄：治道；足本曾文正公全集，長春：吉林人民出版社，1995：4911。

是他們思想體系中的組成部分。」〔註386〕

　　毫無疑問，湘軍人物絕大多數均為理學信徒。然而，正因為受湖湘經世理學的深刻浸染，他們並未像前代多數理學家一般，將學術理路單純地歸入相對狹隘的心性之學，而是走了一條以應世為導向的理勢貫通、經史結合、「理」「禮」融通的實用型學術道路，在注重儒學宗教性、信仰性的同時，不拘泥於古制，高度重視理學的社會功用。羅澤南認為：「禹、湯、文、武即生於今日，夏商、成周之制亦有不能盡行者。道無古今，用有古今也。必泥其跡而行之，非通儒之經濟矣。」〔註387〕與此同時，我們仍無法質疑其對理學的高度忠誠與持守。他們始終將理學原則和文化理想滲透其經世活動的全部過程，德性追求和人文理想不僅是他們思想信仰的重要內核，更成為其經世致用的文化內涵與行為方式。而從歷史上看，要達到宗教性與社會性的高度結合，經術與治術的融通無礙，對實踐者自身的素質要求極高，否則就極可能成為志大才疏的反面教材、迂闊不通世情的書生頭巾。幸運的是，湘軍人物基本上做到了這一點。作為新興的儒學政治文化集團，打通了學術與治術的邊界，成就了儒學理想中的「通儒」境界。湘軍之所以集事，除卻其文化修養和行政素質之外，還在於經過理學「誠正」思想薰陶訓練之後，形成的一種與明末多數知識分子截然不同的人格氣質。「吾日治軍事、吏事，若不讀聖賢之書，則心不能養，理不能明，何以能知人？何以能應事？古來膺大位而顛蹶者，皆不學之過也。」〔註388〕時人評價胡林翼「今讀其遺集，乃知經濟皆從學問中來，非尋常摘句輩紙上空談比。」〔註389〕

　　曾國藩自信「天可補，海可填，南山可移，日月既往不可復追。其過如馹，其去如矢，雖有大神勇莫可誰何。光陰之遷流如此，其可畏也，人固可自暇逸哉？」〔註390〕因此，為達成目標，必須「多做實事，少說大話，有勞不避，有功不矜。人人從此心，則勳業自此出，風俗自此正，人材亦自此

〔註386〕朱漢民，宋明理學通論——一種文化學的詮釋，長沙：湖南教育出版社，2000：90。

〔註387〕羅澤南，人極衍義；羅澤南集，長沙：嶽麓書社，2010：197。

〔註388〕方宗誠，柏堂師友言行記：卷3，朱漢民，丁平一，湘軍：第8冊，北京：社會科學文獻出版社，2013：500。

〔註389〕方濬師，讀「胡文忠遺集」；蕉軒隨錄：卷4，朱漢民，丁平一，湘軍：第8冊，505。

〔註390〕梁啟超輯，唐浩明點評，曾國藩嘉言鈔，長沙：嶽麓書社，2007：161。

盛矣。」〔註391〕時人評價湘軍人物辦事認真,對於一般官吏,「投之所好,即貼矣,」而對於曾國藩「事事追出一實際,無可趨避,斯真難伺候者。」「近日楚才之盛,無能及者。予謂楚人只帶三分蠢氣,蓋孔子所謂愚不可及。次翁言:自古成名者,多由笨拙,……浮光掠影,終不及事。」〔註392〕湘軍這一文化品格的形成,與理學思想密切相關,也是其立身行事、應世創制的重要行為方式。

(二)在路徑上自下而上、以實動名

近人唐才常言:「合地球全局觀之,變之自上者順而易,變之自下者逆而難。」〔註393〕而湘軍人物孤持其志,認為:「擔當天下事,正要人為耳。」〔註394〕湘軍人物多起身寒微,缺乏政治資源,早年極希望通過進諫方式獲得朝廷認可。然而,「自客春求言以來,在廷獻納不下數百餘章,其中豈乏嘉謨至計?或下所司核議,輒以『毋庸議』三字了之。或通諭直省,則奉行一文之後,已復高閣束置,若風馬牛之不相與。」〔註395〕極度失望之中,湘系經世派不得不另起爐灶,改弦更張,謀求自下而上地推動改革創制。如胡林翼官貴州之時,即講求策略,在推行改革措施之時,往往只做不說,暗度陳倉,且唯恐為大吏所撓。曾國藩以「大團」名義袪名而求實,組創新軍。左宗棠助張亮基、駱秉章治軍理財,無督撫之名而有決策之實。郭嵩燾協助曾國藩治軍事,「一切規模製度,多兄佐成之。水師之設,實倡其議。」〔註396〕正因為湘軍人士敢任其難,經過政治軍事實踐的歷練淘汰,才逐步突破文法制約,最終朝廷不得不予以認可,走上了歷史的前臺。以致於「數十年來朝野上下所施行,無一非湘鄉之政術、學術也。」〔註397〕

(三)在制度革新方面具有較強的系統性考量

湘軍的迅速崛起,在於其具有系統化、制度化的行政視野。湘軍人物以理

〔註391〕曾國藩,勸誡淺語十六條;唐浩明編,曾國藩詩文集,長沙:嶽麓書社,2015:448。
〔註392〕郭嵩燾日記:咸豐八年七月初九日,朱漢民,丁平一,湘軍:第7冊,216。
〔註393〕唐才常,上歐陽中鵠書(十);唐才常集,長沙:嶽麓書社,2011:412。
〔註394〕郭嵩燾輯,會和吟:蔡容壽民,朱漢民,丁平一,湘軍:第3冊,319。
〔註395〕曾國藩,覆胡蓮舫;曾文正公全集:書札:卷1,朱漢民,丁平一,湘軍:第6冊,1。
〔註396〕郭崑燾,伯兄筠仙先生五十壽序;藝華山館遺集,朱漢民,丁平一,湘軍:第3冊,265。
〔註397〕夏震武,靈峰先生集:卷4,杭州:丙辰浙江印刷公司,1916:56~57。

學治平之學說為歸依，將儒學之事擴充到治軍行政理財等一切領域，「今世萬事紛紜，要之，不外四端：曰軍事，曰吏事，曰餉事，曰文事而已。」將間接知識與踐履經驗結合起來，精意講求，「於此四端之中，各宜精習一事。習軍事，則講究戰攻防守，地勢賊情等件；習吏事，則講究撫字催科，聽訟勸農等件；習餉事，則講究丁漕釐捐，開源節流等件；習文事，則講究奏疏條教，公牘書函等件。講究之法，不外『學問』二字。學於古，則多看書籍，學於今，則多覓榜樣。」〔註398〕湘軍人物深刻認識到政治是軍事的前提和基礎，強調以吏治為本，戰守相資，互為表裏，明確提出軍事問題政治解決的思路。「戰守本當兼籌，而吏治之與將略恒相表裏。邇歲守土者以文法相承，而不知有禦侮之策，治軍者以掃除為極，而不暇為善後之圖權，苦於太分，而患生於無備。由是百戰所爭之土地不旋踵而失之。……修吏治以結人心，蓋國家培植根本之長計。」〔註399〕只有注重改良政治，才能銷禍於未萌，彌亂於既成，從根本上解決民變問題。

而在具體軍政制度舉措的落實上，湘軍亦能惟精惟一，以格致之法行之。凡舉一事，成一例，均置之於大局之中，詳加考量，多方論證，力求興利除弊，精微無缺。這也是湘軍人物在軍事行政方面鮮有失策的重要原因。後任湖南巡撫毛鴻賓取歷年卷宗詳細審閱後，評價道「其條理精密，自刑名、捐輸，無不布置井井，洞中機宜，始知張亮基、駱秉章之能逸於用人，保全疆域，非偶然也。湖北殘破之餘，……撫臣胡林翼受事之始，崎嶇戎馬，竭蹶疆場，而於吏治、營務、士習、民風實力講求，殫精補救，用能削平盜賊，重整規模。」〔註400〕

（四）在經世創制的實際功效及影響力方面遠邁前人

在湘系經世派的共同努力下，不數年間，號為窮苦之地的湖南，數度被兵，省城四次失陷的湖北，均取得了耀眼矚目的治理成效，成為湘軍的重要兵源餉源之地。湖南一地，出兵源三十餘萬，釐金歲入百餘萬，將才幹吏如

〔註398〕曾國藩，勸誡委員四條；曾文正公全集：詩文：雜著：卷3，朱漢民，丁平一，湘軍：第3冊，北京：社會科學文獻出版社，2013：89～90。
〔註399〕劉蓉，東台山宴遊後記；陸寶千，劉蓉年譜，臺北：中央研究院近代史研究所專刊（40），1979：111～112。
〔註400〕毛鴻賓，統籌東南大局折（咸豐十一年七月十三日）；撫湘疏稿；毛尚書奏稿：卷3，朱漢民，丁平一，湘軍：第4冊，267。

雲,援軍四出,「由是湖南名聞天下,天下皆以為強國。」〔註401〕作為九省通衢的湖北,財源富足,養兵常五六萬,所屬湖北湘軍西進江西,與太平軍主力作戰,形成「湖北兵與餉強天下」〔註402〕的局面。

湘軍創制的社會影響仍不止於此。從長遠看,其軍制變革直接推動了晚清淮軍乃至南北新軍的創建,其注重思想政治工作的軍事文化建設成為軍隊建設的基石,更是對近代乃至當今軍隊建設仍有不可磨滅的影響。其對苗疆的平定與風俗同化政策,繼「改土歸流」之後,基本解決了華南腹地的長治久安問題;其邊疆郡縣制改革與軍屯制奠定了新疆政治、軍事穩定的制度化基礎……

二、湘軍創制是對傳統價值的繼承與更新

美國學者葛德納(John W. Gardner)在《新領導力(On Leadership)》一書中,認為成功領導者的特質之一是「對傳統價值的更新。」〔註403〕湘軍經世創制的重要成效,就在於其以制度化的形態,對儒學傳統價值進行了提煉與更新,重新發掘了其經世價值和社會功效。從某種意義上說,湘軍集團第一次將理學傳統價值引入近代社會實踐,並創造了成功的範例。

咸同之時,理學在思想領域並不佔有實際主導地位,甚至受到廣泛質疑。湘軍人物自束髮以來,獨長期受湖湘理學與經世思潮的啟沃。就理學而言,曾國藩、羅澤南、劉蓉、郭嵩燾等學養之深,不讓一代碩儒,而對理學末流之蔽,亦知之甚深。近代學者呂思勉言,自清代以來,學術界對理學的批評,「一病其空虛無用,一以為不近人情而已。前說可以清之顏習齋為代表,後說可以戴東原為代表。然二家所攻,實皆理學末流之弊。至於理學之真,則自有其卓然不可沒者。」〔註404〕湘軍人物正是從經世的角度出發,痛革理學流弊,充分認同和發揚了湖湘學者王夫之「有即事以窮理,無立理以限事」〔註405〕的理學變革思想,注重援實入理,以理證事,將晚清理學的側重點,由心性內聖之學轉移到了精微流行的外王之學。

〔註401〕朱克敬,瞑庵二識:卷1,朱漢民,丁平一,湘軍:第8冊,562。

〔註402〕李元度,胡文正公事略;國朝先正事略,朱漢民,丁平一,湘軍:第9冊,131。

〔註403〕葛德納(John W,Gardner)著,譚家瑜譯,新領導力(On Leadership),臺北:天下文化出版社,1992。

〔註404〕呂思勉,理學綱要,北京:東方出版社,2012:191。

〔註405〕王夫之,續春秋左氏傳博議:卷下;船山全書,長沙:嶽麓書社,1992:586。

正如王爾敏先生所論，就文化基因而言，以理學為代表的儒學傳統思想「並不構成對外來思想排斥的根本因素，與現代化觀念並無基本衝突」，「事實上晚清學者是借著儒家學說而展開近代化運動」，」儒家思想被知識分子用作融合西方思想的原始基礎。〔註 406〕理學思想的本真，是在儒學實踐基礎上的哲學化提升，並非蹈空務虛之學。湖湘理學在文化價值取向上，對理學思想正有補偏救弊之功。時人評價曾國藩「公學究天人，於書無所不讀。公誠之心形於文墨，平生公牘、私函無一欺飾語。治軍行政務求蹈實，成功轉奇；發端至難，取效甚遠。凡規畫天下事，無不效者，……創立長江水師、太湖水師、淮揚水師，章程皆手定。又定陸軍營制、馬勇章程、兩淮鹽務章程、江南開墾章程、直隸清訟事宜、練軍章程，皆經國之大端，時所施用。」〔註 407〕湘軍創制針對時弊，不主故常，不循舊例，走的是一條援實入理、「以實動名」的艱難道路，其歷史進步性應予肯定。

三、湘軍創制的「過渡性特徵」與歷史侷限

湘軍創制，仍然是體制內的變革，雖然取得了傳統社會制度改良所能達到的新高度，但面對「數千年未有之變局」下的中西文化激烈衝突和社會格局的劇烈變遷，仍然無法彌縫深度撕裂的社會關係，仍然無法掩飾湘軍以「霹靂手段」無情格殺飢寒絕境下以血肉之軀孤注一擲的萬方民變。在殘酷的國際競爭和內部政治鬥爭中，以儒學相標榜的傳統士人，仍顯得有些步履踉蹌，難以適從。如曾國藩重要幕僚趙烈文所言，「三代以後，論強弱，不論仁暴；論形勢，不論德澤。……既未可一言而決其必昌，亦不得以一事而許其不覆。」〔註 408〕在近代中國社會轉型過程中，仍充滿著不可預見的變數。即使執著堅定如曾國藩，亦產生了「從軍多年，意興已闌，嘗思與二三知己，傾吐微抱，披豁性真，而遠道莫致，相望如何？」〔註 409〕的逃世之感。在這樣的歷史條件下，湘軍創制也必然具有實用性、漸進性、適應性、局部性特點，而缺乏整體上、根本性的制度改革，具有明顯「過渡性」特徵。

〔註 406〕王爾敏，晚清政治思想史論，桂林：廣西師範大學出版社，2005：21。

〔註 407〕朱孔彰，曾文正公別傳；咸豐以來功臣別傳，朱漢民，丁平一，湘軍：第 9 冊，北京：社會科學文獻出版社，2013：8。

〔註 408〕趙烈文，能靜居日記（同治六年七月初九日），朱漢民，丁平一，湘軍：第 7 冊，170。

〔註 409〕曾國藩，覆胡宮保；曾文正公全集：書札：卷 10，朱漢民，丁平一，湘軍：第 6 冊，北京：社會科學文獻出版社，2013：35。

　　湘軍經世派對於制度文法的銳意革新，不僅承擔了巨大的政治壓力，而且因時代及其自身侷限，不可避免地逐步走向儒家「中道」，因過渡地以妥協求適應，以漸進求穩定，以局部而失全體，從而減殺了其實際功效。如劉蓉覆寶埰書言：「比歲出應世務，動多乖忤，間或奮發振厲，思一矯流俗因循之習，而不免氣質用事，過於義而不適於中，以是益自知所得之淺。」〔註410〕之所以言「過渡」，是因為湘軍歷史本身即是近代中國轉型過渡歷史中的一環，其費盡無盡頭顱無量血，所換來的事功格局，卻並不是晚清歷史的定型和終結。就軍制而論，湘軍以招募為主而非常備軍制的營制，很快就在近代戰爭中遭到了淘汰，代之而起的是南北洋常備新軍，其水師制度，因為對外戰爭的升級和武器裝備的飛速發展，很快被鐵甲艦和近代海軍所取代。

　　湘軍創制，從文化底蘊上來說，還始終繞不開任法與任人的糾結與矛盾。揆諸史料，湘軍既有重視制度創設的文化特徵，又有脫離不開傳統德治思想的文化傾向。湘軍經世理學思想家劉蓉就曾提出「不任法而任人，專責官吏而兼委鄉人士君子，非今日圖治之要術乎？」〔註411〕曾國藩、左宗棠皆以為，「用法不如用人」。〔註412〕曾國藩也高度期待「賢臣在職」「有介介之節」〔註413〕「須更得渾厚者數十人布於民上，培養元氣，則可以長治久安矣」〔註414〕的儒家政治理想。主張「風俗之厚薄奚自乎？自乎一二人之心之所向而已」〔註415〕的人治思想。這一思想特徵，決定了湘軍事功，主要靠一批理學堅貞之士來維繫，其制度的複製推衍必然受到限制，一旦才士凋零，其功業格局也就隨之趨向瓦解，其創制真意也就在庸碌玩忽的官場中，隨著無限推諉侵蝕而消磨殆盡了。

　　湘系經世派的創制，已經觸碰到了社會轉型的臨界點，如在思想傳播上的譯書、器物製造方面的洋務、人才培育方面的留學生派遣等方面，都走在了歷史的最前沿。然而，隨著新領域的開拓和思想啟蒙，蘊結於經世之學裏的批判意識也橫決而出，在亂世動盪中衍變為應時求變的應世之舉，使二百多年來的國家法度不知不覺地脫出了舊轍。這已經逐步脫離了傳統政治文化

〔註410〕陸寶千，劉蓉年譜，臺北：中央研究院近代史研究所專刊（40），1979：182。
〔註411〕陸寶千，劉蓉年譜，臺北：中央研究院近代史研究所專刊（40），1979：111。
〔註412〕曾國藩，曾文正公書札：卷19，傳忠書局，1876：10。
〔註413〕曾國藩，烹阿封即墨論；曾文正公全集：詩文：文集：卷1，朱漢民，丁平一，湘軍：第3冊，52。
〔註414〕方宗誠，柏堂師友言行記：卷3，朱漢民，丁平一，湘軍：第8冊，499～500。
〔註415〕曾國藩，原才；唐浩明編，曾國藩詩文集，長沙：嶽麓書社，2015：137。

結構範圍，在思想、制度、文化上，都為傳統儒學政治的終結開啟了演變之門。如左宗棠為曾國藩草擬的奏摺中稱「目前資夷力以助剿濟運，得紓一時之憂；將來師夷智以造炮製船，尤可期永遠之利。」〔註416〕郭嵩燾更進一步提出「竊以為中國與洋人交涉，當先究知其國政、軍政之得失，商情之利弊，而後可以師其用兵製器之方，以求積漸之功。」〔註417〕「西洋立國，本末兼資。其君民上下同心，一力以求所以自立。……中土儒生虛驕之氣，無可言者。」〔註418〕

〔註416〕曾國藩全集：奏稿：第2冊，長沙：嶽麓書社，1987：1272。
〔註417〕郭嵩燾奏稿，長沙：嶽麓書社，1983：340。
〔註418〕郭嵩燾，玉池老人自敘，朱漢民，丁平一，湘軍：第9冊，311。

第七章 湘淮軍集團的同源異流：
一個理學文化視角的比較

　　湘淮軍是晚清相繼而起的兩大軍事政治集團，兩者均以軍功起家，在相當時期內擔當了國防軍的重任，並共同開闢了近代軍事體制變革和洋務運動的先河，但因其內在軍系文化取向不同，導致在歷史際遇上的巨大差異，呈現出明顯「同源異流」的發展趨向，其中原委，令人深思。

第一節　湘淮軍理學文化背景的異同

一、淮生於湘

　　徐宗亮在《歸廬譚往錄》中說：「湘、淮本系一家，淮由湘出，尤有水源木本之誼。」平定太平天國後，曾國藩撤所部嫡系湘軍，至督師北剿撚之時，「湘軍已大半遣散，全倚淮軍為用。」〔註1〕

　　淮軍初興，原本為湘軍軍系之一支。咸豐十一年（1861），湘軍攻克安慶，打開了通向天京的門戶，朝廷任命曾國藩督辦蘇、皖、浙、贛四省軍務，巡撫、提鎮以下悉歸節制。為緩解上游軍事壓力，太平軍李秀成部第二次攻佔杭州，兵鋒直逼上海。「江浙賊勢浩大，盡占富庶之區，廣收官軍之降卒，財力五倍，人數十倍。」〔註2〕在朝廷諭令和江浙士紳屢屢請援下，曾國藩開始考慮分兵

〔註1〕徐宗亮，歸廬談往錄：卷1：錄上，朱漢民，丁平一，湘軍：第8冊，北京：
　　　　社會科學文獻出版社，2013：625。
〔註2〕王定安，求闕齋弟子記：卷7：平寇4，朱漢民，丁平一，湘軍：第9冊，72
　　　　～73。

援浙。朝廷「著曾國藩遵照迭次諭旨飛催曾國荃,將所募湘勇留防安慶,剋日督帶老勇八千救援上海,擇要堵剿,倘曾國荃尚無實在消息,即著該大臣另派勁兵前往援應。」〔註3〕因曾國荃志在金陵,曾國藩才考慮定三路軍進軍之策:「以江寧事付國荃,而以浙江事付左宗棠,而以江蘇事付李鴻章。」〔註4〕

　　次年李鴻章從安徽募勇四營,曾國藩從湘軍中拔出四營,後陸續增加,編組成十三營淮軍,於4月進援上海。淮軍「先立鼎、銘、慶、樹四營,益以湘軍親兵一營,林字一營,開字二營,……。其後林營未甚著績,親兵營年餘敗散,惟開字營功業先著,而忠烈殉後,遂以不振,於是樹、鼎、銘、盛各成一軍,自一營至數十營不等。」〔註5〕淮軍初立,「以建制言,原屬湘軍序列8營,江蘇防軍兩營,『淮勇』僅居其四。但以勇籍言,則『淮勇』8營(樹、銘、鼎、慶、春、濟、開字二營),湘勇6營。」〔註6〕

　　曾國藩另立淮軍,主要考慮「淮、徐一路自古多英傑之士,山左、中州亦為偉人所萃。方今兵革不息,豈無奇材崛起?無人禮之,則棄於草澤飢寒賤隸之中;有人求之,則足為國家干城腹心之用。」〔註7〕故著力於發掘淮系人才。

　　淮軍至滬後,不僅守衛上海,且與洋人協同作戰,進佔嘉定、太倉、崑山等地,並於同治二年(1863)年底克復蘇州。「先後收定省會及蘇、浙、皖所屬府、廳、州、縣、衛、汛二十有四城。」〔註8〕後因湘軍裁撤殆盡,主力部隊僅留霆軍、左系湘軍及老湘營,又因霆軍在尹隆河戰役勝利後與淮軍爭功受朝廷譴責心氣不平,且患西北苦寒,不願從征而遭裁撤,淮軍成為剿撚主力。「時湘淮各軍之討賊者數萬人,更番休替,糧械軍火皆以徐州匯總。……淮勇銳氣正新。」〔註9〕「迨撚匪肅清,淮勇威聲與湘勇垺。」〔註10〕此為

〔註3〕清政府鎮壓太平天國檔案史料:同治元年正月初十日寄諭曾國藩等著催曾國荃等救援上海並著左宗棠迅速進兵(剿捕檔),朱漢民,丁平一,湘軍:第3冊,483。

〔註4〕清史稿:第4冊:卷405:列傳192:曾國藩,北京:中華書局,1989:3056。

〔註5〕徐宗亮,歸廬談往錄:卷1:錄上,朱漢民,丁平一,湘軍:第8冊,北京:社會科學文獻出版社,2013:627。

〔註6〕張勤,試從湘淮關係看淮軍軍系形成的軌跡,學術界,1995,(2):40。

〔註7〕曾國藩,剿撚告示四條;曾文正公全集:詩文:雜著:卷3,朱漢民,丁平一,湘軍:第3冊,100。

〔註8〕錢勗,吳中平寇記,朱漢民,丁平一,湘軍:第2冊,115。

〔註9〕繆荃孫,續碑傳集:卷37:黎庶昌,江蘇按察使中江李君墓誌銘,朱漢民,丁平一,湘軍:第10冊,北京:社會科學文獻出版社,2013:163。

〔註10〕陳康祺,郎潛紀聞四筆:卷7,朱漢民,丁平一,湘軍:第8冊,596。

淮軍發展之大略。

二、淮軍對湘軍軍制文化的繼承與改造

時人謂：「合肥（李鴻章）、南皮（張之洞）一生所為，其規模皆不出湘鄉（曾國藩）。世徒咎合肥、南皮之誤國，而不知合肥之政術、南皮之學術始終以湘鄉為宗。」〔註11〕道出了湘淮軍集團之間在政治文化上的密切關聯。在軍制文化方面，湘淮軍也同樣存在這種繼承與互動關係。

湘軍軍制有極強的實用性，而不過於強調文本規範，「新募軍，規制一日立就，領軍者不必頒條教。所謂楚鄂湘軍章程，至今將帥皆無其書。」〔註12〕曾國藩在淮軍建立之初，即強調「用楚軍之營制練淮、徐之勇丁，嚴其禁約，寬其期限，若得一二名將出乎其間，則兩淮之勁旅不減三楚之聲威。」〔註13〕故淮軍之興「其初期由湘軍，故營制、餉糈皆同，將倅間用楚皖人。……要之，樸誠敢戰，以徼命疆場為榮，退縮畏死為羞，募則來，遣則去，則湘淮軍無二致也。」〔註14〕

曾國藩為保證淮軍戰鬥力，不僅在人才上引湘入淮，而且教之以湘軍戰法。其訓淮軍將領：「如鮑之兩層大一字陣，打進步連環，李之不肯輕進，待賊先撲，王之將戰，令諸將各獻計謀，皆宜深思而善學之。」〔註15〕李鴻章在淮軍初期「悉循曾公楚軍營制，營五百人，壘高濠深，士卒日夕數操，出入有法度。吳民以為創見。」〔註16〕

早期淮軍不僅繼承湘軍軍制，而且發揚了湘軍質樸敢戰，不尚虛文、處窮守質的軍系文化傳統。「滬中兵勇尚奢靡，而楚軍衣幟樸陋，外國人或譏笑之，將弁頗慚。鴻章曰：『軍貴能戰，待吾破賊慴之。』」〔註17〕至五月甲申虹橋之戰後，「上海湘淮軍始振，中外人無復敢揶揄者矣。」〔註18〕「先是，外國人輕中國兵，以為無用。至是戰，乃稱中國有人。」〔註19〕

〔註11〕夏震武，靈峰先生集：卷4，56～57。
〔註12〕王闓運，湘軍志：營制篇第十五，長沙：嶽麓書社，1983：159。
〔註13〕王定安，求闕齋弟子記：卷6：平寇3，朱漢民，丁平一，湘軍：第9冊，61。
〔註14〕王定安，湘軍記：卷10，湘軍史專刊之二，長沙：嶽麓書社，1983：138。
〔註15〕陳昌，霆軍紀略，朱漢民，丁平一，湘軍：第1冊，529。
〔註16〕錢勗，吳中平寇記，朱漢民，丁平一，湘軍：第2冊，115。
〔註17〕王定安，湘軍記：卷10，湘軍史專刊之二，長沙：嶽麓書社，1983：142。
〔註18〕王定安，湘軍記：卷10，湘軍史專刊之二，長沙：嶽麓書社，1983：142。
〔註19〕陳其元，庸閒齋筆記：卷3，朱漢民，丁平一，湘軍：第8冊，515。

李鴻章自任江蘇巡撫以來，依照曾國藩精兵嚴訓之法，對舊式軍隊進行改造淘汰。他指陳軍營習氣曰：「臣從曾國藩討論軍事數年，見其選將練兵，艱苦經營，不期速效。及來上海，接見外國兵官，亦言其國練兵須半年乃可使戰。江南大營平素絕不操練，兵勇習氣最深，鎮、滬各防皆沿此弊。」〔註20〕而當時前任蘇撫薛煥所部兵勇尚有四萬餘人，「惟事淫掠，不顧防剿，以致困守上海，不能出城半步，一有警報，猶乞援於洋人。」李鴻章到滬後，大刀闊斧，「次第汰遣，而以楚勇一萬曆克諸城，直逼蘇郡。」〔註21〕

李鴻章還秉承了湘軍將領親臨一線的傳統，「若不親自督陣，則士卒必不能如是傚命。……從來文臣為大帥，類深居簡出，不肯親臨行陣，故不能成功。前數年，以編修從軍，每親出擊賊，軍中呼為『武翰林』。」〔註22〕同時，他還學習湘軍王鑫的做法，「第向於防剿事宜，皆令諸將酌擇自陳，而後定斷」，〔註23〕達到集思廣益的效果。

淮軍到滬不久，在實戰中迅速向西方軍隊靠攏，裝備、訓練方面更優於湘軍。如王爾敏先生所言：「湘軍則代表中國軍伍本身的變革，其一切規制，均就中國傳統兵學而推陳出新。淮軍則代表中國軍伍承受西方影響，進而改革仿傚者，為中國軍制首開風氣。」〔註24〕李鴻章及淮軍將領大力推行裝備更新，採用西法練軍。在不到一年的時間裏，即「槍炮隊雄於天下，用西洋軍火，以長炸炮攻城垣，而以短炸炮擊賊陣及營壘，所向無不克。槍隊軍士習英、法二國號令，步驟彌精嚴，蓋始於程學啟部。」〔註25〕其「至於防海禦夷，改用泰西陣法，鳴角、出令皆夷語，則湘軍所無。」〔註26〕

三、湘淮軍人才結構差異

湘淮軍集團最引人注目的差異，在於其人才結構和培育機制不同。湘軍是先有湖湘理學經世集團，而後才有湘軍軍事集團；而淮軍則是先有淮軍軍

〔註20〕錢劢，吳中平寇記，朱漢民，丁平一，湘軍：第2冊，125。

〔註21〕毛鴻賓，敬陳管見折（同治二年八月初一日）；撫湘疏稿；毛尚書奏稿：卷10，朱漢民，丁平一，湘軍：第4冊，325。

〔註22〕陳其元，庸閒齋筆記：卷3，朱漢民，丁平一，湘軍：第8冊，北京：社會科學文獻出版社，2013：515。

〔註23〕李鴻章，覆馬谷山制軍；李文忠公全書：朋僚函稿：卷9，2。

〔註24〕王爾敏，淮軍志，桂林：廣西師範大學出版社，2008：188。

〔註25〕錢劢，吳中平寇記，朱漢民，丁平一，湘軍：第2冊，177。

〔註26〕王定安，湘軍記：卷10，湘軍史專刊之二，長沙：嶽麓書社，1983：138。

事集團，而後才有淮系官僚集團。湘軍集團的經世規模涵蓋了政治軍事文化等各領域，淮軍則主要趨向於軍事、洋務等事功領域。

　　湘軍人才結構，有不同口徑的統計結果。但毫無疑問，書生在湘軍集團中佔有絕對壓倒性的優勢地位。羅爾剛先生在《湘軍兵志》中以《清史·列傳》及朱孔彰《中興將帥別傳》兩書為主，對湘軍中營官以上及重要幕僚共 182 人列表統計，「在 179 名有出身身份可考的湘軍將領中，書生出身的為 104 人，占 58％；武途出身的 75 人，占 42％。」〔註27〕鄭焱統計，「湘軍上層統帥、統領、分統及幕府重要人物共七十四人，以書生出身者五十四人，占三分之二強。」〔註28〕

　　根據國家清史編纂委員會文獻叢刊《湘軍》所列湘軍人物表格初步統計。共收錄湘軍人物 923 人，其中統帥 6 人，戰區主帥 17 人，統領 120 人，分統 186 人，營官 234 人，重要幕僚 152 人，軍中任職身份不明者 208 人。其中，出身士人及有文武科舉功名者，統帥 6 人，占 100％，戰區主帥 14 人，占 82.4％，占比均極高。統領中純儒生（不含武舉）出身的 40 人，占總數三分之一，分統中純儒生 39 人，占查明出身的 83 人中的 46.98％，營官中純儒生 36 人，占查明出身總數 73 人中的 49.3％；幕僚中出身可查者純儒生 111 人，占總人數的 73％；任職不詳者中純儒生 12 人，占查明出身總數 25 人中的 48％。

　　王爾敏先生《淮軍志》中，對淮軍中官至提鎮與道員以上或是各營創始人共 432 人列表統計，在出身可考的 221 人中，有科舉功名的僅 19 人，占 8.5％，其餘均為武科、行伍、世職、軍功等。在淮軍的 11 名高級將領中，有科名者僅 5 人，餘均為平民、行伍、防軍、世職、武將及降將。〔註29〕可以說，書生領軍的格局至淮軍時已經有了較大改變。

　　李鴻章屬下淮系將領主要有程學啟、劉銘傳、張樹聲、張樹珊、周盛波、周盛傳、潘鼎新、劉秉璋、丁汝昌及郭松林、楊鼎勳、藤嗣林、藤嗣武、韓正國等。其中能戰之將多出身降將、鹽梟、團練和行伍。對這一人才結構缺陷，曾國藩在淮軍建立之初就表示了擔憂。他在致朋友信中說：「惟淮軍統帥之才尚嫌其少，恐難收拾全局。」〔註30〕

〔註27〕羅爾綱：湘軍兵志，北京：中華書局，1984：66～67。
〔註28〕鄭焱，近代湖湘文化概論，長沙：湖南師範大學出版社，1996：54。
〔註29〕王爾敏，淮軍志，桂林：廣西師範大學出版社，2008：165～166。
〔註30〕曾國藩，致陳作梅；曾文正公全集：書札：卷25，朱漢民，丁平一，湘軍：

正因為湘軍有良好的人才結構，其軍中統帥之才輩出。湘軍中有十三人官至總督，十三人成為巡撫，並開創了同治後督撫專政的局面。而淮系盛時，「皖人遊臂督撫者前後相望，其他提、鎮、司、道不可勝數，與湘中將帥分道比隆矣。」〔註31〕然官居督撫，主政一方者除李鴻章、張樹聲、劉秉璋、劉銘傳、潘鼎新等外，罕見其人。如淮軍統領周盛傳官至直隸提督從一品，居武官權位之極，卻在自訂《年譜》中表示：「予以戰功起家，良非不得已，不可為子孫訓。」〔註32〕

第二節　湘淮軍集團價值文化取向差異

這裡所探討的價值文化取向差異，所指的不僅是一二人，而是湘淮軍整個集團在修身軍事行政方面所體現出來的集體文化傾向性差異。其首腦人物的知識興趣及價值取向無疑對整個集團起到了強烈的導向作用。

一、理學修養的差異

湘淮軍集團在文化上的最大不同，在於其對理學的態度和理學修養方面。

湘軍人物較普遍地追求「有名將之功，而又有名儒之德」，〔註33〕講求仁者之勇，多將理學價值置於功利價值之上。而相對於湘系經世派，以李鴻章為首的淮系集團多數首領人物僅為經世權變之士，對理學思想沒有上升到指導思想和信仰的高度。張之洞曾批評李鴻章「實則明於權而未達於理，不可語於謀國之忠。」〔註34〕

湘軍人物受湖湘學術浸染，崇禮尚志，畢生不懈。曾國藩為晚清理學大家，以克己之學克敵，其一生踐履，不僅成為一個時代的事業領袖，且無愧於精神領袖，在立德、立功、立言三者上，「公獨兼之。」〔註35〕在曾國藩周圍匯聚起一大批湖湘理學經世之士：羅澤南「不恥生事之艱，而恥無術以

第6冊，北京：社會科學文獻出版社，2013：57。
〔註31〕王定安，湘軍記；湘軍史專刊之二，長沙：嶽麓書社，1983：141。
〔註32〕王書峰，晚清教育改革與軍事改革互動關係研究，近代軍事研究，2007（1）：101。
〔註33〕百一居士，壺天錄：卷上，朱漢民，丁平一，湘軍：第8冊，630。
〔註34〕張之洞，張文襄公全集：書牘：卷15，22。
〔註35〕朱孔彰，曾文正公別傳；咸豐以來功臣別，朱漢民，丁平一，湘軍：第9冊，9。

濟天下。」〔註36〕門人李續賓、李續宜、王鑫等均以理學之道相尚；胡林翼
以一紈綺公子轉而服膺理學；左宗棠雖少以理學相標榜，但立身行事，不脫
理學範圍；劉蓉「幼承庭訓，頗知禮義之歸。壯遊四方，雅以志操相尚。砥
名勵節垂四十年。」〔註37〕湘系經世派人物理學理想浹髓淪肌，既是意識形
態，又是行為方式，更是經世的目的與意義，為湘軍集團理學經世之路奠定
了深厚的文化基礎。

　　李鴻章進士出身，側身翰林，後轉投曾國藩幕，能以奇謀受重於曾、胡，
表現出善於權變的特點。王繼平先生評論李鴻章：「雖然是曾門弟子，以曾的
傳人自居，但就政治視野和學術根柢而言遠遠不如乃師。」〔註38〕李鴻章亦
自言：「我老師道德功業，固不待言，即文章學問。亦自卓絕一世；然讀書寫
字，至老不倦。我卻愧一分傳受不得，自悔盛年不學，全恃一股虛矯之氣，
任意胡弄，其實沒有根底。……只好看看《通鑑》，稍知古人成敗之跡，與自
己生平行事，互相印證，藉以鏡其得失」〔註39〕相比於湘軍人物以格致之
法對新事物審度考量，李鴻章對於洋務等的把握基本上還是經驗主義的。英
國學者濮蘭德評價李氏說「李鴻章對外國人獲得實力的秘密仍然沒有充分地
理解：他仍然是徹頭徹尾的『瞎子中的獨眼龍』，他只能憑藉猜測而對事情進
行探索。」〔註40〕作為曾國藩政治遺產繼承人，李鴻章主要看重曾學中經世
和權變的一面，其理學核心思想卻被有意無意地忽視了。在李鴻章的軍隊幕
府中，始終突出的是功用性，自然也不把理學家視為經世之才。「鴻章幕府，
則僅注意實用，其羅致專家，首重經濟庶務之才。因此淮軍幕府多精明練達
之士，而少道學先生，即文學侍從之臣，亦不多見。」〔註41〕錢穆先生指出：
「若捨經術而專言經世，其弊有不可言者。滌生之歿，知經世者尚有人，知
經者則渺矣。此實同治中興不可久恃一大原因也。」〔註42〕

〔註36〕王定安：求闕齋弟子記：卷5：平寇2，朱漢民，丁平一，湘軍：第9冊，36。
〔註37〕劉蓉，明白回奏懇請賜查辦疏，陸寶千，劉蓉年譜，臺北：中央研究院近代史
　　　　研究所專刊（40），1979：251～252。
〔註38〕王繼平，湘軍淮軍異同論；湘軍集團與晚清湖南，北京：中國社會科學出版
　　　　社，2002：48。
〔註39〕吳永口述，劉志襄筆記，庚子西狩叢談：卷4，朱漢民，丁平一，湘軍：第8
　　　　冊，北京：社會科學文獻出版社，2013：873。
〔註40〕〔英〕約翰‧濮蘭德著，張啟耀譯，李鴻章傳，天津：天津人民出版社，2008；
　　　　168。
〔註41〕王爾敏，淮軍志，桂林：廣西師範大學出版社，2008：282。
〔註42〕錢穆，中國近三百年學術史，北京：商務印書館，1993：653。

對李鴻章評價甚高的梁啟超也說：「不學無術，不敢破格，是其短也；不避辛勞，不畏謗言，是其長也」。梁氏因此發出了「吾敬李鴻章之才，吾惜李鴻章之識，吾悲李鴻章之遇」的歎息。〔註43〕這個「識」也包含了對理學在內的學術根底和見地。缺失了文化「壓艙石」的淮系首領李鴻章，在施政治軍之中，每每為所見的利益所撓，看不到利益背後的利害關係，遠未能達到「利不足以動其心，阿諛詔附不足介其意」〔註44〕的人格境界。

二、修身自持的差異

湘軍人物留給歷史的財富，不僅在「中興」的赫赫事功，更在於其勵精圖治，刻勵自警的人格精神。正如呂思勉先生所論：「理學家之學，於理求其至明，於行求其無歉。然二者又非二事，明理者，所以定立身之趨向；立身者，所以完明理之功用也。抑此非徒淑身，施之當世，亦無虧慊。以天下惟有一理，治身之理，即治事之理也。」〔註45〕

曾國藩自言：「堯、舜、禹、湯、文、武、周公、孔子之學，……國藩不肖，亦謬欲從事於此。」〔註46〕對於儒家聖人，曾國藩言「吾不如彼，非吾疚也，若其踐形盡性，彼之所稟，吾亦稟焉。一息尚存，不敢不勉。」〔註47〕曾氏「一生為學，以有恆為功課，以不欺為宗旨，以勤儉為根基。」〔註48〕曾國藩為強化修持，特立「為清、慎、勤三字箴。其清箴曰：名利兩淡，寡欲清心，一介不苟，鬼伏神欽。其慎箴曰：戰戰兢兢，死而後已，行有弗得，反求諸己。其勤箴曰：手眼俱到，心力交瘁，困知勉行，夜以繼日。」〔註49〕

在長期理學修持下，曾國藩融合了傳統儒道黃老之學，逐漸形成一個儒學踐履家歷經滄桑、參破名利，看淡成敗之後的渾厚氣象。時人評論曾國藩「尚儒，喜引經決事，後頗採黃老術以清靜化民。居官有常度，多謀能斷，應事如

〔註43〕梁啟超，中國四十年來大事記（一名李鴻章）；飲冰室專集之三；飲冰室合集，北京：中華書局，1989：2。

〔註44〕郭嵩燾，郭嵩燾日記：第1冊，長沙：湖南人民出版社，1982：428。

〔註45〕呂思勉，理學綱要，北京：東方出版社，2012：182。

〔註46〕曾國藩，答劉蓉；曾國藩全集：書信：第1冊，長沙：嶽麓書社，1995：21～22。

〔註47〕曾國藩，答馮卓懷；曾國藩全集：書信：第1冊，長沙：嶽麓書社，1995：67。

〔註48〕方宗誠，柏堂師友言行記：卷3，朱漢民，丁平一，湘軍：第8冊，北京：社會科學文獻出版社，2013：504。

〔註49〕郭嵩燾日記：同治十三年二月初七日），朱漢民，丁平一，湘軍：第7冊，267。

流水。」〔註50〕「寬大和平，不自矜伐，望之如一老教師也。」即使軍事勝利，「亦不見矜喜之色。凡進言於公者，是者取之，非者亦無一言辯駁也。……每日辦事，必有定時，蓋數十年如一日。居身樸素，治家勤儉，自居官後，亦未嘗置田廬。夫人子婦，不廢紡織。而禮敬賢士，周卹故舊，如恐不及。」其救助文士，亦「皆分廉俸為之，不用公帑也。」〔註51〕

　　湘軍理學人物與理學末流者最大的不同，在於其真心信從，言行一致，甘於處窮，不為苟且之事，尤其講求清白立身。曾國藩「自30歲以來，即以做官發財為可恥，以官囊積金遺子孫為可羞可恨。故私心立誓，總不靠做官發財以遺後人。」〔註52〕「在營十餘年，廉俸所入，別立銀錢所，委員司之。凡出入皆經其手，內室不留一錢。」〔註53〕其言「欲學廉介，必先知足。觀於各處難民，遍地餓莩，則吾輩之安居衣食，已屬至幸。尚何奢望哉？」〔註54〕曾國藩在祁門遇險，特別交代謂銀錢所委員劉彤階（世墀）曰：「吾當效死勿去。君有老親，可自為計。但勿以營中一錢入吾家，斯為不負我。」〔註55〕

　　曾國藩任職兩江，「一月必用五十萬金。」〔註56〕而居家簡樸，家室不輟紡織，「每夕姑婦共一燈，以紡紗四兩為課。」〔註57〕門房無迎送之繁。朋友來飲，「食鰣魚止一大瓦缶。」〔註58〕幕僚趙烈文歎息「大清二百年，不可無此總督衙門。」〔註59〕而其時，「總督廉俸外，又有辦公費，每歲萬金。公在金陵，凡署中食用及饋遺親戚故舊，皆取諸廉俸。其辦公費則盡存糧臺，非公事不動用。向來總督去任時，此款皆入宦囊，公則仍留為慈善之用。」〔註60〕

〔註50〕朱孔彰，曾文正公別傳；咸豐以來功臣別傳，朱漢民，丁平一，湘軍：第9冊，8。

〔註51〕方宗誠，柏堂師友言行記：卷2，朱漢民，丁平一，湘軍：第8冊，497。

〔註52〕曾國藩全集：家書：第1冊，長沙：嶽麓書社，1995：183。

〔註53〕方宗誠，柏堂師友言行記：卷3，朱漢民，丁平一，湘軍：第8冊，499，502。

〔註54〕曾國藩，勸誡委員四條，曾文正公全集：詩文：雜著：卷3，朱漢民，丁平一，湘軍：第3冊，89。

〔註55〕姚永樸，舊聞隨筆：卷3：曾文正公，朱漢民，丁平一，湘軍：第8冊，841。

〔註56〕趙烈文，能靜居日記：同治六年六月二十三日，朱漢民，丁平一，湘軍：第7冊，168。

〔註57〕方宗誠，柏堂師友言行記：卷3，朱漢民，丁平一，湘軍：第8冊，北京：社會科學文獻出版社，2013：502。

〔註58〕陳康祺，郎潛紀聞四筆：卷7，朱漢民，丁平一，湘軍：第8冊，598。

〔註59〕陳康祺，郎潛紀聞四筆：卷7，朱漢民，丁平一，湘軍：第8冊，598。

〔註60〕方宗誠，柏堂師友言行記：卷3，朱漢民，丁平一，湘軍：第8冊，北京：社會科學文獻出版社，2013：502。

外國學者林輔華在他的《曾國藩：帝國的總督》一書中，描述曾氏「He was noted for his honesty, and though occupying such position as he did, died very poor.It is said that after his death his wardrobe did not contain a single new garment; all were old and worn.」（筆者譯：他以忠誠著稱，即使身居高位，仍身故之後無有餘財。據說他死後衣櫃中竟然找不出一件新外套，都或破或舊。）〔註61〕因為曾國藩的人格魅力和過人節操，「中國一切出類拔萃和著名的人物，都被他那具有磁石般吸引力的品德和聲譽，吸引到他那裡。」〔註62〕

在理學思想影響下，當時實際控制全國大部分地區政治軍事文化資源的湘軍人物中，以清廉著稱者實不乏人。

曾國藩致書曾國荃云：「聞林文忠（林則徐）三子分家，各得六千串。督撫二十年，家私如此，真不可及，吾輩當以為法。」〔註63〕胡林翼認為「恥惡衣惡食者」，「不足與論道，安足與論兵。」〔註64〕「吾輩既忝顏而居民上，便不當謀利。如欲謀生，則天下可以謀生之途甚多，何必借官而謀及其私。」〔註65〕林翼自任職仕貴州，「誓先人墓，不以官俸自益。至是位巡撫，將兵十年，於家無尺寸之積。」〔註66〕身故之後，遺孀陶夫人頗拮据，「鄂中文武共湊奠萬金。」〔註67〕

咸豐帝在接見羅澤南後「諭廷臣曰：『此本色書生也。』賞加同知銜。」〔註68〕羅澤南「以諸生講學，宗法程朱，⋯⋯其心術學術，不愧名儒。故臨危不亂，語不及私」。〔註69〕左宗棠受命西征，「自同治七年至光緒六年，先後十有三年，總計支出之數，約逾一萬萬二千萬有奇。而宗棠家財，自幫辦曾國藩

〔註61〕Tseng Kuo Fan, The Imperialist General（Charles Wilfred Allan）林輔華，曾國藩：帝國的總督，朱漢民，丁平一，湘軍：第 8 冊，北京：社會科學文獻出版社，2013：484。

〔註62〕容閎著，王蓁譯，西學東漸記，北京：中國人民大學出版社，2011：84。

〔註63〕陳康祺，郎潛紀聞：卷 12，朱漢民，丁平一，湘軍：第 8 冊，586。

〔註64〕姚永樸，舊聞隨筆：卷 3：閻文介公，朱漢民，丁平一，湘軍：第 8 冊，851。

〔註65〕胡林翼，東湖縣稟呈酌議條款批；胡林翼集：第 2 冊，長沙：嶽麓書社，1999：980。

〔註66〕李元度，胡文正公事略，國朝先正事略，朱漢民，丁平一，湘軍：第 9 冊，133～134。

〔註67〕柳詒徵，陶風樓藏名賢手札：彭玉麟致曾國藩（十），朱漢民，丁平一，湘軍：第 6 冊，281。

〔註68〕陳康祺：郎潛三筆：卷 8，朱漢民，丁平一，湘軍：第 8 冊，592。

〔註69〕胡林翼，胡林翼集：第 1 冊：奏疏，長沙：嶽麓書社，1999：109～110。

軍務訖於薨，二十餘年，不及三萬金。其在軍中，每歲寄歸寧家者，二百金而已。」〔註70〕彭玉麟「自總師以來，積有銀五千兩，放在某典生息。一身及僕從，惟取其息，以供日用。……昔諸葛公在軍，雖無私積，尚仰給於公。剛直則並此俱無矣。」〔註71〕「下餘應歸私囊銀近六十萬，悉留協濟長江，不敢攜分毫以貽害子孫。」〔註72〕彭氏「無家室田產，友人勸置，以為防老計，敬謝之。」〔註73〕惟「聞揚州有鹽票十張，值銀十三萬兩，乃部將斂資，買以贈其子者，剛直實不知之。」〔註74〕郭嵩燾「自少貧賤，常刻苦自厲，衣服飲食不敢逾量。平常讀書於窮理克己工夫，不敢謂有所得，而粗淺克治」。〔註75〕

　　左宗棠撫浙時「非宴客不用海菜，窮冬猶衣縕袍。」〔註76〕劉蓉任官四川布政使，「蜀藩向稱優裕，每歲所入，節壽陋規，可五萬金。吾悉卻之，以此費用頗窘乏。吾不能取非義以肥吾家。」〔註77〕劉蓉自還山後，僅「以祿賜所餘，歲增粟千餘石，舉家不憂衣食。」〔註78〕與羅澤南家結親，「比聞羅氏新婦入門，妝奩甚厚，輜重之外，又有奩金三百。聞之甚不愜意。」〔註79〕劉長佑「無姬妾之奉，無玩好之娛。……廉奉之外，絕不苟取絲毫。……而夫人在署，猶日督僕婦種蔬紡紗。」〔註80〕劉典「戎馬倥傯，未嘗廢書。在官以廉率下，所得祿賜，輒以恤戰士，助公家急。」〔註81〕閻敬銘「卸巡撫任歸，貧甚，非授徒不能具饔飧。」〔註82〕湘軍將領多隆阿「統萬人，而身無珍襲，靡葛之

〔註70〕朱德裳，續湘軍志；湘軍史專刊之一，長沙：嶽麓書社，1983：279～280。

〔註71〕歐陽昱，見聞瑣錄：彭剛直，長沙：嶽麓書社，1987：78。

〔註72〕俞越署檢，彭玉麟著，彭剛直公詩稿：詩集卷2：賦性二首，朱漢民，丁平一，湘軍：第3冊，194。

〔註73〕俞越署檢，彭玉麟著，彭剛直公詩稿：詩集卷2：交卸兵符乞病歸田，述懷十二律，朱漢民，丁平一，湘軍：第3冊，195。

〔註74〕歐陽昱，中興功臣家；見聞瑣錄，長沙：嶽麓書社，1987：158。

〔註75〕郭嵩燾，玉池老人自敘，朱漢民，丁平一，湘軍：第9冊，310。

〔註76〕左宗棠，與孝威（同治元年十月）；左宗棠全集：第13冊，長沙：嶽麓書社，2009：58。

〔註77〕陸寶千，劉蓉年譜，臺北：中央研究院近代史研究所專刊（40），1979：161。

〔註78〕陸寶千，劉蓉年譜，臺北：中央研究院近代史研究所專刊（40），1979：339。

〔註79〕陸寶千，劉蓉年譜，臺北：中央研究院近代史研究所專刊（40），1979：138。

〔註80〕劉長佑，筍記：附錄2：歐陽備之，遊滇日記，朱漢民，丁平一，湘軍：第2冊，北京：社會科學文獻出版社，2013：278。

〔註81〕王安定，皇清誥授光祿大夫兵部尚書兼都察院右都御使雲貴總督予諡武慎劉公行狀，朱漢民，丁平一，湘軍：第9冊，241。

〔註82〕姚永樸，舊聞隨筆：卷3：閻文介公，朱漢民，丁平一，湘軍：第8冊，851。

奉，家無屋，子無衣履。」〔註83〕劉坤一「在粵兼督海關數月，餘銀二十萬有奇，擬悉數歸公，以濟軍餉，……一錢不以入私。」〔註84〕

從眾多史料來看，湘軍多數軍政大員，確以實際行動踐行了儒學的根本原則。與其說晚清理學是一種自苦處窮的哲學，不如說更是一種正確引導如何對待權力，對待財富，從而將文化理想、國計民生置於個體利益之上，合理調劑自身欲望與客觀物質條件衝突，以達到個人道德心性提升的安身立命之學。它對於當時剝極才復、百物蕭條、人倫離亂的社會和生產關係，起到了不可估量的保護和的恢復作用。從這個角度來說，湘軍的自苦處窮具有極大的進步意義。

就李鴻章及其淮軍而言，相比湘軍人物在私德特別是經濟方面的自律修為則瞠乎其後。時人評論「中興功臣強橫不法者，無過合肥李相國家。占人田宅、奸人妻女、戕人性命，諸惡孽幾不可以數計」。〔註85〕容閎評價李鴻章「李文忠雖為曾文正所薦舉以自代之人，顧其性情品格，與文正迥不相侔。其為人感情用事，喜怒無常，行事好變遷，無一定之宗旨。……政治之才，固遠不逮文正，即其人之忠誠與人格，亦有不可同日而語者。」〔註86〕容閎進一步比較曾、李二人，曾國藩「當時七八省政權，皆在掌握。凡設官任職、國課軍需，悉聽調遣，幾若全國聽命於一人。顧雖如是，而從不濫用其無限之威權。財權在握，絕不聞其侵吞涓滴以自肥，或肥其親族。」而李鴻章身後「有私產四千萬以遺子孫。文正則身後蕭條，家人之清貧如故也。總文正一生之政績，實無一污點。其正直、廉潔、忠誠諸德，皆足為後人模範。……可稱完全之真君子，而為清代第一流人物，亦舊教育中之特產人物。」〔註87〕

英國人濮蘭德評價道：「李鴻章雖然不凡，但卻有其軟肋，毫無疑問，這個軟肋就是他對金錢的迷戀。」〔註88〕「李鴻章把高尚道德的大力宣揚和對

〔註83〕常萬里點評曾國藩兵法，長沙：湖南人民出版社，2014：31。

〔註84〕劉長佑等撰，新寧縣志：卷26：人物傳：劉坤一傳，朱漢民，丁平一，湘軍：第10冊，54。

〔註85〕歐陽昱，見聞瑣錄：孫佩蘭，長沙：嶽麓書社，1987：170。

〔註86〕容閎，西學東漸記：第14章：經理留學事務所派選第一批留學生，朱漢民，丁平一，湘軍：第8冊，767。

〔註87〕容閎，西學東漸記：第14章：與曾文正之談話，朱漢民，丁平一，湘軍：第8冊，759。

〔註88〕〔英〕約翰·濮蘭德著，張啟耀譯，李鴻章傳，天津：天津人民出版社，2008：245。

利益的私下追逐無所顧忌地結合起來，完全按照他所在的階級的古老傳統行事。」〔註89〕美籍顧問科士達評價李鴻章：「從基督教的道德標準或儒家的道德標準來看，他都是不夠格的，……在他為官的生涯中，他積累了大量的財富」。〔註90〕濮蘭德在批評李鴻章「處理國內事務時的貪污腐敗和裙帶關係」的同時，卻對李「在公務生活中的兩個主要對手——久經磨練的軍人左宗棠和南京總督劉坤一」給予了高度評價，認為他們「都是少有的正直誠實的人，雖官居高位但兩袖清風。」〔註91〕

三、湘淮軍軍系文化的主要差異

湘淮軍因各自首腦人物的價值取向、軍隊人才結構的不同等原因，在軍系文化上也表現出明顯的差異性，並以此「暗分氣類」。

（一）「以義動」與「以利動」的區別

王繼平先生認為：「湘軍與淮軍的最大差異，乃在於二者建軍的目標模式不同，或者是創建的動因不同。……淮軍的創立，其軍事功利目的更為明顯，湘軍的創立，軍事目的只不過是一種契機，最終目的乃是建立一種封建的新秩序，挽救王朝與倫常危機。」〔註92〕湘淮軍在政治目標上的差異，根源仍植根於文化。這一差異是價值層面的，它決定了兩個看似有著相同目標的集團，其經世的驅動力卻截然不同，湘軍集團可以說是傳統儒家文化在政治軍事領域一次最接近成功的實踐，其治軍行政，都始終在理學信仰的基礎上進行的，深層次的驅動力在於對儒學文化「理」與「義」的認同和堅定踐履；而淮軍集團雖脫胎於湘軍，但因其領袖人物在文化價值觀上的偏移，逐漸脫去儒學道德法則的制約，一切以事功為衡繩，自然更看重利益的權衡和得失的考量。這一文化觀念的差別，也最終決定了湘淮軍不同的政治軍事表現，對其歷史命運也產生了深刻的影響。

湘軍人物，多愛惜羽毛的節操之士，淮軍之英，多人情練達的功名之流。

〔註89〕〔英〕約翰·濮蘭德著，張啟耀譯，李鴻章傳，天津：天津人民出版社，2008：106。

〔註90〕〔英〕約翰·濮蘭德著，張啟耀譯，李鴻章傳，天津：天津人民出版社，2008：241。

〔註91〕〔英〕約翰·濮蘭德著，張啟耀譯，李鴻章傳，天津：天津人民出版社，2008：18～19。

〔註92〕王繼平，湘軍淮軍異同論；湘軍集團與晚清湖南，北京：中國社會科學出版社，2002：47。

隨著時間的推移，湘軍精英對於優秀傳統文化的堅守發揚，愈顯難能可貴，其道德節操已經成為中華優秀文化的重要組成部分；而淮軍代湘而起，在經歷短暫的繁榮之後，卻因失去文化格局導致其迅速向舊官僚、舊軍隊靠攏，失去了其創建之初的膽識朝氣，一支以利益驅動為主的軍隊在必然導致真正的「軍閥化」、腐朽化。

尚廉尚勇，轉移風俗，是湘軍軍系文化的重要特徵。湘軍近四十年歷史，多數精英人物都能刻勵自警，廉介自持，軍隊也始終尊上知禮，保持了較強的戰鬥力。彭玉麟言：「士大夫出處進退，關係風俗之盛衰。……天下之亂不徒在盜賊，而在士大夫進無禮，退無義。」其一生「不阿權貴，不避艱險，管軍綦嚴，待士以恩。軍中皆布素無華物，無敢佚淫嗜賭者。……所得養廉，悉賞軍士，有犯必懲，故士咸感其恩而畏其威。」〔註93〕曾任直隸總督的劉長佑於同治七年歸新寧，「率楚勇二百，行糧不給，道出金陵，曾文正饋銀三千濟之。及還長沙，輿服樸陋，儉從寥落，人不識為達官。」〔註94〕湘軍後起之秀劉錦堂「生平學在不欺，凡事必求心之所安，自少至老如一念。……卒之日不名一錢，僚屬相顧失聲。」〔註95〕錦棠自新疆以巡撫身份還鄉，甚至「以貧乏至為松山夫人所詬病。」〔註96〕「將兵之利，專私曠餉。（因兵員缺額導致的餘餉）」，即左宗棠懼失眾心，亦不敢釐革。而湘軍將領蔣益灃「在嶺南奏繳曠銀六萬兩。營中公費悉不入家，軍士共聞，故能繩直，微君之力，軍無由振。」〔註97〕湘軍劉典去職之時「計營中羨餘銀六萬兩又奇，概繳充公，惟取薪水銀及皂司任內廉銀以歸。」〔註98〕周光翁為籌備建軍出私財募勇製器，「雖曾經報出，而分文未奉發給。」去世之時，家資不過千餘金，而負債幾及萬金。」〔註99〕

〔註93〕上海新報：有古大臣風：新式第 671 號（1872 年 6 月 11 日），朱漢民，丁平一，湘軍：第 8 冊，北京：社會科學文獻出版社，2013：64。

〔註94〕王安定，皇清誥授光祿大夫兵部尚書兼都察院右都御使雲貴總督予諡武慎劉公行狀，朱漢民，丁平一，湘軍：第 9 冊，236。

〔註95〕何維樸，劉襄勤史傳稿，朱漢民，丁平一湘軍：第 9 冊，北京：社會科學文獻出版社，2013：456。

〔註96〕朱德裳，續湘軍志；湘軍史專刊之一，長沙：嶽麓書社，1983：280。

〔註97〕朱孔彰，蔣果敏公別傳；咸豐以來功臣別傳，朱漢民，丁平一，湘軍：第 9 冊，466。

〔註98〕劉典，從戎紀實：自序，朱漢民，丁平一湘軍：第 1 冊，607。

〔註99〕王鑫，覆張漪珊刺史（六年四月十五日）；王壯武公遺集：卷九：書札 2，朱漢民，丁平一，湘軍：第 6 冊，504。

　　曾、胡、左等雖自持甚嚴，卻待人以寬，對下屬「不窘其手，即是不掣其肘；能恤其私，乃能專精於公。」〔註100〕多年從軍，湘軍中亦不乏部分將領因戰亂致富者，「自提督、總兵以下，家資至鉅萬者，未可以指屈。」〔註101〕而相對於湘軍而言，淮軍中更頗乏廉介自持之士。在軍紀鬆弛，騷擾劫掠方面，「淮軍尤甚，每克一城，子女玉帛，悉為軍人所有。」〔註102〕英人濮蘭德曾記錄御史安維峻「奏李鴻章平日挾外洋自重，……彼之淮軍將領，類皆貪利小人，絕無伎倆，其士卒橫被剋扣，離心離德。」〔註103〕

　　作為淮軍最高統帥，對李鴻章及其家族的非議往往騰諸眾口。時人論曰：「中興功臣之富者，惟合肥李姓為最。……而五房極富，……就蕪湖而論，……其街長十里，市鋪十之七八皆五房創造，貿易則十居其四五。合六房之富，幾可敵國。所居之村，懼盜搶劫，四周築牆如城，金寶皆聚其中，彷彿郿塢。……李姓後嗣，優絀參半，……其驕橫不法者，則逼占人婦女，強買人田宅，亦未聞合肥禁制之。」〔註104〕「至一九三六年，有人在合肥調查，李家田產仍占東鄉田畝總額三分之二，約五十萬畝之多。」〔註105〕

（二）以禮治軍與獨重鄉誼的區別

　　湘軍以禮治軍，明恥教戰，較好地調和了內部關係。雖然看重地緣鄉誼，外出征戰補充兵員必回湖南招募，但地緣只是維繫軍隊的必要手段之一。湘軍既以本省人為主體，有一定的排他性，但並不完全排斥其他籍貫的人員。其軍中驍將及幕中文士，亦廣為招徠外省人才。就統帥將領來說，駱秉章是廣東人，塔齊布是滿族人、多隆阿是達斡爾族旗人，鮑超是四川人，朱洪章是貴州人，李孟群是河南人；從兵源來說，胡湘軍就有不少湖北人、鮑超霆軍中有不少四川人，曾國荃手下朱洪章曾在貴州募集苗人。

　　曾國藩選拔軍政人才，首重德操能力，他強調「治民之才，不外公、明、勤三字。」尤其注重「公明」二字，「不公不明，則諸勇必不悅服；不勤則營

〔註100〕胡林翼，覆郭崑燾；胡林翼集：第2冊，長沙：嶽麓書社，1999：620。

〔註101〕歐陽昱，見聞瑣錄：前集：卷4：黃忠壯純熙，朱漢民，丁平一，湘軍：第8冊，709。

〔註102〕論中國資本主義之發達；須彌日報（戊申年八月六日）。

〔註103〕〔英〕約翰·濮蘭德著，張啟耀譯，李鴻章傳，天津：天津人民出版社，2008：90～91。

〔註104〕歐陽昱，中興功臣家，見聞瑣錄：後集：卷2，朱漢民，丁平一，湘軍：第8冊，718～719。

〔註105〕龍盛運，湘軍史稿，成都：四川人民出版社，1990：498。

務鉅細皆廢弛不治。故第一要務在此。」並強調「帶勇須智深勇沉之士、文經武緯之才。」〔註106〕作為理學的大本營，湘軍一再強調君子小人之辨：「凡小人最不可與為緣，得位行權，尤以嚴杜小人為要義。」〔註107〕曾國藩等治軍一本於禮，不重逢迎之事，他強調「若有本領，辦事好，雖仇人做上司，也不能壓下去；若無本領，辦事不好，雖父親做上司，也不能抬起來。」〔註108〕

在對待戚友鄉黨方面，湘軍人物亦有足多者。胡林翼「律己甚嚴，於宗族戚黨，不少假借。」在黃州時，一營官某奉調銀錢所，私自舉薦胡氏族人隨行。胡林翼勃然大怒，斥曰：「吾有族戚，力豈不能庇之？爾輩籍以結納，風氣一開，伊于胡底？」當即「通飭各臺局營員，用人一事，胥秉至公，不得徇上司、同僚情面，濫為汲引，若經訪出，立即參處。」〔註109〕左宗棠夫人周氏，「嘗為舊僕乞補兵額，期以一年，公不許。未幾，夫人卒，公憶前事，乃於養廉內按兩年數給之。」〔註110〕王鑫軍老湘營「微功必錄，微罪必罰，不避嫌，不避親。剿賊廣東時，姊子某犯令，諸將爭救，不應，揮淚斬之。」〔註111〕

湘軍人物每能克己奉公，以人格力量約束士卒。在理學思想薰陶和禮制軍法約束之下，湘軍內外揖和，嚴而有恩，同仇敵愾，迸發出極強的持久戰鬥力。咸豐二年，湘軍將領翁學本受命統帥潮勇千二百人，「勇目釀金五百以獻，曰：『常例也』，峻卻之，故潮勇多橫恣而公所部肅然。」〔註112〕多隆阿「所得俸祿，悉以犒賞。官文公知其貧，郵寄三千金贍其家。公知之，馳卒追取，悉為戰士購征袍。」〔註113〕劉錦堂等「每臨巨寇，輒帕首為諸將先，決策制勝，靡有遺遁，故能戰勝攻取，所向有功。開載布公，信賞必罰，廉

〔註106〕曾國藩，與彭筱房曾香海；曾國藩全集：第21冊，長沙：嶽麓書社，1995：224。

〔註107〕郭嵩燾，示兒子慶蕃貼；雲臥山莊家訓：家訓：卷下，朱漢民，丁平一，湘軍：第3冊，北京：社會科學文獻出版社，2013：255。

〔註108〕批管帶禮前禮後營楊游擊鎮魁稟拔營抵盧村偵探賊情由（咸豐十年十月二十五日）；曾國藩全集：第13冊：批牘，長沙：嶽麓書社，2013：148。

〔註109〕徐宗亮，歸廬談往錄：錄上：卷1，朱漢民，丁平一，湘軍：第8冊，622。

〔註110〕姚永樸，左文襄公：舊聞隨筆：卷3，朱漢民，丁平一，湘軍：第8冊，846。

〔註111〕歐陽昱，見聞瑣錄：前集：卷1：軍令嚴肅，朱漢民，丁平一，湘軍：第8冊，701。

〔註112〕繆荃孫纂錄：續碑傳集：卷38：俞越，福建鹽法道署按察使翁公家傳，朱漢民，丁平一，湘軍：第10冊，188。

〔註113〕李元度，多忠勇公別傳；天岳山館文鈔：卷8，朱漢民，丁平一，湘軍：第9冊，404。

而有恩，故能合輯將卒，戰守兩資。」〔註114〕太平天國甫經平定，西北戰亂亦起，湘軍以國事為重，先後遣劉蓉、劉松山等赴國家之急。「楚軍援陝，特為顧全大局，非其力果豐饒」，〔註115〕表現出極強的大局意識。

曾國藩曾對「合肥健兒」充滿期待，並就淮軍將領的訓導教育問題向李鴻章提出「初當大任，宜學胡文忠初任鄂撫、左季高初任浙撫，……宜從學戰事身先士卒處下手，不宜牢籠將領、敷衍浮文處下手。……必與各營官形影不離，臥薪嚐膽，朝夕訓誡，俾皆成勁旅，皆有譽望。」〔註116〕

淮軍早期也出現過「撫循周至，號令嚴明，……不取賊中之金，不收降人之饋。故卒後蜀中僅有田四十畝，住宅一所」〔註117〕的楊鼎勳等廉明之將。楊原籍四川，曾隸湘軍鮑超軍。然而，淮軍在軍隊治理方面，後期基本拋棄了湘軍以禮治軍，明恥教戰的傳統，視武人為功利之徒，治軍方針出現了嚴重偏斜。淮軍內部關係，亦難如湘軍和洽，甚至出現爭權奪利的情形。如時人記載「當合肥封伯拜相時，劉省三中丞心不服，以刀拍案大叫曰：『老子拼命殺賊，不進一階。彼冒老子功，便得如此官爵，殊堪痛恨。』合肥聞之，遂奏封男爵，以平其氣。」〔註118〕

同時，淮軍中地域觀念不減湘軍，且有過之。程學啟因在湘軍中受過排擠，曾私下說：「吾輩皖人入湘軍終難自立，丈夫當別成一隊，豈可俯仰因人？」〔註119〕作為淮軍首領的李鴻章，更是無原則地惟鄉誼至上。「晚年坐鎮北洋，凡鄉人有求無不應之。久之，聞風麕集，局所軍營，安置殆遍，外省人幾無容足之所。自謂率鄉井子弟為國家捐軀殺賊保疆上，今幸遇太平，當令積錢財、長子孫，一切小過悉寬縱勿問。」以致於同縣出身的老部屬劉銘傳「觀其所用人，大駭曰：『如某某者，識字無多，是嘗負販於鄉，而亦委以道府要差，幾何而不敗耶？』」〔註120〕英人濮蘭德在觀察李鴻章及其官僚

〔註114〕劉錦棠，請恤道員羅長祐並戰績事實宣付史館折（光緒十年四月初三日）；劉襄勤公奏稿：卷3，朱漢民，丁平一，湘軍：第5冊，30。
〔註115〕陸寶千，劉蓉年譜，臺北：中央研究院近代史研究所專刊（40），1979：180。
〔註116〕郭嵩燾日記：同治元年五月廿日），朱漢民，丁平一，湘軍：第7冊，北京：社會科學文獻出版社，2013：239。
〔註117〕繆荃孫：續碑傳集：卷53；朱孔彰：楊忠勤公鼎勳別傳，朱漢民，丁平一主，湘軍：第10冊，3。
〔註118〕歐陽昱，見聞瑣錄：後集：卷2：借夷殺降，朱漢民，丁平一，湘軍：第8冊，718。
〔註119〕徐宗亮，歸廬談往錄：卷1：錄上，朱漢民，丁平一，湘軍：第8冊，627。
〔註120〕胡思敬，國聞備乘卷1：兵權不輕假漢人，朱漢民，丁平一，湘軍：第8冊，793。

體系後，作出了這樣的結論：「在最重要的正直誠實方面，李鴻章失敗了，他既沒有通過言傳又沒有通過身教去播撒那誠實的種子。……在貪污腐敗和裙帶關係方面，他的管理是十分鬆懈的。……從剛開始的時候，這位總督周圍就匯聚了一批窮親戚和貪親信。」〔註 121〕「中國人通過弄虛作假產生了令人害怕的權宜之舉和工於心計的虛假事務，而力量和團結的表面現象被維持在一個並不存在的框架之內。」〔註 122〕

（三）嚴於約束與習氣漸深的區別

湘軍人物在對待戰火中的平民，多有感同身受之情，軍紀約束較嚴，亦盡其所能進行救助。如曾國藩言：「近年從事戎行，每駐紮之處，周歷城鄉，所見無不毀之屋，無不伐之樹，無不破之富家，無不欺之窮民，大抵受害於賊者十之七八，受害於兵者亦有二三。喟然私歎行軍之害民，一至此乎！故每與將官、委員告戒，總以禁止騷擾為第一義。」〔註 123〕

湘軍整肅軍隊，自選將招勇始。「揀放哨官、隊長務要再三審查。凡屬姦猾、輕佻、縱肆、疲老、怠惰及吸食洋煙，曾入哥弟會，好造謠等項人，自應棄之不用。」〔註 124〕左宗棠「關心民瘼，為制府中有數之員。」〔註 125〕《見聞瑣錄》作者歐陽昱曾記錄其親見二事：一次見王部所遣偵探九人入店飲食，食畢每人給錢二十枚，主人不敢受。九人曰：「主將令，沿途強啖人飯不給錢，及取民一物值百文以上者，斬！」林頭之戰後，見官軍二十餘人追敗敵二百餘，殺斃之後，「但次第割其耳，賊所遺財物，無一拾取者。予歸，見二十餘人，汗濕重衣，覺疲甚，急呼予備飯，山中米粟無多，蒸薯蕷進之。食畢，每人給錢二十枚即行。予曰：『天將晚，人已倦，離城又五十餘里，盍止此一宿？』曰：『軍令：覆命逾酉刻者斬。我輩善走，尚可及。』」〔註 126〕

淮軍所部樹字五營「駐防無為，聲名平常，韋志俊換防以後，城中始有

〔註 121〕〔英〕約翰·濮蘭德著，張啟耀譯，李鴻章傳，天津：天津人民出版社，2008：188。
〔註 122〕〔英〕約翰·濮蘭德著，張啟耀譯，李鴻章傳，天津：天津人民出版社，2008：194。
〔註 123〕曾國藩，致左季高；曾國藩全集：詩文，長沙：嶽麓書社，1995：437。
〔註 124〕劉連捷，臨陣心法序，朱漢民，丁平一，湘軍：第 2 冊，292。
〔註 125〕上海新報：西人論甘肅賊勢：新式第 645 號（1872 年 4 月 11 日），朱漢民，丁平一，湘軍：第 8 冊，62。
〔註 126〕歐陽昱，見聞瑣錄：軍令嚴肅，長沙：嶽麓書社，1987：4。

貿易者。」軍紀甚至比不上太平軍降軍韋志俊部。曾國藩因而告誡李鴻章：
「韋部向頗騷擾，而樹營物論反出其下，甚失鄙人屬望淮勇之初心，亦非閣
下造福珂鄉之本意。」〔註127〕同時，曾國藩又勸誡淮軍將領，「聞淮軍近日
聲名頗遜於前，人言雖不足盡信，而為統領者尤須刻刻儆俱。」〔註128〕曾國
藩致信左宗棠表達對淮軍軍紀的擔憂，「滬軍較敝處銳氣稍勝，然聞驕矜擾
民，頃以一書規諷，未知能否整頓。」〔註129〕從後來淮軍表現來看，李鴻章
在選將招勇方面，幾乎摒棄了湘軍嚴格審核的做法，大量招入鹽梟、民團甚
至投效的土匪，也並未真正整頓軍紀，而是將放縱軍紀作為激發戰鬥力的重
要手段，淮軍軍紀遂每況愈下，迅速表現出「綠營化」的特徵。英人濮蘭德
這樣評價李鴻章及其淮軍：「一個公開的事實就是，他寧願讓這支帝國軍隊靠
搶奪無助的城市居民過活，也不願意從他的支票上撥出定期的給養。……這
些事情都是不可爭辯的事實。」〔註130〕

　　李鴻章曾奏請對江蘇被兵之區行三年之復，減蘇松太浮糧，當時以為善
政。然而，就具體執行而言，卻難以為繼。據趙烈文所言，淮軍收復江陰后，
「城中情形慘不可聞，屍骸遍地。……距城破已五十餘日，尚未撿拾，臭氣
四塞。房屋俱被兵勇占住或拆毀，莫敢一言。……鄉間彌望無煙，耕者萬分
無一。雖有三年之復，而民實不能耕，虛被恩旨。李少泉聞人言兵勇不戢，
輒大怒。……自常以東及松郡道路，剽掠無虛日，殺人奪財，視為應然。」
趙氏雖因左宗棠對曾國藩的態度不馴而多有不滿，然卻能高度評價其善後工
作。左宗棠收復杭州之後，「杭省百廢俱起，復城未兩月，已議及海塘，各郡
之漕皆減定，頌聲大作。以此觀之，左公吏治實勝李數十倍。雖心術未能坦
然，而民被大德，他眚不足言矣。」〔註131〕左宗棠也因李鴻章縱兵大掠而頗
有微詞：「少荃與弟本無雅故，前因郭筠仙嘗稱道之，又以其曾出公門，竊意

〔註127〕曾國藩，覆李少荃中丞；曾文正公全集：書札：卷21，朱漢民，丁平一，湘
　　　　軍：第6冊，北京：社會科學文獻出版社，2013：47。
〔註128〕批盛字營周鎮盛波稟在阿湖鎮擊賊獲勝情形由（同治六年九月十四日）；曾
　　　　國藩全集：第13冊：批牘，長沙：嶽麓書社，2013：403。
〔註129〕曾國藩，覆左制軍；曾文正公全集：書札：卷22，朱漢民，丁平一，湘軍：
　　　　第6冊，51。
〔註130〕〔英〕約翰·濮蘭德著，張啟耀譯，李鴻章傳，天津：天津人民出版社，2008：
　　　　188。
〔註131〕趙烈文，能靜居日記（同治三年七月十六日），朱漢民，丁平一，湘軍：第7
　　　　冊，152～153。

其必有異夫人。近觀其所作，實亦未敢佩服。……西塘之役，縱火大掠，聞因其六弟不能禁戢士卒所致。……湖絲、鹽利皆浙所應有者，則盡占之。嘉、杭富戶及土匪地輥之曾充鄉官者，則誘至而收其罰捐。」〔註132〕

　　李鴻章後期在洋務和編練新軍等方面的驕人成績，因其無視軍系文化建設和軍隊管理而幾乎銷抵殆盡，也預示著其單純從器物層面進行的軍隊改革不可避免地走向失敗。濮蘭德深刻地評述道「在其權力最興盛時期（1886～1894 年），我們可以公平地說，陸軍和海軍都成了他的家族和追隨者追逐利益的搖錢樹：財務方面的因素限制了陸軍和海軍部門的發展並使之失去了功能。」〔註133〕「在那些外貌堂皇的艦隊和配有現代化裝備的要塞的背後，那個徇私舞弊、貪贓枉法的官僚體系在新機會的鼓舞下又一次繁盛起來，……他的陸海軍建設體制仍然受制於傳統的裙帶關係和盜用公款；換句話說，李鴻章也是他們中的一員，一位徹頭徹尾的中國官員。」〔註134〕

（四）誠樸耐苦與驕奢無度的區別

　　湘軍多數軍系在長期戰爭中均能保持樸魯之氣，耐苦能戰，形諸楮墨，為天下所共知。曾國藩疏言：「載福與李續賓、都興阿等積勞之後，屢勝之餘，猶復日夕兢兢，夜不解帶。軍威嚴肅，士氣樸誠，實為不可多得之勁旅。」〔註135〕作為非國家經制軍的湘勇，往往得不到及時充足的糧餉。曾國藩曾復富明阿書：「此間餉項奇絀，積欠至十八九個月不等，名為金陵各勇月支四兩二錢，霆軍月支四兩，實則自去年以來，從無一月支至二兩者，間或一月並未支得一兩。霆營轉戰南北，尤為窮苦。」〔註136〕

　　老湘軍早在王鑫時期，「各勇有三日不得粒食者，亦毫無怨言，不敢絲毫騷擾民家。戰後論功，無一人虛飾，無一人爭論者。」〔註137〕連日鏖戰

〔註132〕左宗棠，答曾節相（二）；左文襄公全集：書牘：卷6，朱漢民，丁平一，湘軍：第6冊，101。

〔註133〕〔英〕約翰·濮蘭德著，張啟耀譯，李鴻章傳，天津：天津人民出版社，2008：188。

〔註134〕〔英〕約翰·濮蘭德著，張啟耀譯，李鴻章傳，天津：天津人民出版社，2008：79。

〔註135〕清史列傳：楊岳斌，朱漢民，丁平一，湘軍：第9冊，北京：社會科學文獻出版社，2013：264。

〔註136〕曾國藩，覆富明阿：曾國藩全集：書信：第6冊，長沙：嶽麓書社，1993；4434～4435。

〔註137〕王鑫，覆曾滌生侍郎（三年七月二十四日）；王壯武公遺集：卷8：書札1，

中，往往「各營無錢辦米，買芋而食，前日出隊，即芋亦未得飽啖，……」〔註138〕劉蓉所部援陝軍「欠餉積至十三四個月，踉蹌東來，衣履破敝，逮冬尚御單袷。泣求一月之餉置辦寒衣，而籌思無計，乃諮嗟慰諭而遣之，每人日給麥麩斤半，抵餉而已。」〔註139〕劉錦堂軍「窮數十晝夜，滾營進取，大小五十餘戰，半皆夜不收隊，露立風雪窖中，戰擊之聲與號寒之聲相雜，而軍士無一怨者。」〔註140〕劉典軍征戰西北，亦「有一日只食紅薯根一頓者」〔註141〕

彭玉麟以詩記湘軍苦戰之狀：「心驚刁斗連宵擊，腰繫椰瓢屢日空。野灶煙炊苗婦筍。」〔註142〕謂每日賴山中苗婦掘筍來賣，得以充饑。湘軍將領多樸魯而少文法，無官氣。湘軍水師統領黃翼升至滬，寓滬諸紳來迎候，其「帕首短衣行，滕草履箕，坐船首，視兵士理權。」諸紳感歎：「彼閩、廣水師兵皆靴服鮮好，公為統帥，而苦身若此，此湘軍水師之所以勝於他水師也。」〔註143〕

在戰爭後期迅速發展起來的淮軍「既富而驕，夙樂合肥相國寬大，視文正公儒將約束，頗以為苦，遇有調度，陽奉陰違者頗多。文正時與所親書，有撤湘軍一事，合九州鐵不能鑄錯之語。」〔註144〕李鴻章所部淮軍自剿撚之後，即不願西進甘陝瘠貧之區。左宗棠吸取曾國藩剿撚教訓，亦不肯調用淮軍，「淮軍一歲九月實餉，楚軍一歲求一月滿餉尚不可得，若調並一處，彼此相形，難以撫慰。」〔註145〕

　　　　　朱漢民，丁平一，湘軍：第 6 冊，464。
〔註138〕王鑫，與李春醴觀察（五年十一月初一日）；王壯武公遺集：卷 9：書札 2，朱漢民，丁平一，湘軍：第 6 冊，484。
〔註139〕劉蓉，與曾相國書；養晦堂文集：卷 8；陸寶千，劉蓉年譜，臺北：中央研究院近代史研究所專刊（40），1979：319。
〔註140〕何維樸，劉襄勤史傳稿，朱漢民，丁平一，湘軍：第 9 冊，431～432。
〔註141〕劉典，上左文襄公；劉果敏公書札：卷 1，朱漢民，丁平一，湘軍：第 6 冊，751。
〔註142〕俞越署檢，彭玉麟著，彭剛直公詩稿：詩集卷 2：牙屯堡軍夜，朱漢民，丁平一，湘軍：第 3 冊，186。
〔註143〕黃宗炎述，王文韶輯，湖南黃翼升行述墓銘傳志：皇清誥授光祿大夫建威將軍予諡武靖尚書銜長江水師提督三等男爵顯考昌歧府君行述，朱漢民，丁平一，湘軍：第 9 冊，545。
〔註144〕徐宗亮，歸廬談往錄：卷 1：錄上，朱漢民，丁平一，湘軍：第 8 冊，625。
〔註145〕左宗棠，與譚文卿；左文襄公全集：書牘：卷 14，朱漢民，丁平一，湘軍：第 6 冊，北京：社會科學文獻出版社，2013：112。

自內亂弭平，各省設立防營，湘軍大量裁撤，「南北駐防，悉皆淮軍。」〔註146〕防營漸次沾染綠營惡習，「往往虛冒額數、剋扣餉項，統領、營官養尊處優，並不時時操練，一切廢弛情形，幾與從前綠營積弊相等。」〔註147〕福建地區因左宗棠兩次督師入閩，現存防勇楚軍為多。閩浙總督卞寶第奏：「大抵湘楚營規，首重樸勤二字。……各將領恪守成規，尚能訓練操作，不憚勞苦。……咸思為國家效力邊陲，無斁厥志。」〔註148〕在軍紀維持方面，湘軍仍要明顯強於淮軍。

淮軍軍紀鬆弛，驕奢淫逸，在戰時造成了嚴重惡果，喪師失地，侮國辱軍。中法戰爭爆發，廣西巡撫徐延旭屯諒山督師，「樹聲遣將黃桂蘭、董履高等多淮軍，……桂蘭所統凡四十二營，在北寧，日夜酗酒，奪民間妹崽，恣為荒淫，不恤軍事。部下益相習，無紀律，越南人怨之刺骨。」〔註149〕在法軍進攻之下，「粵西五十餘營敗後，有婦女者四處逃散，全不歸伍，掠取民食」。〔註150〕

（五）分權任事與制馭羈縻的區別

湘軍管理原則上十分重視分權，這與曾國藩、胡林翼等領軍人物的胸襟有極大關係。分權制有利於下屬更好地發抒歷練，增強其主動性自主性。同時，曾國藩等立足於為國儲才和「幹大事須多找替手」的原則，對真正有才識能力者不惜創造條件，竭力舉薦，予以不次之擢，甚至不懼下屬地位超越自己，這在等級觀念分明的封建官場中殊稱罕見。如曾國藩之舉薦胡林翼、江忠源、左宗棠、李鴻章，都一本大公，未曾斷以私意。其稱胡林翼之才「勝臣十倍」，對左宗棠付給浙江全權，不為遙制，並為左氏爭取專摺奏事之權；對曾經在祁門遇險不能同患難的李鴻章，亦從惜才的角度重新收納，並全力支持其創建淮軍，不僅調撥親兵隊在內的湘軍與之諧行，還不顧乃弟曾國荃強烈反對，把安徽籍驍將程學啟撥給李鴻章。

〔註146〕徐宗亮，歸廬談往錄：卷1：錄上，朱漢民，丁平一，湘軍：第8冊，625。

〔註147〕光緒朝朱批奏摺：閩浙總督卞寶第查閩省防營駐紮處所管帶員名勇丁數目折（光緒十六年正月二十六日），朱漢民，丁平一，湘軍：第5冊，461。

〔註148〕光緒朝朱批奏摺：閩浙總督卞寶第查閩省防營駐紮處所管帶員名勇丁數目折（光緒十六年正月二十六日），朱漢民，丁平一，湘軍：第5冊，461。

〔註149〕李岳瑞，春冰室野乘：卷中：甲申越南戰事雜記，朱漢民，丁平一，湘軍：第8冊，805。

〔註150〕王朗青方伯上左侯相書：申報第4048號（1884年7月21日），朱漢民，丁平一，湘軍：第8冊，254。

曾國藩曾勸誡李鴻章：「學者當於羲皇心地上馳騁，無於周孔腳跟下盤旋。前此湘軍，如羅羅山、王璞山、李希庵、楊厚庵輩，皆思自立門戶，不肯寄人籬下，不願在鄙人及胡、駱等腳下盤旋。淮軍如劉、潘等，氣非不盛，而無自闢乾坤之志，多在臺從腳下盤旋。豈閣下善於制馭，不令人有出藍勝藍者耶，抑諸公本無遠志，激之而不起耶？」〔註151〕明確表達了曾國藩對淮系集團缺乏人才遠略的不滿和擔心。

從湘淮集團最終的人才格局來看，湘軍遠處淮軍之上，創造了前所未有的人才「奇觀」。據王繼平先生研究統計，「湘軍將領官至督撫的達 27 人（其中總督 13 人，巡撫 14 人），而淮軍將領中做到督撫實職的只有 4 人（張樹聲、劉秉章、劉銘傳、潘鼎新）。」〔註152〕

第三節　湘淮軍集團不同的歷史際遇

一、湘衰淮盛格局的形成

淮軍興盛，與曾國藩「抑湘扶淮」「以淮代湘」的策略是分不開的。曾國藩考量「以淮上風氣強悍，宜別立一軍。湘勇利山徑險阻，馳驅平原非其所長，用武十年，氣亦稍衰，故練淮軍以為湘軍之繼。至是東南大定，裁湘軍，進淮軍。」〔註153〕曾國藩認定「惟湘勇強弩之末，銳氣全銷，力不足以制撚。……淮勇氣方強盛，必不宜裁，而湘勇則宜多裁。」〔註154〕

淮軍憑藉其戰功和雄厚的財力，逐漸暗分風氣，自成一系，甚至不願服從曾國藩調遣。「用湘者無一不湘，用淮者無一不淮。」〔註155〕「楚、淮兩軍不相浹洽，天下共知共聞。」〔註156〕至同治五年冬月，「淮軍勢盛，湘軍且退避

〔註151〕曾國藩，覆李鴻章；曾國藩全集：書信：第 8 冊，長沙：嶽麓書社，1994：5862。

〔註152〕王繼平，湘軍淮軍異同論；湘軍集團與晚清湖南，北京：中國社會科學出版社，2002：52。

〔註153〕朱孔彰，曾文正公別傳；咸豐以來功臣別傳，朱漢民，丁平一，湘軍：第 9 冊，北京：社會科學文獻出版社，2013：6。

〔註154〕曾國藩，致李宮保（一）；曾文正公全集：書札：卷 24，朱漢民，丁平一，湘軍：第 6 冊，54。

〔註155〕閭談錄要：申報第 4245 號（1885 年 2 月 3 日），朱漢民，丁平一，湘軍：第 8 冊，296。

〔註156〕左宗棠，與譚文卿；左文襄公全集：書牘：卷 14，朱漢民，丁平一，湘軍：

三舍，亦無如之何也。」〔註157〕

後期湘軍雖在左宗棠統領下，取得平定關隴，收復新疆的勝利，但仍在規模和政治影響力上不及淮軍。至十九世紀九十年代，湘軍將領譚馥亭「所統湘軍共有十營。五營駐紮金陵，名曰南字營；五營駐紮江陰，名曰馥字營。……湘軍陸營僅存此碩果而已。」〔註158〕當然，廣義上的湘軍陸師，除金陵及其附近外，另在新疆、福建仍有常駐兵。

同治初至甲午之役前，淮軍之盛，較湘軍大有凌而駕之之勢。

（一）軍隊人數眾多

成立不久就達一百四十營七萬多人，「公初至滬止十三營，……嗣後次第募淮軍，合淮陽、太湖兩水師，水陸增至一百四十營。」〔註159〕後期淮軍還有陸續增加，如北洋水師的建立，成為淮軍軍系發展新的里程碑。

（二）兵種齊全，軍餉充足，裝備精良

淮軍至上海後即仿太平軍及洋人設立洋槍隊，後全部改西式裝備，用後膛槍、開花炮，操練洋操。「多猛將精兵，乘新制火器之力，自克蘇州，銳氣無前。」〔註160〕北上進剿捻軍之時，又建立騎兵部隊，合淮陽、太湖水師。李鴻章淮軍以上海為根據地平定江蘇，盡得江南財富之區，籌餉相對裕如。「當元年時，上海稅釐所入可供五萬人，……公幸得以贍軍。」〔註161〕因湘淮軍待遇過於懸殊，以致於在西北苦戰的左宗棠上奏痛陳：「楚軍所得，不及淮軍三分之一也。……楚軍籌措之難甚於淮軍，楚軍需用之繁且急甚於淮軍，而浙江、江南所以應之者，多寡緩急，一皆反是，亦大違朝廷兵事責西北、餉事責東南之旨矣。」〔註162〕特別是自1880年起，李鴻章借洋務運動之勢，奉旨籌辦北洋水師，採購歐洲近代艦船，興建海防要塞，修建旅順口、大連灣、威海衛永久炮臺，以及船塢修理所、魚雷製造局等，聲勢達到頂峰。湘

第6冊，112。

〔註157〕劉體信，萇楚齋三筆：卷3，朱漢民，丁平一，湘軍：第8冊，886。

〔註158〕鳩水談兵：申報第6565號（1891年8月1日），朱漢民，丁平一，湘軍：第8冊，350。

〔註159〕錢勗，吳中平寇記，朱漢民，丁平一，湘軍：第2冊，115。

〔註160〕秦湘業，陳鍾英，平浙紀略，朱漢民，丁平一，湘軍：第2冊，76。

〔註161〕錢勗，吳中平寇記，朱漢民，丁平一，湘軍：第2冊，115。

〔註162〕易孔昭，胡孚駿，劉然亮，平定關隴紀略，朱漢民，丁平一，湘軍：第2冊，596～597。

軍因人物凋零，長江水師已經被完全排除在近代化水師之外，與淮軍遂不可同日而語。

（三）廣布要害之區

淮軍早期駐兵江蘇，後因直隸總督曾國藩薦李鴻章自代，淮軍始隨同北上，衛戍京畿重地，取得其他軍系無法比擬的政治地位。「淮軍之興，發軔於淞滬，浸淫於畿輔。」〔註163〕北洋水師成軍之後，淮系勢力控制了整個渤海地區和北中國外洋，成為京師屏障。

（四）在政治、輿論上受到更多矚目

即使在湘軍已經西征的情況下，仍有不少朝臣督撫認為底定甘陝，非淮軍莫屬。如陝西巡撫喬松年上奏曰：「臣愚見，用兵西北，淮、皖之勇實勝於楚勇，楚勇不耐嚴寒，不能疾走，又不能啖粗食糲，將來底定陝甘，必仍資淮、皖、蜀三軍之力」。〔註164〕湘軍大將劉松山戰歿之後，同治九年二月，內閣學士兼禮部侍郎銜宋晉覆奏言：「李鴻章宜赴秦而未宜赴黔，左宗棠宜在黔而不宜在秦。……左宗棠所部湘軍，本多精練，特以向在水鄉，驟來西北，涉歷風沙，驅馳冰雪，均非所習。」〔註165〕

二、湘淮軍在收復新疆和中法之役中的表現

自湘軍創建至 1894 年甲午之前，為湘淮軍時代；甲午之後，為新建陸軍時代。在內戰基本平息之後至甲午之役前，湘淮軍作為事實上的國防軍，先後經歷了 1875～1881 年的收復新疆之役，1883～1885 年的中法之役。這些戰爭，一個最重要的特徵，就是因外國勢力入侵或深度介入，成為真正意義上的國防戰爭。

（一）收復新疆之役中湘淮軍國防觀的異同

收復新疆的主力是左宗棠湘軍，也包括了豫軍之張曜、宋慶所部，董福祥的降軍和新疆金順的八旗和部分綠營。自 1875 年 5 月，清廷任命左宗棠以欽差大臣督辦新疆軍務，以劉錦棠總理行營營務，率老湘營從征以來，湘軍採取

〔註163〕 王定安，湘軍記：卷10；湘軍史專刊之二，長沙：嶽麓書社，1983：138。
〔註164〕 喬松年，請移師入陝片（同治七年正月二十二日）；喬勤恪公奏議：卷14，朱漢民，丁平一，湘軍：第5冊，北京：社會科學文獻出版社，2013：81。
〔註165〕 欽定平定陝甘回匪方略：同治九年庚午：卷214，朱漢民，丁平一，湘軍：第5冊，443。

「緩進急戰，先北後南」的正確方針，並較好地處理了新疆地區的民族關係，至 1878 年 1 月西征軍攻克喀什噶爾，收復了除伊犁以外全部新疆領土。1881 年 2 月，通過談判，和平收復新疆內亂期間被俄國侵佔的伊犁地區。

自收復新疆開始，清廷高層包括湘淮軍內部，就圍繞歷次對外戰和問題發生了巨大分歧。「湘軍將領因較多傳統儒士的色彩，恪守傳統的政治倫理，故多有慷慨愛國之士。……然而淮軍人物既以軍隊為勢力的基礎，因而在對外戰爭中多趨於妥協，求保勢力，尤以李鴻章為甚。」〔註166〕揆諸史實，王繼平先生這一論斷基本成立。但是從當時情境詳加分析，湘軍內部並非都一味主戰，收復新疆特別是準備與沙俄開戰一事，湘軍重要首領劉坤一等亦持反對態度；中法戰爭之時，湘軍郭嵩燾更是竭力主和。淮軍李鴻章對外夷「羈縻為上」的避戰政策，與曾國藩的外交思想傳統影響也有莫大之關係。

曾國藩曾高度贊許李鴻章「馭夷之法，以羈縻為上」的主張，認為「誠為至理名言。」並進一步申論道：「自宋以來，君子好痛詆和局，至今清議未改此態。有識者雖知戰不可恃，然不敢壹意主和，蓋恐群情懈弛，無復隱圖自強之志。鄙人今歲所以大蒙譏詬，而在己亦悔憾者此也。」〔註167〕李鴻章也說：「百戰百勝，未若不戰而勝，尤為禦外良謨。漢唐以來，得失昭然。既究今事之始末，林、僧二公逞一時之憤，幾隳全局，謀國者可不深思耶？」〔註168〕在外交國防策略方面，隱忍待機，徐圖自強，曾、李的思路是基本一致的。但在具體對外戰爭決策及戰略支持方面，兩者的表現卻有根本的區別：

曾國藩早持暫棄關外之議，但一旦左宗棠一身擔當，即全力支持。其言：「此時西陲之任，倘左君一旦捨去，無論我不能為之繼，即起胡文忠於九原，恐亦不能為之繼也！」〔註169〕李鴻章則多從集團利益角度考量問題。因其時日本侵琉球，海防之議甚囂塵上，李鴻章力持「新疆不復，於肢體之元氣無傷；海疆不防，則心腹之患愈棘。」〔註170〕如果說這時李鴻章以海防壓制塞防還屬國防觀念差異的話，到 1894 年中法馬尾海戰，閩船危急，北洋

〔註166〕王繼平，湘軍淮軍異同論；湘軍集團與晚清湖南，北京：中國社會科學出版社，2002：53。

〔註167〕曾國藩，覆李中堂；曾文正公全集：書札：卷 33，10。

〔註168〕李鴻章，致蘇廷魁書；李文忠公朋僚函稿：卷 11；10；王爾敏，晚清政治思想史論，桂林：廣西師範大學出版社，2005：162。

〔註169〕陳其元，庸閒齋筆記：卷 4，朱漢民，丁平一，湘軍：第 8 冊，北京：社會科學文獻出版社，2013；516。

〔註170〕羅正鈞，左宗棠年譜：卷 10，長沙：嶽麓書社，1982：279。

水師竟不派一船增援，其避戰自保之心就難以自解了。

左宗棠等針對時局，明確提出「東則海防，西則塞防，二者並亟，艱巨攸同」〔註171〕的觀點。「但使俄人不能逞志於西北，則各國必不至構釁於東南。」〔註172〕「若此時即擬停兵節餉，自撤藩籬，則我退寸，而寇進尺。不獨隴右堪虞，即北路科布多、烏里雅蘇臺等處恐亦未能晏然。是停兵節餉，於海防未必有益，於邊塞則大有所妨。」〔註173〕為強化清廷抵抗的決心，左宗棠力陳忽略塞防是「數典忘之」的行為，否則新疆一地「其勢必析入強鄰」，〔註174〕鑄下不可彌補的大錯。

左宗棠批評淮系「平心而論，淮軍置之無用之地積年，費餉何下千萬？……豈非俟楚軍饑潰見仇者快耶？」述及「身當西北艱危至極之處，而所為頓異。李相不能諒之，旁人不能諒之，即同局之人亦復因有所受命不肯說一句實話，吁！可異矣！」〔註175〕可見當時左宗棠等主戰派在朝中是比較孤立的。左宗棠銳意定邊的策略，「樞疆諸臣，多懷腹誹。先時國藩本有暫棄關外，專清關內之議，李鴻章條陳海防，猶引為棄地張本，惟相國文祥獨排群議，力主用兵，其識量遠出鴻章之上。」〔註176〕幸得軍機文祥等一力支持，湘軍才得以完成復疆大業。

（二）中法戰爭中湘淮軍表現差異比較

1883年，中法因越南問題交惡，朝廷命楊岳斌往福州籌辦海防，彭玉麟移師瓊州。後又派左宗棠前往吳淞口布置海防。鑒於以淮軍和廣西軍為主的清軍在越南北寧作戰失利，退入鎮南關內，朝廷又於當年4月，調湘軍宿將王德榜、蘇元春、方友升等赴廣西、越南備防。次年5月，兩廣總督張之洞命出身綠營的老將馮子才練兵備戰，6月朝廷徵調湘軍鮑超防衛京師。8月，法國海軍攻佔臺灣基隆，襲擊馬尾軍港，兩國正式宣戰。

淮軍作為駐越北的主力，表現十分拙劣。北寧之役，法人「不過遙遙相

〔註171〕劉泱泱等點校，左宗棠全集：書信，長沙：嶽麓書社，2009：473。
〔註172〕王文韶語，籌辦夷務始末（同治朝）：卷99，61。
〔註173〕劉泱泱等點校，左宗棠全集：奏稿：第6冊，長沙：嶽麓書社，2009：178～179。
〔註174〕劉泱泱等點校，左宗棠全集：書信：第3冊，長沙：嶽麓書社，2009：38。
〔註175〕左宗棠，與譚文卿；左文襄公全集：書牘：卷14，朱漢民，丁平一，湘軍：第6冊，113。
〔註176〕朱德裳，續湘軍志；湘軍史專刊之一，長沙：嶽麓書社，1983：291。

擊，並未逼攻城池。該軍弁勇有室家者居半，吸食洋煙者居半，聞警先攜婦女逃走，致使軍械糧餉概以資敵。」粵西五十餘營清軍潰敗之後，「有婦女者四處逃散，全不歸伍，無婦女者只歸得十餘營。黃桂蘭退守長慶，因該處無糧可辦，兵勇四出掠取民食。」隨即越北太原、涼山亦失守，戰線完全推至中越邊境。此戰，淮軍中少數優秀將領如洪順、萬葉等亦能在敗軍中「督隊不少卻。」或「雖敗，而部伍井井不稍亂，故卒能轉敗為勝」，〔註177〕但已於大局難補。馬尾海戰中，傳聞「法發數炮，張（張佩綸）、何（何璟）二欽差即逃匿揚武，大兵船轟沉水中，其餘十船亦皆擊破，計僅滿三刻。」張佩綸因係李鴻章之婿而後得免追責。與此同時，「守廣東者為彭宮保，法夷素憚其威，兼有知兵之張公樹聲為之幫辦布置嚴密，無隙可入。」〔註178〕

為挽救戰局，1884 年 9 月清廷不得不再次調整人事，任命 73 歲的左宗棠督辦福建軍務。次月命楊岳斌幫辦。湘軍在此次戰爭中，與粵軍、滇軍、淮軍一道，取得了臺灣滬尾反登陸戰，鎮南關前關隘爭奪戰，攻取文淵、涼山之戰的勝利，表現多可圈可點。

左宗棠領命以來以古稀之齡考查鴉片戰爭海防記載，為中法戰爭督辦閩防預習戰守機宜，手草《料敵》《器械》《用間》《善後》諸稿。到任後布置周密，法軍除攻克孤懸海外的澎湖外，海陸兩軍均無進展。法軍曾擾廈門「用遠鏡見廈門沿海諸山皆紅旗恪靖軍，知有備而遁，曰：『中國左宗棠（利）〔厲〕害，不可犯也。』」〔註179〕彭玉麟「奉朝命往辦廣東防務，單騎即行。」〔註180〕楊岳斌（載福）「著洋布舊衫，攜一子，乘漁船渡海，幫辦欽差關防釘船底，奸細搜之無所得。……至臺灣，僅王純龍有湘軍二千人。」〔註181〕

根據彭玉麟所賦詩：「瀟湘子弟八千人，同戍交南共臥薪」，〔註182〕可知此次戰事，湘軍參戰部隊在越南約八千，在臺灣、瓊州等地又有數千，合計當

〔註177〕李岳瑞，春冰室野乘：卷中：甲申越南戰事雜記，朱漢民，丁平一，湘軍：第 8 冊，北京：社會科學文獻出版社，2013：805。

〔註178〕歐陽昱，見聞瑣錄：前集：卷 2：守口優絀，朱漢民，丁平一，湘軍：第 8 冊，706。

〔註179〕汪康年，紀左恪靖侯軼事；汪穰卿筆記：卷 8 附錄，朱漢民，丁平一，湘軍：第 8 冊，820。

〔註180〕俞越署檢彭玉麟著，彭剛直公詩稿：詩集：卷 2，朱漢民，丁平一，湘軍：第 3 冊，195。

〔註181〕鄒弢，三借廬筆談：卷 10：軍中秋興，朱漢民，丁平一，湘軍：第 8 冊，600。

〔註182〕光緒朝東華錄：光緒十年，朱漢民，丁平一，湘軍：第 5 冊，504～505。

在萬五千人左右。滬尾（淡水）之戰中，法軍「蓄銳登岸，意在必得。……而我軍自砲臺被毀，無砲守禦，全恃士卒肉薄相拼，雖槍砲如雨，士氣毫無畏避，……孫開華率隊直前，陣斬持旗法將一名，並奪其旗，斃敵約三百名。」因湘軍作戰得力，慈禧「著發去內帑銀一萬兩，賞給此次出力兵勇。」〔註183〕孫開華即原屬鮑超所部湘軍。

鎮南關陸戰中，除馮子才身先士卒，指揮得當外，湘軍將領寧裕明、王德榜皆身先前敵，立下汗馬功勞。「裕明方養創憑祥，聞炮聲，裹創飛騎至，則馮軍已敗下山。裕明從山北衝上，馬刀斫法人，法人披靡，於是諸軍相繼登。德榜屯汕隘，亦聞砲聲，……自率親軍釋放火箭，橫殺入關，截法人輜重。法人前後受敵，乃敗走。……法人被殺急，則投槍降，去帽為叩首狀，以手捍頸。軍士憤法人甚，卒殺不止，人遂謂中國人無禮也。」「越南一役，諸將善戰者以寧裕明為第一。」〔註184〕寧裕明為湖南衡陽人，原隸劉長佑軍。

鎮南關大捷後，「法人一敗不復整，敗文淵，敗諒山，敗谷松，敗威坡，敗長慶，敗船頭，由北而南，八日夜退二百餘里。諸軍歡呼：『恢北圻，復東京有日矣。』而停戰之詔書遽下。」〔註185〕清廷在李鴻章等主持下與法國訂立《中法新約》，以出讓越南為代價換取法軍停戰並撤出基隆、澎湖。史料載，自和約定，左宗棠左右不敢言和約，後「使人出視和約，氣急而戰，不能成讀。……顛而嘔血，遂至於薨。」〔註186〕當時部屬楊昌濬「沮之不已。左哭曰：『楊石泉竟不是羅羅山門人。』」〔註187〕

三、甲午戰爭湘淮軍表現的異同

（一）甲午之戰湘淮軍的具體表現

甲午之戰，是為爭奪對朝鮮控制權而展開的一場近代化海陸戰爭，也是

〔註183〕李岳瑞，甲申越南戰事雜記；春冰室野乘：卷中，朱漢民，丁平一，湘軍：第 8 冊，806～807。

〔註184〕李岳瑞，甲申越南戰事雜記；春冰室野乘：卷中，朱漢民，丁平一，湘軍：第 8 冊，805。

〔註185〕李岳瑞，甲申越南戰事雜記；春冰室野乘：卷中，朱漢民，丁平一，湘軍：第 8 冊，北京：社會科學文獻出版社，2013：807。

〔註186〕汪康年，紀左恪靖侯軼事；汪穰卿筆記：卷 8：附錄，朱漢民，丁平一，湘軍：第 8 冊，820。

〔註187〕汪康年，紀左恪靖侯軼事；汪穰卿筆記：卷 8：附錄，朱漢民，丁平一，湘軍：第 8 冊，820。

清日兩國之間「國運相賭」的一場戰爭。此戰淮、湘軍先後敗潰,不敵日本陸軍近代化師團。然而其中表現及致敗主觀原因又各有不同,概論之,一失在「腐」,一失於「驕」。

1. 淮軍因腐致敗

甲午之戰,中方參戰軍隊以淮軍為主體,還包括歸屬淮軍戰鬥序列的左寶貴軍、老將宋慶豫軍等。海上戰爭以北洋水師為主,還包括臨時劃歸北洋管轄的南洋艦隊廣甲、廣乙等幾艘弱艦。客觀而論,淮軍並非完全乏善可陳。淮軍新秀聶士成的前哨戰、遼東戰場宋慶部在田臺莊抗戰等均有聲有色;左寶貴在平壤保衛戰中戰死牡丹臺,高升號淮軍官兵拒絕投降戰至最後一卒,北洋致遠艦管帶鄧世昌與艦同沉,總兵劉步蟾、管帶林永升等兵敗自裁等,都可歌可泣,足壯軍威。

在陸戰關鍵之時,李鴻章選擇虛報戰功的葉志超統領平壤守備各軍,危急之時,葉志超棄城大奔,牽動全軍不能在朝鮮立足。黃海海戰後李鴻章又本著「保船制敵」的保守戰略,主動放棄黃海制海權,株守港口。可以說,李氏在臨陣之時用人不當及軍事保守思想,戰守皆為失策,在關鍵時刻導致了淮軍海陸軍全線奔潰。

李鴻章雖然早就提出「日本近在肘腋,永為中土之患。」〔註188〕表明其戰略思想有一定超前性和正確性。但其囿於經驗,對日本發動戰爭的決心產生了誤判,在應對上一直較為被動。尤其在其管理之下,「腐敗這個癰疽迅速地從他自身擴展到他管轄下的每個行政部門,使他的陸軍和海軍在實際上成為一具空殼。在對利益的追逐中,他和他的隨員們都忘記了所負擔的國家責任。」〔註189〕

時人評論:「淮軍之名,與湘軍相仲伯。合肥相國倚以辦服,嘗謂淮軍一足抵他軍十。而朝野論者亦無不以淮軍威名籍盛,足以後來居上。乃自朝鮮事起,與倭人相見以兵戎,自平壤一役以迄旅順失守,著著落後,事事讓人,問伊誰之過,皆曰淮軍也。」〔註190〕淮軍統將「承平日久,務為富豪。子女、玉帛充斥後庭。安樂久則畏勞,淫慾生則智昏,其不肯覆冒矢石、躬當萬敵也

〔註188〕李鴻章,同治朝夷務始末:卷47,23。
〔註189〕〔英〕約翰·濮蘭德著,張啟耀譯,李鴻章傳,天津:天津人民出版社,2008:189。
〔註190〕兵事蠡測:申報第7799號(1895年1月4日),朱漢民,丁平一,湘軍:第8冊,371~372。

明矣。」軍中「百方剋扣，求飽私囊，兵未交綏，逃者如蝟。」〔註191〕「從前旅順各城並未交戰，皆淮軍棄城與敵。後有傷亡者，驗之皆背面傷痕，其明證也。」〔註192〕日軍在朝鮮「繳獲清軍戰利品中混有娼妓服裝，將軍遊妓下卒仿之，戰時爭相逃跑，皆為弱兵，在市井成為報刊盛行之笑料。」〔註193〕

淮軍在戰場上大量臨陣逃亡，令李鴻章尷尬憤極，他致電淮軍將領：「汝等稍有天良，需爭一口氣，捨一條命，於死中求生，榮莫大焉！」〔註194〕只是，這種思想訓令對於已經處於被碾壓的戰場局勢來說，來得太晚了一些。

2. 湘軍因驕致敗

清廷「以平壤之役淮軍潰敗，故厚積湘軍兵力」，〔註195〕「調出湘勇不下百餘營」。〔註196〕湘軍參戰部隊主要有三支：一是魏光燾、李光久所率原駐新疆的老湘軍（含湖南本地新募舊勇）；二是當時湖南巡撫吳大澂新募湘軍。三是原兩江總督劉坤一所率湘軍宿將、江西藩司陳湜部湘軍二十營，駐紮山海關。老湘軍苦戰而後敗，吳大澂遇敵即潰，惟有劉坤一、陳湜等匯合老湘軍，於百計艱難之中，守住了山海關防線。

湘軍戰敗，首在輕敵。海城之戰，李光久擊敗日軍前哨，「由是輕日人，以為易與。」〔註197〕文人出身的湖南巡撫吳大澂盲目樂觀，主動請纓，並作招降檄文，軍前設立免死旗，等待日軍投降。「日人大怒，多欲得而甘心。惟岸田吟香君請於當道云：『吳某徒為大言，政事兵略，均非所長，惟小學及篆法乃為絕學。請飭令萬一擒獲，勿傷其軀命，俾至吾國傳清國絕學』云。」〔註198〕

〔註191〕某太史上軍機某大臣書：叻報第3995號（1895年3月7日），朱漢民，丁平一，湘軍：第8冊，434。

〔註192〕上劉制軍書：申報第7920號（1895年5月10日），朱漢民，丁平一，湘軍：第8冊，382。

〔註193〕宗澤亞，清日戰爭：第五章：清日戰爭表記，北京：世界圖書出版公司，2012：533。

〔註194〕李鴻章，寄威海丁提督戴道劉鎮張鎮；李鴻章全集：電鎬三，北京：人民出版社，1987：201。

〔註195〕光緒朝朱批奏摺：禮部右侍郎志銳奏請將湘軍分隊統帶魏光燾陳湜專摺奏事折（光緒二十年十月初三日），朱漢民，丁平一，湘軍：第5冊，北京：社會科學文獻出版社，2013：487。

〔註196〕光緒朝朱批奏摺：護理湖南巡撫王廉奏分別撤留防軍折（光緒二十一年四月初六日），朱漢民，丁平一，湘軍：第5冊，476。

〔註197〕小橫香室主人，清朝野史大觀；陳澤琿主編，長沙野史集鈔：上部古人筆記，長沙：嶽麓書社，2011：186。

〔註198〕營口警電；申報第7859號（1895年3月10日），朱漢民，丁平一，湘軍：

　　1895 年 3 月牛莊之戰，根據晚清人物筆記，魏光燾、李光久均「以為援牛莊也，而不知牛莊已失。」魏光燾首先陷入日軍埋伏，孤軍血戰，李光久率部救援，「直前搏戰，兵已陷入死地，無不以一當百，鏖戰至日晡，斬日兵千餘級，竟無官軍來援。……營哨官死者十餘人，士卒死傷數百人。」李光久衝出後仍設伏路邊，重創並擊退日軍追兵。〔註 199〕此戰，「日人以炮封市口，聚兵環數里，湘兵欲出不得，殊死戰，鮮降者，死傷約千餘人。……說者謂老湘營起於王壯武，盛於戰隴阪，收復天山南北二萬里地，而終於牛莊云。」〔註 200〕時人評論：「牛莊一役，湘岳貽羞，實亦疏防所致。」〔註 201〕

　　魏光燾回憶，牛莊之戰「計行軍數月，及到防才數日，奔馳萬餘里，雪地冰天，各勇喘息未定。適倭寇由遼陽糾悍股二萬餘眾來撲，督兵御之，血戰竟日，力不能支，始退駐田臺莊。」〔註 202〕晚清經學家皮希瑞評價此戰：「倭人由北路陷牛莊。諸軍輜重皆失，魏、李兩軍奔潰，清帥聞風而逃，乃致如此結局。如不輕舉，當不至此。」〔註 203〕可見，湘軍長途奔襲，在敵情未明的情況下，貿然輕進，敵強我弱，是導致戰鬥失敗的重要原因。牛莊戰敗，直接導致在淮軍海戰陸戰皆敗，全國上下「望湘軍若歲」的情況下，湘淮軍又在六天之內連失牛莊、營口、田臺莊，遼東戰爭全線奔潰已成定勢。

　　湘軍失敗的主要原因在於湖南本土沾染綠營習氣，訓練廢弛。「迨軍事既平，營務漸就廢弛，習氣日深，弊端百出。又以分布零散，常經年不一操練，猶是昔日湘軍之名，而全無其實。」〔註 204〕吳大澄新募湘軍就明顯缺乏訓練和戰場經驗，「槍械不足，軍無鬥志」。〔註 205〕「華軍步兵初次學習打靶，距

　　　　　　第 8 冊，378。

〔註 199〕朱孔彰，李健齋廉訪牛莊戰事；半隱廬叢稿：卷 3，朱漢民，丁平一，湘軍：
　　　　　　第 8 冊，831。

〔註 200〕小橫香室主人，清朝野史大觀；陳澤琿主編，長沙野史集鈔：上部古人筆記，
　　　　　　長沙：嶽麓書社，2011：186。

〔註 201〕上劉制軍書；申報第 7920 號（1895 年 5 月 10 日），朱漢民，丁平一，湘軍：
　　　　　　第 8 冊，382。

〔註 202〕魏光燾，湖山老人述略，朱漢民，丁平一，湘軍：第 9 冊，488。

〔註 203〕皮錫瑞，師伏堂日記：乙未年十一月初一日，朱漢民，丁平一，湘軍：第 7
　　　　　　冊，195。

〔註 204〕光緒朝朱批奏摺：湖南巡撫陳寶箴奏近日整理防營並擬漸圖裁減折（光緒二
　　　　　　十二年十一月二十二日），朱漢民，丁平一，湘軍：第 5 冊，北京：社會科學
　　　　　　文獻出版社，2013：469。

〔註 205〕譚嗣同，致劉松蓉二；譚嗣同全集，北京：中華書局，1998：480。

靶僅二百蔑打之遙，乃放槍百響，竟無一中。……翌日復試炮兵，而炮弁竟臨事張皇，手足無措，不知如何燃放。後有西國（救）[教] 師出面指示，延遲一點半鐘，始能燃炮一響。」〔註206〕軍中除淮軍宋慶，湘軍魏光燾、李光久所部外，「雖宿將亦侵扣軍餉」，〔註207〕吳大澄湘軍在與日軍交戰，「軍士一聞炮聲，即已心驚膽落，平日中丞親示以槍炮之準，則皆已追憶茫然。即日兵蜂擁而前，軍士勢不能支，隊伍錯落，脫巾嘩潰，四散飛奔。」反而導致正當酣戰的宋慶所部「陣腳遂不能豎立。」所立『投誠免死』之大旗，「不料倭陣中無一來降者，此旗反為日軍奪去，殊可笑也。」〔註208〕

　　「值淮軍屢敗之後，遼南七屬相繼失守，人無固志，士有離心。」〔註209〕朝廷惟一可以倚恃的就是被慈禧稱為「天下督撫操守以伊為第一」〔註210〕的湘軍宿將劉坤一了。光緒帝親自召見，「坤一跪近御座，皇上自取燭照面。仰窺聖意，以坤一大病後，慮其消瘦也。」〔註211〕可見朝廷對於湘軍宿將的倚重。劉坤一到任之後，鑒於所部湘軍皆「新募之卒，未練之師，且多徒手」的現實，排除了「亟率諸軍出關，與敵決戰」和赴援「吳、宋兩軍牛莊、營口之敗」的建議，認為「皆紙上空談，未審機宜，未諳事勢者也。」劉坤一把防禦重點放在山海關及日軍軍艦偷襲登陸上，「一面申明紀律，敵至則擊，平日不輕出一騎，不輕放一砲，鎮之以靜，敵卒不敢犯我。」〔註212〕其「籌防調遣，竭力圖維，……有條不紊，法密令嚴。即布置後路，亦步步照□，毫無罅漏。」〔註213〕故「督辦北洋軍務，與倭人相持半載，敬慎不敗。」〔註214〕

〔註206〕妄言之；叻報第 4016 號（1895 年 4 月 1 日），朱漢民，丁平一，湘軍：第 8 冊，441。

〔註207〕譚嗣同，興算學議·上歐陽中鵠書；譚嗣同全集，北京：中華書局，1998：154。

〔註208〕詳述宋帥受傷吳軍嘩潰事；叻報第 4013 號（1895 年 3 月 28 日），朱漢民，丁平一，湘軍：第 8 冊，440。

〔註209〕魏光燾，勘定新疆記，朱漢民，丁平一，湘軍：第 2 冊，690。

〔註210〕劉坤一，慈諭恭記，劉忠誠公遺集：文集：卷 1，朱漢民，丁平一，湘軍：第 3 冊，220。

〔註211〕劉坤一，東征紀略，朱漢民，丁平一，湘軍：第 2 冊，689。

〔註212〕魏光燾，勘定新疆記，朱漢民，丁平一，湘軍：第 2 冊，690。

〔註213〕榆關近信；叻報第 4019 號（1895 年 4 月 4 日），朱漢民，丁平一，湘軍：第 8 冊，441。

〔註214〕朱孔彰，李健齋廉訪牛莊戰事；半隱廬叢稿：卷 3，朱漢民，丁平一，湘軍：第 8 冊，834。

《馬關條約》議定之後，劉坤一上奏堅決反對割地賠款，「要之讓地、賠款兩條，目前固難允行，後患尤不堪設想。」並進一步提出了「持久戰」思想，「即不得手，可以一戰再戰，以期必勝，……況用兵兩年，需餉不過數千萬，較賠款尚不及三分之一。『持久』二字實為現在制倭要著。」〔註215〕

3. 湘軍以弱勢軍力造成了甲午日軍最大之傷亡交換比

牛莊之戰，據中國史料記載，參戰湘軍共9營約5000餘人，死傷約千餘人。日軍參戰約兩萬人，「共殺日兵一千五百餘人，計與日兵交兵以來未有如此之鏖戰斬級之多者。」〔註216〕「日人雖勝，卒以此重湘人，不敢蔑視。」〔註217〕據日方記載，日軍參戰部隊第5、3師團共11593人，死亡72人，負傷317人，僅次於1894年平壤戰役的死亡190人，負傷498人。此外，1894年12月朝鮮境內缸瓦寨戰役（第3師團）死亡69人，負傷339人，1895年1月鳳林集——百尺崿戰役（第2、6師團）死亡64人，負傷152人，均為日軍傷亡人數較多的戰役。而牛莊戰役日清參戰人員比為11595：5000，上述其他三次戰役，雙方參戰兵員比分別為11537：15000、3902：9200，17247：8000。〔註218〕日軍傷亡人數記載存在日方人為縮小的可能性，但湘軍在劣勢兵力情況下，造成日軍最大的傷亡交換比的事實是毫無疑問的。

（二）湘淮軍失敗的軍事文化探析

甲午湘淮軍失敗的根本原因，在於雙方國家體制和軍隊形態都存在極大的代際差，如國家體制和戰略、管理觀念的落後、後勤體系的不足等，這些都將中國暌隔於現代國家、現代戰爭之外。就軍事文化分析，湘淮軍甲午之敗還存在以下原因：

1. 勇營制度不適於近代化戰爭需要

因清廷狃於成制，長期以來未對軍隊體制進行根本性改革，導致無法適

〔註215〕朱孔彰，李健齋廉訪牛莊戰事；半隱盧叢稿：卷3，朱漢民，丁平一，湘軍：第8冊，834～835。

〔註216〕朱孔彰，李健齋廉訪牛莊戰事；半隱盧叢稿：卷3，朱漢民，丁平一，湘軍：第8冊，831。

〔註217〕小橫香室主人，清朝野史大觀；陳澤琿主編，長沙野史集鈔：上部古人筆記，長沙：嶽麓書社，2011：186。

〔註218〕宗澤亞，清日戰爭：第五章：清日戰爭表記，北京：世界圖書出版公司，2012：495。

用於近代化戰爭。勇營制最大的特點是為節約財政開支而戰前臨時招募，戰後遣散，這就使清軍無法建立一支訓練精良的常備軍。勇營制以五百人左右的營為單位，臨陣臨時指派統帥、統領，兼轄數營至數十營，各營之間難以協同，統帥、統領如果資望能力不夠，必然難以服眾，調度不靈。而日本方面「積慮處心已數十年，國制兵制更改數十次，日日講求訓練」。〔註219〕經過明治維新的日本已經基本完成向近代化國家和軍隊的轉型，其近代化師團和聯合艦隊在兵員素質、訓練管理方面均遠遠超出湘淮軍。

甲午戰爭中國動員兵力 962,163 人，其中常備軍 349,700 人，戰時新募兵 612,463 人，參戰兵力總數推算為 200,000 人。〔註220〕根據《清日戰爭》「清國新徵兵員及武器裝備表」，湖南新徵兵員 29,382 人，新疆新徵 14,083 人，而安徽新徵 14,777 人。〔註221〕湘淮地區（含新疆）新增兵員合計 58,242 人，因新募兵勇主要用於參戰，新募軍占參戰兵力二十萬人的 29%。

時人論：「查此致此之由，皆因將不得人，兵不嫻器，以極貴極精之槍炮，付諸毫未練習之勇丁，倉促臨敵，手忙足亂。或出隊而錯帶子彈，或臨陣而忘記用法，乘以強敵，不奔何待？」〔註222〕甲午之戰中，「榆關以內防營林立，計淮軍、湘軍、銘軍、奉軍、甘軍、新毅軍、老毅軍、嵩武軍、定武軍，名目不一，多至二三百營。兵力不為不厚，無如不相統屬。」〔註223〕不僅湘淮軍之間未能協同配合，即湘軍與湘軍，淮軍水師與淮軍岸防部隊之間都難以協同。如吳大澂、陳湜、魏光燾、於宏勳「四人同在山海關，全不通問。」〔註224〕「魏光燾、陳湜位在潘、臬，有素不相下之勢。」〔註225〕北洋水師提督丁汝昌無權指揮陸地淮軍，日軍登陸包抄威海衛後路炮臺，守

〔註219〕朱采，清芬閣集；中國史學會編，中日戰爭：第 5 冊，上海：新知識出版社，1956：294。

〔註220〕宗澤亞，清日戰爭：第五章：清日戰爭表記，北京：世界圖書出版公司，2012：502。

〔註221〕宗澤亞，清日戰爭：第五章：清日戰爭表記，北京：世界圖書出版公司，2012：493。

〔註222〕中國史學會編，中國近代史資料叢刊：中日戰爭：第 5 冊，上海：新知識出版社，1956：321。

〔註223〕虎帳談兵；申報第 7966 號（1895 年 6 月 25 日），朱漢民，丁平一，湘軍：第 8 冊，北京：社會科學文獻出版社，2013：384。

〔註224〕皮錫瑞，師伏堂日記：甲午年十二月初三日，朱漢民，丁平一，湘軍：第 7 冊，188。

〔註225〕清實錄：卷 353，朱漢民，丁平一，湘軍：第 3 冊，737。

軍多棄炮而走，導致北洋水師腹背受敵。劉坤一預見到了這一問題的嚴重性，提出「俾湘、淮軍聯為一氣；即使分道揚鑣，亦應共抒同仇敵愾之忱，未可稍存此界彼疆之見，蓋將帥參商，為兵家大忌也。」〔註226〕

2. 軍事技戰術思想落後

湘淮軍在戰術思想方面犯了經驗主義的錯誤。時人評論：「湘軍打仗，仍昔年剿匪成法，置之今日，猶八股小題手段，不可施之於大題。」〔註227〕「而土匪內變與敵國外患不同。……我所用者猶是向日之軍，而所剿者已非向日之寇」。〔註228〕袁世凱也批評湘淮軍「師心自用，仍欲以『剿擊髮捻』舊法禦敵，故得力者不可數睹也。」〔註229〕

在強大近代化火力打擊下，老湘軍步步為營，以守為攻的戰術顯然已不能自保致勝。曾左時期的湘軍之所以所向有功，也並非一味單純強調思想教育，而是明恥教戰與格致之功並重，對器械、地形、陣法、戰法都有深入的研究。而湘淮軍在戰術運用上卻都未能發揮老湘軍察己料敵，因勢制敵、靈活變化的傳統，一味株守舊法，從而陷入被動挨打的境地。比較典型的是，李鴻章將戰略進攻的鐵甲艦隊主要用於依託要塞進行防守作戰，幾乎沒有制海權概念，海岸炮臺只強調正面攻擊力，卻忽略後路防禦。因日軍屢屢從後路迂迴包抄，「船炮相依」，「保船制敵」的作戰構想被完全摧毀。陸戰方面，宗澤亞評價「清軍的作戰方式仍然沿用冷兵器時代的集團衝鋒式戰術，」「但是在日軍步槍陣地前損傷慘重，起不到任何戰術突破的效果。」〔註230〕湘軍恃功而驕，無視近代先進軍事技術的快速發展，對於洋操、火器等有排斥心態，甚至湘軍吳大澂所部「立營下寨，並不挑挖地窖、地溝，以為避砲之計。」〔註231〕湘儒歐陽中鵠評論「魏、李之氣足直前，李待士卒尤有恩，臨陣帕首

〔註226〕劉坤一，覆陳舫仙（光緒二十九年九月二十三日）；劉忠誠公遺集：書牘：卷11，朱漢民，丁平一，湘軍：第6冊，247。

〔註227〕續某太史上軍機某大臣書；叻報第3996號（1895年3月8日），朱漢民，丁平一，湘軍：第8冊，北京：社會科學文獻出版社，2013：434。

〔註228〕兵事蠡測；申報第7799號（1895年1月4日），朱漢民，丁平一，湘軍：第8冊，371～372。

〔註229〕中國史學會，中國近代史資料叢刊：中日戰爭：第5冊，北京：新知識出版社，1956：219。

〔註230〕宗澤亞，清日戰爭，北京：世界圖書出版公司，2012：270。

〔註231〕清實錄：卷353，朱漢民，丁平一，湘軍：第3冊，北京：社會科學文獻出版社，2013：737。

韡刀，躬自督戰，……然則無致遠之器，徒尚一往之氣，雖奮不顧身，亦盡驅入死地而已！」〔註232〕即使是在宋慶所部打得比較好的田莊臺戰役中，日軍一將校在戰場手記中還是評價：「田莊臺清軍的防禦線很長，戰術上弊端諸多，戰略上亦無作為，清軍將校顯然未受過近代戰法教育。士兵戰技訓練也相當粗糙。」〔註233〕

　　湘淮軍在洋務運動中初步建立了近代化國防工業。但因為「清國和日本在接受西方軍事技術的觀點上，採取了不同的立場和態度。」中國堅持購買與仿造，幾乎沒有獨自創新的技術成果，而日本走的是吸收消化的創新之路，至十九世紀末，在許多科技領域內已經成為能與西方列強比肩的後起之秀。〔註234〕清軍「訓練的陸軍、建造的要塞、聚集的艦隊、建立的兵工廠和軍事學校在本質上都是地方性的」，〔註235〕並沒有構成合理的軍事工業體系和形成比較統一的軍工技術標準。

3. 宿將凋零

　　甲午之役之前，經驗豐富的統帥人物已基本凋零殆盡，而新進人物或限於資格，或囿於歷練未能獨當大局，明顯處於青黃不接的局面。湘軍中「中興名將」惟有劉坤一一員，淮軍中劉銘傳未參戰，聶士成新銳敢戰卻無統兵之權，其餘淮軍宿將「精氣久耗於利欲，而勇悍非復其往時。」〔註236〕充分說明了湘淮軍在和平時期軍事人才選育方面存在致命的缺陷。

　　戰爭前夕，朝廷曾特旨促召湘軍宿將劉錦堂。據說日軍對此相當重視，「探其出處以為進止」。而錦堂聞命之後「稍集舊校，倉促就道，甫及縣門，左體中風，輿疾歸。……口中喃喃呼將士指述邊事，斷續不能辨。七月薨。」〔註237〕劉錦堂的去世，給湘軍帶來巨大損失。朝廷只得派出湘軍閥閱子弟左孝同、李光久、曾廣鈞隨老將魏光燾奔赴遼東戰場。淮軍亦「宿將凋謝，繼起者非其親戚，即其子弟，均未經戰陣之人。補伍皆以賄成，扣餉早懷積

〔註232〕譚嗣同，與算學議，上歐陽中鵠書（歐陽中鵠批跋），譚嗣同全集，北京：中華書局，1998：169。

〔註233〕宗澤亞，清日戰爭，北京：世界圖書出版公司，2012：265。

〔註234〕宗澤亞，清日戰爭，北京：世界圖書出版公司，2012：232。

〔註235〕〔英〕約翰‧濮蘭德著，張啟耀譯，李鴻章傳，天津：天津人民出版社，2008：190。

〔註236〕中國近代史資料叢刊：中日戰爭：第2冊，上海：上海人民出版社，1961：636。

〔註237〕何維樸，劉襄勤史傳稿，朱漢民，丁平一，湘軍：第9冊，北京：社會科學文獻出版社，2013：438。

怨」。〔註238〕時任湖南巡撫吳大澂起家翰林，昧於大勢，僅因「講求槍炮準頭十五、六兩年，」就一味請戰，清廷用為前敵統帥。輿論諷刺說：「清帥誠著作才也。……聞清帥之在軍也，雅歌投壺如祭征虜，輕裘緩帶如羊叔子，而料事如神又如江東之陸伯言。不圖營口一役，甫過日兵，湖湘子弟交綏而退，其負清帥訓練之苦心也實甚。」〔註239〕

4. 軍系文化衰落

咸同以後，以理學文化為核心，明恥教戰打造的近代軍系文化至甲午之前，已經衰落。曾國藩幕僚薛福成曾預言：「今勇營已稍不如前矣。若使積年屯駐，不見大敵，久而暮氣乘之，又久而積習錮之，恐復如綠營之不振。」〔註240〕

湘軍方面，「能耐勞苦，可以進，可以退，可以勝，可以敗，再接再厲，百折不回」〔註241〕的軍系文化也正逐步弱化，注重理學修養，文武兼備的幹才已經凋零，後繼乏人。清軍中，尤其是在有意忽視理學思想的淮軍中，怯弱與腐化的程度更高。羅爾綱先生評論，淮軍重技術教育而沒有軍人的精神教育，是淮軍失敗的原因中尤為重要的一個。〔註242〕左宗棠也曾預見：「伯相（指李鴻章）擅淮軍自雄久矣，既謂天下精兵無過淮軍，又謂淮軍不敵島族，是天下古今有泰西無中國也。……以此輩當島族，勝負之數，洵未可知！」〔註243〕

淮軍在建軍之初，就忽視軍系文化建設，單純強調軍事技術和勇武作風，而缺乏凝聚隊伍的價值觀念。逮其末流，則流弊不可勝言。長期以來，清軍尤其是淮軍中「沒有特定的建軍思想，沒有為國而戰、保衛國家民眾的概念。士兵與國家間的契約關係，僅僅停留在吃軍餉，為皇帝打仗的狹隘觀念上。」〔註244〕因軍隊文化變異，敗不相救、驕奢佚惰、剋扣軍餉等綠營舊軍種種

〔註238〕中國史學會，中國近代史資料叢刊：中日戰爭：第3冊，北京：新知識出版社，1956：365。

〔註239〕萬國公報：第74冊（1895年3月），朱漢民，丁平一，湘軍：第8冊，91。

〔註240〕薛福成，應詔陳言疏；薛福成選集，上海：上海人民出版社，1987：73。

〔註241〕論選勇；申報：第7737號（1894年11月6日），朱漢民，丁平一，湘軍：第8冊，366。

〔註242〕晚清兵制史話——淮軍訓練的失敗；國防週報，1941：1（9）。

〔註243〕左宗棠，與譚文卿；左文襄公全集：書牘：卷17，朱漢民，丁平一，湘軍：第6冊，117～118。

〔註244〕宗澤亞，清日戰爭，北京：世界圖書出版公司，2012：268。

積習又廣泛蔓延開來。與之相反，美國《紐約世界》隨軍記者克里曼觀察報導其所見日軍：「他們是一支沉默的軍隊，部隊在行進中始終保持肅然寂靜，沒有奏樂，沒有旌旗招展，沒有喧嘩，組織井然、沉默有序、疾行向前。……一見即知是一支精強雄烈的軍隊。」〔註 245〕

甲午之戰中，國內輿論對淮軍表現強烈不滿：「淮軍本與湘軍齊名。然近日平壤之戰，盛字一營中途嘩噪，未戰而潰。雖聞其釁起於剋扣軍糧，然竟致戰時不戰而潰，且在平壤地方妄殺韓民，並有人投入倭寇軍者。」〔註 246〕某外國武官作為隨軍觀察員評論：「清軍失敗的重要原因之一是怯懦，戰局常常並非敗勢，兵士就會現行丟棄陣地和武器逃跑。」〔註 247〕再如「清國大連灣、旅順口、威海衛的海防陣地被日軍佔領時，炮臺完好率高達 80%，無情的數字鞭撻了近代清國軍隊的素質。」〔註 248〕

（三）甲午戰敗對於湘淮經世集團的不同影響

對於甲午戰爭的反思，在戰爭進行之中就由當事人開始了。李鴻章在馬關媾和時第一輪會談中對日本首相伊藤博文有一段告白：「余認為今回的戰爭得到兩個好的結果，第一是歐洲的陸海軍作戰方式，被黃色人種成功應用得到了驗證。第二是沉睡的中華開始覺醒」，「我國人民對貴國抱怨之聲甚多，然而與抱怨之感懷相比，餘個人也許應該感謝貴國喚醒了吾中華國人。」〔註 249〕

甲午之戰，創深痛巨，以鐵的事實，無情地檢驗了軍制改革和洋務運動數十年的得失成敗，也最終終結了具有過渡性的晚清勇營制。自此，清廷撤銷了北洋水師建制，逐步廢除勇營制度，代之以新建陸軍。就湘淮經世集團而言，其對於甲午戰爭的反思和應對，仍採取了不同的層面和路徑。

淮軍經世集團主要從軍制改革和技術層面入手，他們積極參與和主導了新建陸軍計劃，以德、日為模板組建近代化新軍，引入繪圖、測量、行軍、水陸工程等軍事技術，建立火炮、工兵部隊，推動了中國軍隊從湘淮系勇營時代向北洋時代的轉變。同時，也有針對性地重視軍人尚武精神和忠義思想灌輸。如袁世凱曾言：「訓以固其心，練以精其技。事雖一貫，道實分途。

〔註 245〕宗澤亞，清日戰爭，北京：世界圖書出版公司，2012：230。
〔註 246〕論選勇；申報：第 7737 號（1894 年 11 月 6 日），朱漢民，丁平一，湘軍：第 8 冊，366。
〔註 247〕宗澤亞，清日戰爭，北京：世界圖書出版公司，2012：229。
〔註 248〕宗澤亞，清日戰爭，北京：世界圖書出版公司，2012：270。
〔註 249〕宗澤亞，清日戰爭，北京：世界圖書出版公司，2012：304。

兵不訓罔知忠義，兵不練罔知戰陣。權其輕重，訓為最要。」〔註250〕其觀點與曾國藩幾無二致。新建北洋軍也把「勵忠義、敬長官、守營規、勤操練、奮果敢、衛良民、懷國恥、惜軍械、崇篤實、知羞惡」作為軍隊教育的重要內容。〔註251〕然而，湘軍以儒家理學思想為主導的軍系文化，本質上是一種以上率下的踐履文化，並非僅憑說教灌輸所能為者。而由於淮系經世派的歷史侷限，不可能從根本上違背自身的利益法則。這就是由淮系發展而來的北洋，與歷史上的湘軍在軍隊價值觀和精神面貌上始終未能同日而語的根本原因。

作為湘系經世集團，則痛定思痛，基本放棄了軍隊的改革，轉而把目光投注到政治改革，文化反思層面。湘系經世派在主流上，由過去政治文化思想極度保守，轉而開始無條件地接受歐風美雨的侵淫。譚嗣同曰：「光緒二十一年，湘軍與日本戰，大潰於牛莊，湖南人始轉側豁悟，其虛驕不可向邇之氣亦頓餒矣。」〔註252〕湖南士人明言：「甲午的敗仗，實是我們湖南人害國家的。」〔註253〕王爾敏先生指出：「甲午戰後，湘省人士幡然改途，由守舊中心，一變而為最積極維新的推動者，……『夫湘人吾華之深閉固拒最甚者也，一朝丕變，咸與維新。……』」〔註254〕梁啟超作為長沙實務學堂的教習，記錄了湖南士人在甲午之後「開通其耳目，充濬其智識，幡然求之中西圖集，一洗其從前虛驕之氣，雍雍彬彬，懷瑾握瑜，庠序之氣，靡然成風」〔註255〕的嶄新氣象。

湘系經世派的這一根本轉變，是湖湘理學思想影響下士人的共性抉擇，也是其經世重點的一大轉移。從此湘系理學經世派，即應稱之為新興湖湘經世派。出於對國家民族高度負責的態度，湘系經世人物敏感地預見到了民族淪亡的危險，遂逐步脫離了理學的桎梏，以救亡為鵠的，開始了對自身脫胎換骨的文化改造。但千年湖湘理學思想的積澱，又決定了他們在文化潛意識中，程度不同地接受和踐行著理學優秀文化價值。在以後的近代史上，我們往往可以看到大量湖湘人士愛國憂民、注重踐履、耐苦敢為、堅忍不拔、講求節操的文化品質流露。

〔註250〕袁世凱，進呈練兵圖冊折；訓練操法詳晰圖說：卷 1，臺北：文海出版社，1966：17。

〔註251〕段祺瑞，訓哨弁要言；訓練操法詳晰圖說：卷 1，臺北文海出版社，1966：6～8。

〔註252〕譚嗣同，瀏陽興算記；譚嗣同全集，北京：中華書局，1998：174。

〔註253〕楊子玉，工程致富演義；湘報：第 94 號，北京：中華書局，2006：854。

〔註254〕王爾敏，晚清政治思想史論，桂林：廣西師範大學出版社，2005：83。

〔註255〕梁啟超，中國近三百年學術史，北京：東方出版社，2003：280。

第八章　湘軍集團對咸同理學的影響

　　作為湖湘理學的發抒，湘軍集團必然通過一定程度的反作用力，對晚清理學發展產生政治與學術的多重影響。湖湘理學經世派對理學的影響集中在幾個基本問題上：一是理學學術走向，二是理學學術思想與社會實踐的關係，三是對理學學術思想的發揮與修正，四是對理學信仰和主流地位強有力的捍衛。可以說，湘軍集團在更廣闊的社會格局、更宏觀的文化視野上深刻影響著晚清理學的發展軌跡。

第一節　湘軍集團對於晚清理學融合發展的影響

　　晚清理學自宗師唐鑒之後，衍生出兩條發展路數。一是以倭仁為代表，更傾向「內聖」工夫的主敬派，一是以曾國藩為代表，更關注「外王」事功的經世派。無論曾國藩、胡林翼，還是倭仁、李棠階，都是傳統理學在政治學術領域最後的精英。兩者一在斂外，一居內朝，交相呼應，共同推動中興之功。曾國藩、倭仁兩人早年同道，中年共謀，晚年異途，以理學為起點，卻各自代表了晚清理學的兩個路向，最終成為不同類型的學術代表人物，特別是在理學的基本論題上表現出不同的學術趨向。就理學發展而言，以曾國藩等為代表的湘軍理學經世集團以學術融合和格物致知，恢復和發揮了理學「求理之學」的真意，較之於以倭仁為代表的主敬派，對理學產生了更為深刻的影響。

一、以樸茂務實的「誠敬論」超越了內斂靈明的「存養論」

　　倭仁一生注重道德心性修養，踏實做好聖賢工夫，以維護理學道統為己

任，思想上更接近正統的書齋型程朱理學，也對曾國藩早期的理學信仰和修持之道有著難以磨滅的影響。

　　曾國藩早年與倭仁訂交，過從甚密，終生相交於師友之間。曾國藩在日記中寫道：「（唐鑒）言近時河南倭艮峰仁前輩用功最篤實，每日自朝至寢，一言一動，坐作飲食，皆有劄記。或心有私欲不克，外有不及檢者皆記出。」〔註1〕出於敬畏，曾國藩對倭仁日課冊「不敢加批，但就其極感予心處著圈而已」。〔註2〕曾氏「亦照艮峰樣，每日一念一事，皆寫之於冊，以便觸目克治」。〔註3〕倭仁教其須「掃除一切，須另換一個人」，曾國藩「讀之悚然汗下」，歎為藥石之言。〔註4〕他在與弟書中稱：「余之益友，如倭艮峰之瑟僩，令人對之肅然。」〔註5〕應該說，曾國藩終身勤於日記和克己自省的習慣皆得益於倭仁的指導和影響。曾氏在倭仁去世後評價其「講求正學四十餘年，存養省察未嘗一息少懈。……凡有志學道者，皆仰為山斗而奉為依歸。」高度肯定倭仁「講筵啟沃，皆本致君堯舜之心，以成中興緝熙之業，洵屬功在社稷，澤及方來」的儒學導向作用。〔註6〕私函中也稱倭仁「不愧第一流人。其身後遺疏，輔翼本根，亦粹然儒者之言」。〔註7〕實為懷舊真情之流露，足徵兩人終生交誼之深。

　　倭仁理學思想是以傳統「心性論」為核心的。他在《為學大指》中說：「人性皆善，皆可以適道。自氣拘物蔽而惟利祿之趨，習俗之徇，淚沒沉淪，而為人之理遂失」。因此，需要以「致知」體認天理，以學習變化氣質。首先，倭仁提出認識天理需「盡己性」，即認識自己的天性，克服私念。去念的辦法是「立志為學」「居敬存心」「涵養本原」「察幾慎動」「克己復禮」等。其次在於「盡人性、盡物性」，「稽之聖賢，講之師友，察之事物，驗之身心，以究析其精微之極至」。通過窮理盡性，達到「身心性情之德、人倫日用之常以至天地鬼神之變、鳥獸草木之宜莫不有以見」，就可達到「物我一理」

〔註1〕曾國藩全集：日記：第1冊，長沙：嶽麓書社，1987：92、134。

〔註2〕曾國藩全集：日記：第1冊，長沙：嶽麓書社，1987：92、134。

〔註3〕曾國藩，致澄弟溫弟沅弟季弟（道光二十二年十月二十六日）；唐浩明編，曾國藩家書：上冊，長沙：嶽麓書社，2015：35～36。

〔註4〕曾國藩全集：日記：第1冊，長沙：嶽麓書社，1987：92、134。

〔註5〕曾國藩，致澄弟溫弟沅弟季弟（道光二十二年十月二十六日）；唐浩明編，曾國藩家書：上冊，長沙：嶽麓書社，2015：36。

〔註6〕曾國藩，唁福綸福裕；曾國藩全集：書信：第10冊，1994；7474。

〔註7〕曾國藩，覆劉坤一；曾國藩全集：書信：第10冊，1994：7476。

的境界。〔註8〕兩者相較，倭仁認為盡己性才能盡人性，盡物性，無形中將盡己之性作為入手的先決條件。政治上倭仁主張人主「當以天下之心為心」，帝王之心關係「用人行政之得失」，關係「天下之治亂安危」。強調「人君之心事事當與天下相見」。〔註9〕可見倭仁對於宋儒所立「心、性、情」三個哲學範疇中，極度重視「性」與「心」，而對「情」關注度不高，這也決定了倭仁的理學思想有刻板失情的一面。

　　在修身工夫論方面，倭仁強調平日莊敬涵養，則已發自然「中節」，所謂「存誠以養未發之中，謹幾以驗已發之和，此日用切要工夫」。〔註10〕可見，主敬派的理學日常工夫就是不斷體察修養性情，使之符合社會規範與道德準則。但倭仁在具體修身手段上過度強調「主靜」，偏重直覺主義的修養方式，甚至以參禪似的寂靜無為求得對理的體察和德性修養的進步，這是曾國藩所未能完全接受的。曾國藩也曾對倭仁倡導的求「靜」之法詳加研究，躬身實踐，但堅持了一段時間就不得已放棄了。據曾氏自言，這種方式對於體力脆弱的自己來說不堪重負。

　　呂思勉先生認為理學過於理想化，「以此期諸實際，則其功渺不可期；以此責人，人亦無自處矣。此亦設想太高，持論太嚴之弊也。」〔註11〕湘軍人物在修身方面，對這種流弊有所認識。曾國藩等在理學的體察踐行上存在一種化繁就簡、力求簡約可持的傾向。他說：「治心治身，理不必太多，知不可太雜，切身日日用得著的，不過一二句，所謂守約也。」〔註12〕其訓「誠」之一義曰：「所謂誠意者，即其所知而行之，是不欺也。知一句便行一句，此力行之事也」。〔註13〕「誠者，不欺者也。不欺者，心無私著也；無私著者，至虛者也。是故天下之至誠，天下之至虛者也。……靈明無著，物來順應，未來不

〔註8〕倭仁，為學大指；倭文端公遺書，卷3；1，7，9，沈雲龍，近代中國史料叢刊第34輯，光緒二十年秋七月山東書局重刻本，臺北：文海出版社，209，222，226。

〔註9〕倭仁，輔弼嘉謨；倭文端公遺書，卷3；18，21，9，沈雲龍，近代中國史料叢刊第34輯，臺北：文海出版社，91，96，72。

〔註10〕倭仁，倭文端公遺書：卷7；4～5，沈雲龍，近代中國史料叢刊第34輯，臺北：文海出版社，626～627。

〔註11〕呂思勉，理學綱要，北京：東方出版社，2012：128。

〔註12〕曾國藩，覆李榕（咸豐九年十月二十八日）；曾國藩全集：第23冊：書信2，長沙：嶽麓書社，2013：544，287。

〔註13〕曾國藩，致澄弟溫弟沅弟季弟，曾國藩全集：第20冊，長沙：嶽麓書社，2011：35。

迎；當時不雜，既過不戀，是之謂虛而已矣，是之謂誠而已矣！」〔註14〕桐城方宗誠云：「曾節相言『吾不甚講理學，但守定莫晏起，不說謊二句。』」〔註15〕又云：「胡宮保與予書，極稱曾滌生先生近日惡高言深論好庸德庸言二語，為閱歷有得之言。」又云：「見曾侍郎《與吳竹如先生書》云：『近來悟（辨）〔辦〕事之法，在大處著眼，小處入手，二語可法。』」云云。若再能加「肯吃虧」三字，則聖人中庸之理雖不止此，忠恕之道亦不外是矣。」〔註16〕

可見曾國藩在論學及修身之時，起手不似倭仁之高明，格局似不如倭仁之宏遠，但中庸務實，往往從可行之處入手。後人評價曾國藩「成此大勳，建此大名，其所以諄諄然訓於家者，不過儉、勤二字。以此教孝，以此教忠，以此立功，以此立德，以此光先，以此裕後，處不必有所矜奇立異而已。」〔註17〕

湘軍人物往往奔馳於戰陣之間，掙扎於政爭漩渦之中，更無法實踐主敬派繁瑣細微的修身之法。因此，這種近於精神枯寂的修身工夫在功業心強烈的多數湘系理學人物中幾乎在所排斥。相對主敬派而言，湘軍人物並非不講心性、敬靜、克己等修身之道，但惟不止於心性之說，而是將儒學修身之學運用到社會政治層面，更加強調遇事能辦、見財而廉，臨難不苟，以君子之道風動天下。這也正是歷代諸多高談心性的「理學家」所應當追求卻難以普遍踐行的。

二、以「格事之理」取代「格性之理」

格物致知是修齊治平的基礎，理學家均強調格物，並以此作為立身應世的必備科目。倭仁也同樣看重格物。他說：「格物不得力，第一關便隔礙了，下面節節都是病痛。」〔註18〕並強調「理在事上求，……豈臨民與為學判然兩事哉？」〔註19〕但倭仁論格物謹守程朱門戶，完全無視新說異論：「程朱論格致之義，至精且備，學者不患無蹊徑可尋，何必另立新說滋後人之惑

〔註14〕曾國藩全集：日記：第1冊，長沙：嶽麓書社，1987：130。
〔註15〕方宗誠，柏堂師友言行記：卷3，朱漢民，丁平一，湘軍：第8冊，北京：社會科學文獻出版社，2013：503。
〔註16〕劉體信，萇楚齋三筆：卷10，朱漢民，丁平一，湘軍：第8冊，893。
〔註17〕讀「曾文正公家書」書後：申報第4021號（1884年6月24日），朱漢民，丁平一，湘軍：第8冊，北京：社會科學文獻出版社，2013：251～252。
〔註18〕倭仁，倭文端公遺書：卷6；77，沈雲龍，近代中國史料叢刊第34輯，臺北：文海出版社，609。
〔註19〕倭仁，倭文端公遺書：卷8；55，沈雲龍，近代中國史料叢刊第34輯，臺北：文海出版社，349。

耶？」〔註20〕倭仁在踐履上強調「知性」「盡性」，不逾規矩。因此晚清主敬派在格物方面，多從事於學理研究及起居應酬、個人得失取予等方面。如方宗誠記倭仁「門庭肅然，僕隸皆氣息嚴整，如公在也，諸孫讀書聲敬一，亦如公在也者，……問對移時，語默動靜，從容中禮。」〔註21〕

　　而湘系經世派則將「格事之理」作為理學新的實踐方向。曾國藩說：《大學》八條目中「自我觀之，其致功之處，則僅二者而已：曰格物，曰誠意。」〔註22〕曾氏對格物之「物」的解釋，表露出強烈的經世色彩：「格物，致知之事也。物者何？即所謂本末之物業。身、心、意、知、家、國、天下皆物也，天地萬物皆物也，日用常行之事皆物也。格者，即物而窮其理也。」〔註23〕還認為「即物窮理云者，古昔賢聖共由之軌，非朱子一家之創解也。」〔註24〕為達到即物窮理的效果，曾國藩強調以八德自勉，「『勤、儉、剛、明』四字皆求諸己之事；『孝、信、謙、渾』四字皆施諸人之事。孝以施於上，信以施於同列，謙以施於下，渾則無往不宜。」〔註25〕

　　倭仁說：「未有無格致誠正之功而能致齊治均平之效者。」〔註26〕按照傳統理學觀念，格物有著一定的先後次序，即先格心之理，次格人之理，再格物之理、事之理。「外而至於人，則人之理不異於己；遠而至於物，則物之理不異於人也」。〔註27〕其理論雖圓融無礙，施行卻萬難睹功呈效。往往沉溺於格心之理的道路上，即消耗了多數心力，待到格事之理時，反而多有滯礙。而曾國藩則認為：「所格之物無次第，非謂格得誠正再講修齊，格得修齊再講治平。」〔註28〕曾國藩的格物之說，則呈現出一種跳躍式前進的方

〔註20〕倭仁，答竇蘭泉；倭文端公遺書：卷8；22，沈雲龍，近代中國史料叢刊第34輯，臺北：文海出版社，684。

〔註21〕方宗誠，節錄倭文端公遺書跋；柏堂集後編：卷6，光緒年間刻本。

〔註22〕曾國藩全集：家書：第1冊，長沙：嶽麓書社，1985：39。

〔註23〕曾國藩，致澄弟溫弟沅弟季弟，曾國藩全集：第20冊，長沙：嶽麓書社，2011：35。

〔註24〕曾國藩，書學案小識後，曾國藩全集：詩文，長沙：嶽麓書社，1986：229。

〔註25〕曾國藩，曾文正公日記：同治三年四月廿一日，朱漢民，丁平一，湘軍：第7冊，111。

〔註26〕倭仁，日記；倭文端公遺書：卷5；32（日記・庚戌以後），沈雲龍，近代中國史料叢刊第34輯，臺北：文海出版社，434。

〔註27〕倭仁，為學大指；倭文端公遺書：卷3；10，沈雲龍，近代中國史料叢刊第34輯，臺北：文海出版社，228。

〔註28〕劉蓉，答曾滌生檢討書；劉蓉集：第2冊，長沙：嶽麓書社，2008：81。

式,不承認格心之理為格事之理的先決條件。在他的觀念中,格心與格物是併發無礙,互動融通的。這一觀念,為湘系經世活動打開了通往事功之門,也成為湘系經世派在理學思想上的創見之一。

曾國藩、胡林翼、左宗棠等均十分看重在軍政大計、理財選士等行政方面磨礪提升認知把控能力,視野上遠超當時的主敬派人士。其「格事之理」必然來源於在辦事中取得的經驗,在多讀史書和「本朝典章」中比較揣摩,從而大大擴充了理學格致之學的範疇。曾國藩特就唐鑒問「經濟宜何如審端致力?」唐鑒說:「經濟不外看史,古人已然之跡,法戒昭然;歷代典章,不外乎此。」〔註29〕左宗棠「在文毅第中,讀本朝憲章最多,其識議亦絕異。其體察人情,通曉治略,當為近日楚材第一。」〔註30〕「棄詞章,為有用之學,談天下形勢,瞭如指掌。」〔註31〕羅澤南「凡天文、輿地、律曆、兵法,及鹽、河、漕諸務,無不探其原委,真可以坐言起行,為有用之學者。」〔註32〕

曾國藩高度重視居高位者的「見識」和「曉事」能力,「今之人才雖多,然撥亂世反之正,則當從事者有三焉:曰讀書,曰知人,曰曉事。」〔註33〕「居高位,以知人、曉事二者為職。知人誠不易學,曉事則可以閱歷黽勉得之。」〔註34〕「曉事則無論同己、異己,均可徐徐開悟,以冀和衷。不曉事,則挾私固謬,秉公亦謬;小人固謬,君子亦謬;鄉愿固謬,狂狷亦謬。……故恒言皆以分別君子、小人為要,而鄙論則謂天下無一成不變之君子,亦無一成不變之小人。」〔註35〕郭崑燾更指出:「天下之能債事者,不必盡是小人。執意見以逞偏私,不近人情,不顧大局,則足以債事而有餘矣。」〔註36〕曾國藩等將「曉事」置於道德評價之上,作為立身辦事的基本前提,君子覆邦家,其禍與小人同,實為沉痛深刻之言。湘軍人物雖然強調理學思想對於

〔註29〕曾國藩全集:日記:第1冊,長沙:嶽麓書社,1987:92。

〔註30〕胡林翼,致程裔采,胡林翼集:第2冊,長沙:嶽麓書院,1999:44。

〔註31〕羅正鈞,左宗棠年譜,長沙:嶽麓書社,1982:19。

〔註32〕歐陽兆熊,金安青撰,羅忠節軼事;水窗春囈,朱漢民,丁平一,湘軍:第8冊,北京:社會科學文獻出版社,2013:540。

〔註33〕姚永樸,曾文正公;舊聞隨筆:卷3,朱漢民,丁平一,湘軍:第8冊,844。

〔註34〕曾胡治兵白話句解,濟南,山東書局(改訂版),民國二十一年(1932):115。

〔註35〕曾胡治兵白話句解,濟南,山東書局(改訂版),民國二十一年(1932):115～117。

〔註36〕柳詒徵,陶風樓藏名賢手札;郭崑燾覆曾國藩(六),朱漢民,丁平一,湘軍:第6冊,323。

經世活動的主導地位，但同時更強調審時度勢，其對事理中「勢」「幾」的準確把握和因時制宜，知權達變，在治軍行政中屢見不鮮。

　　對於湘系經世派而言，理學理想和原則培植了他們樸實堅韌的風氣，塑造了不計近功，不親俗流的氣質；同時，對事理的格致追求，又讓他們辦事層次清楚、時機把握得當、作風明瞭練達。他們往往能對新的學術思想和技術器物持包容實驗的態度，既不盲信盲從，也不先入為主，一味排斥，而是按理學格致方法予以考量，權衡利弊，有條件地接受新的變化。這與倭仁等主敬派無條件排斥異端的主張有著明顯差異。在地方上經歷了十數年的艱苦歷練，曾國藩等在才識上均遠超出積年立朝的理學派大臣。正因為有這種自信，曾國藩後來曾評論倭仁有「特立之操」，然「才薄識短」。〔註37〕曾國藩曾覆劉蓉曰：「大約講義理之學而居崇高之位，則讀書、知人、曉事三者，缺一不可。某公讀書本儉，而又不知人，不曉事，流弊一至於此。」「所謂某公者，似指倭仁而言。」〔註38〕

三、以「匯通眾流」突破「固守家法」

　　唐鑒提倡「守道」宗旨，以程朱理學為唯一「正學」，排斥其他一切學術流派，門戶之見較深。倭仁本人即由王學而入理學，鑒於晚清學術匯通的大局勢，亦不甚願糾纏門戶之爭：「持門戶異同之見，為前人爭是非，只是尋題目作文字。若反身向裏，有多少緊要工夫做，自無暇說短道長。」〔註39〕甚至對王學，對乾嘉以來漢學還略有褒詞，其評價乾嘉漢學「條分秩序，精當不苟，皆卓然一家之言者。」〔註40〕但作為主敬派的理學大師，他並未對學術匯通作出努力，而是一味強調孔孟之道皆經程朱闡發無遺，缺乏理論和實踐上的創新，在學術思想上較為保守。「孔門大路，經程朱辨明後，惟有斂心遜志，亦趨亦步，去知一字行一字，知一理行一理，是要務。」〔註41〕惟程朱為正學，

〔註37〕汪世榮編注，曾國藩未刊信稿，北京：中華書局，1959：393。
〔註38〕曾國藩，覆霞仙劉中丞；曾文正公書札：卷25；陸寶千，劉蓉年譜，臺北：中央研究院近代史研究所專刊（40），1979：295。
〔註39〕倭仁，倭文端公遺書：卷4，20，沈雲龍，近代中國史料叢刊第34輯，臺北：文海出版社，279。
〔註40〕倭仁，灰畫集序；倭文端公遺書：卷8，9，沈雲龍，近代中國史料叢刊第34輯，臺北：文海出版社，658。
〔註41〕倭仁，日記；倭文端公遺書：卷4；22，光緒二十年山東書局刻本，沈雲龍，近代中國史料叢刊第34輯，臺北：文海出版社，281。

「道理經程朱闡發無遺蘊」，〔註42〕而其他學派為「小門徑」，「辨學術當恪守程朱，以外皆旁蹊小徑，不可學也。」這也直接導致理學在晚清時代雖不乏持身堅毅的信仰之徒，卻少有理論上的發揮和創作。章太炎因此評價晚清理學「竭而無餘華」。〔註43〕

在湘系理學經世派中，也存在兩種學術傾向，一種堅持主流理學觀念，認為程朱之學為正宗，是無須證明的真理，必須無條件地尊崇，只需按程朱意旨去實行即可。如劉蓉認為「程朱卒不可議，議程朱者非妄即誕」，〔註44〕羅澤南專門撰寫《姚江學辨》，批判王學等異端鋒芒畢露，竭力捍衛程朱理學的正宗地位。羅澤南等人持守門戶，較倭仁反而過之。曾國藩讀《易》，頗服膺程傳，不滿於朱子本義，問於劉蓉，劉蓉在逐次批判兩漢經學、王弼玄學解《易》之誤後，再次強調朱子從象數入手，闡明本義，為功甚巨的合理性。〔註45〕而以曾國藩為代表的另一派，以經世為鵠的，不專持門戶之見，強調以理學為宗，在實踐的基礎上匯通眾流。這一思想張大了晚清理學的規模，也成為晚清「以理為治」中最大的亮色。

長期以來，事功之事與理學似乎難以統一，或處於幾乎對立的狀態。論事功者，往往忽視理學的實用性，批評理學空言外王而無實跡，以為迂闊不切實際；論理學者，往往鄙視事功之學為「霸道」，僅為功利所驅使，違背儒家宗旨。曾國藩敏銳地發現，儒家先賢並非疏於政事，理學與申韓之術也並非截然對立，萬物紛繁，計變百出，終歸可歸於一個「理」字。曾國藩繼承和發揚唐鑒提倡的「救時」之旨，特別是將唐鑒所言為學之門的「義理、考核、詞章」和「經濟之學，即在義理之中」的理論，發展為「孔門四科」。「義理者，在孔門為德行之科，今世目為宋學者也；考據者，在孔門為文學之科，今世目為漢學者也；辭章者，在孔門為言語之科，從古藝文及今世制義詩賦皆是也；經濟者，在孔門為政事之科，前代典禮、政書，及當世掌故皆是也。」〔註46〕四科中，則又以「義理之學最大。義理明則躬行有要，經濟有本。」〔註47〕曾國藩

〔註42〕倭仁，倭文端公遺書：卷5；14，21，沈雲龍，近代中國史料叢刊第34輯，臺北：文海出版社，397，410。

〔註43〕章炳麟，訄書；章太炎全集：第3冊，上海：上海人民出版社，1984：155。

〔註44〕陸寶千，劉蓉年譜，臺北：中央研究院近代史研究所專刊（40），1979：67。

〔註45〕陸寶千，劉蓉年譜，臺北：中央研究院近代史研究所專刊（40），1979：28～30。

〔註46〕曾國藩，勸學篇示直隸士子，曾國藩全集：第14冊：詩文，長沙：嶽麓書社，2011：486。

〔註47〕曾國藩，致澄弟溫弟沅弟季弟（道光二十三年正月十七日）；曾國藩全集：第

早年就說：「學無大小，以適於用者為貴。故義理為上，經濟次之，經學史學次之，詩古文詞又次之，至於名物制度、聲音訓詁，不過籍以攻詩古文詞，籍以考經史而已。」〔註48〕將經濟之學列為義理之後，可見其重視程度之高。

曾國藩還就「經濟」之學的具體內容進行了初步劃分。「經義當分為小學、理學、詞章、典禮四門；治事當分吏治、軍務、食貨、地理四門。」〔註49〕劉蓉也認為，「有考據之學，有詞章之學，有經濟之學。三者皆傑然超出於科舉俗學之上，材智之士爭趨附焉。然僕以為是三者，苟不本於道德之實，則亦與彼俗學者，同歸於無用而已。」〔註50〕他強調考據、詞章、經世，皆應本於「道德之實」，而不是虛幻的義理。這種「以理為治」的觀念與曾國藩基本是一致的。李元度也將義理、經濟、考證、辭章均列入「三不朽之所從入也」〔註51〕的範疇。

曾國藩等湘系經世人物，確立了「以理治事」的原則，「蓄之方寸而發於事業」，〔註52〕在修齊治平的邏輯鏈條上，以德引導人心，以理發明事機，以識擴充規模，從而將經濟之學合理地納入理學範疇，也將「外王」理想落到了實處。自此，長期被視為功名「粗跡」的「經濟之學」始獨立成為一門孔門學科。

曾國藩一生學術行狀，雖始終仍以程朱為宗，但同時亦主張不廢陸王、兼採漢宋，在彙集眾學所長上著力甚多。「其文經史百家，其業學問思辨，其事始於修身，終於濟世。百川異派，何必同哉？同達於海而已矣。」〔註53〕清代一代呈現出較強的學術融合傾向，雖非始於曾國藩，但最終推動這一格局轉變，形成的融通主流的，則應非曾國藩莫屬。

在如何看待儒家內部各學派上，曾國藩力主不為意氣之爭，「君子之言也，平則致和，激則召爭；……曩者良知之說，誠非無蔽；必謂其釀晚明之禍，則

　　　1冊：家書，長沙：嶽麓書社，2011：49。
〔註48〕夏炯，乾隆以後諸君學術論；夏仲子集：卷1，民國十四年鉛印本，9。
〔註49〕曾國藩，曾文正公日記：咸豐十年三月廿七日，朱漢民、丁平一，湘軍：第7冊，北京：社會科學文獻出版社，2013：101。
〔註50〕陸寶千，劉蓉年譜，臺北：中央研究院近代史研究所專刊（40），1979：54。
〔註51〕李元度，送黃奎垣訓道常德序；天岳山館文鈔：卷31，光緒六年爽溪精舍刻本。
〔註52〕郭嵩燾，送陳右銘廉訪序；養知書屋詩文集：文集：卷15，朱漢民、丁平一，湘軍：第3冊，231。
〔註53〕曾國藩，勸學篇示直隸士子，曾國藩全集：第14冊：詩文，長沙：嶽麓書社，2011：486。

少過矣。近者漢學之說，誠非無蔽；必謂其致粵賊之亂，則少過矣。」〔註54〕並表明自己「於漢宋兩家構訟之端，皆不能左袒，以附一哄；於諸儒崇道貶文之說，尤不敢雷同而苟隨。」〔註55〕曾國藩不主張力辟王學，提出應客觀看待王學在學術和踐履上的成就，消融理學家內部的門戶之爭。他從事功角度肯定王學的價值，說「大率明代論學，每尚空談，惟陽明能發為事功。」〔註56〕他批評辟王學者「並其功業而亦議之，且謂明季流寇禍始於王學之淫詖，豈其然哉！」〔註57〕可見曾國藩在對王學的基本態度上，既肯定其成德發名的經世之功，反對矯枉過正，又認為糾正王學流弊須從學術思想根源處著手，「矯王氏而不塞其源、是五十步笑百步之類矣，……矯王氏而過於正，是因噎廢食之類矣。」〔註58〕

曾國藩將漢學實事求是的精神納入理學「即物窮理」的思想體系，以考據之學補理學空疏之病。其評價清初以來漢學時說，「國朝又自成一種風氣，此尤著者，不過顧（炎武）、閻（若璩）、戴（東原）、江（慎修）、錢（辛楣）、秦（味經）、段（懋堂）、王（懷祖）數人，而風會所扇，群彥云興。……不可不一窺數君子之門徑。」〔註59〕他認為漢學實事求是即朱子所謂道問學，即即物窮理，所謂一物不知，即是吾性之未盡，為程朱應有之義。「夫所謂事者，非物乎？是者，非理乎？實事求是，非即朱子所稱即物窮理者乎？」〔註60〕「漢宋之學，其要旨皆主於明經致用，其歸皆務於希聖希賢。他人視為二，吾直見為一也。」〔註61〕曾國藩讚賞「許、鄭亦能深博」，「博則能究萬物之情狀，而不窮於用。」〔註62〕因而明確表示「國藩一宗宋儒，不廢漢學。」〔註63〕

〔註54〕曾國藩，孫芝房侍講《芻論》序；曾國藩全集：詩文，長沙：嶽麓書社，1995：255～256。

〔註55〕曾國藩，與劉蓉；曾國藩全集：第1冊：書信，長沙：嶽麓書社，1990：8。

〔註56〕曾國藩，覆朱蘭；曾國藩全集：第1冊：書信，長沙：嶽麓書社，1990：5875～5876。

〔註57〕曾國藩，覆朱蘭；曾國藩全集：第1冊：書信，長沙：嶽麓書社，1990：5875～5876。

〔註58〕曾國藩全集：詩文，長沙：嶽麓書社，1995：166。

〔註59〕曾國藩全集：第1冊：家書，長沙：嶽麓書社，1990：477。

〔註60〕曾國藩，書學案小識後，曾國藩全集：詩文，長沙：嶽麓書社，1986：165。

〔註61〕何秋濤，籍經堂類稿序，光緒九年刊。

〔註62〕曾國藩，覆夏弢甫；曾國藩文集：書信：第2冊，長沙：嶽麓書社，1985：1576。

〔註63〕曾國藩，覆夏教授；曾國藩全集：書信：第5冊，長沙：嶽麓書社，1992：3467。

「欲兼取二者之長，見道既深且博，為文復臻於無累」。〔註64〕湘軍人物中，劉蓉、左宗棠、李元度等皆主張漢宋調和。錢基博評左宗棠「大抵以漢京之典茂，救宋人之輕俠，略與曾國藩同。」〔註65〕李元度言，漢、宋儒之學，皆明聖人之道，「為功於天下萬世甚巨。」〔註66〕正如錢穆先生所言，湘軍人物「能兼採當時漢學家、古文家長處，以補理學枯槁狹隘之病。」〔註67〕在湘軍人物等大力倡導下，「道咸以來，儒者多知義理、考據二者不可偏廢，於是兼綜漢宋學者不乏其人。」〔註68〕

曾國藩受唐鑒的影響重視史學，更旁採百家，兼及詞章之學，統之以理，去弊補偏，強化理學的經世功能。與朱熹把「權謀術數」「百家眾技」之學看成是「惑世誣民、充塞仁義者」，〔註69〕貶斥史學「只是見得淺」不同，曾氏對諸子百家、黃老佛道都有所採擇，在實踐中融合運用。「《史記》、《漢書》，史學之權輿也；《莊子》，諸子之英華也；《說文》，小學之津梁也；《文選》，辭章之淵藪也。」各有所長，且相互印證補充。「《史》、《漢》，時代所限，恐史事尚未全，故以《通鑒》廣之；《文選》駢偶較多，恐真氣或漸漓，故以《韓文》振之。」〔註70〕

在曾國藩眼中，各類學術門派，只要有利於聖人之道，皆可不廢其用。周末諸子「所以不及仲尼者，此有所偏至，則彼有所獨缺。」〔註71〕「若遊心能如老莊之虛靜，治身能如墨翟之勤儉，齊民能如管商之嚴整，而又持之以不自是之心，偏者裁之，缺者補之，則諸子皆可師也，不可棄也。」〔註72〕歐陽兆熊評價其「為六書之學，博覽乾嘉訓詁諸書，而不以宋人注經為然。

〔註64〕曾國藩，致劉孟容；曾文正公書札：卷1，傳忠書局，1876：5。

〔註65〕錢基博，近百年湖南學風（含經學通志），北京：中國人民大學出版社，2004：45。

〔註66〕李元度，四書廣義序；天岳山館文鈔：卷26，光緒六年爽溪精舍刻本。

〔註67〕錢穆，中國近三百年學術史，北京：商務印書館，1997：655。

〔註68〕徐世昌，心巢學案；清儒學案：第7冊：卷180，北京：中華書局，2008：6945。

〔註69〕朱熹，大學章句序；四書章句集注，上海：上海書店，1987：3。

〔註70〕薛福成撰，曾文正勸人讀七部書；庸庵筆記：卷3：軼文，朱漢民，丁平一，湘軍：第8冊，北京：社會科學文獻出版社，2013：685。

〔註71〕曾國藩全集：日記：第1冊：咸豐十一年八月十六日，長沙：嶽麓書社，1987：652。

〔註72〕曾國藩全集：日記：第1冊：咸豐十一年八月十六日，長沙：嶽麓書社，1994：652～653。

在京官時，以程朱為依歸，至出而辦理團練軍務，又變而為申韓。」〔註73〕曾國藩自咸豐八年奪情再起援浙，「一以柔道行之，」正是他「以禹墨為體，莊老為用」〔註74〕學術傾向的體現。王爾敏先生評價曾國藩說：「既欲熱心濟世救人，亦儒家所當承擔之大責重任。然無論統兵治國，均頇有所施其智術，或借資兵家，或借資法家，實必不能師守純儒規矩，乃勢所使然。」〔註75〕即使一向為主流文化所難容的墨家後學、遊俠刺客之流，曾國藩亦有所稱道，認為「不悖於聖賢之道，然則豪俠之徒未可深貶。」〔註76〕值曾國藩去世，時人敬挽「綜中西為一家言，橫覽九流無此學；立功名於萬里外，不緣世業足封侯」，「敭歷聲名二十年，恢先世無外規模，絕學號能傳墨子；談笑折衝七萬里，為中朝別開風氣。……」〔註77〕皆道出了曾國藩在學術匯通方面的不朽功績。

胡林翼亦以理學為宗，實務為歸，從史學、兵書、輿地、農學諸學中汲取經世之道。在太湖軍中閱《論語》，「所發揮多援引史事，最有關於政術、兵事。今所傳《論語衍義》是也。」胡林翼「教人讀書自十三經二十四史外，凡十部：曰《資治通鑒》，曰《近思錄》，曰《日知錄》，曰《五禮通考》，曰《紀效新書》，曰《農政全書》，曰《行水金鑒》，曰《讀史方輿紀要》，曰《張太嶽集》，曰《皇朝經世文編》。」〔註78〕

相比之下，以倭仁為代表的主敬派因缺乏對事理的客觀考量，政治實踐中往往未能明理達變。倭仁對近代化改革的舉措多持異議，曾經激烈反對同文館增開天文算學館，又反對機器開礦，「開礦有害無利，何以當道必欲行之？」〔註79〕晚清筆記材料反映：「初派學生出洋及入同文館學習，曾文正謂應多派舉貢生監，倭文端謂舉貢生監豈可使學習此等事，卒如倭議。」〔註80〕相對於

〔註73〕歐陽兆熊，金安青撰，水窗春囈：一生三變，朱漢民，丁平一，湘軍：第8冊，北京：社會科學文獻出版社，2013：541。

〔註74〕歐陽兆熊，金安青撰，水窗春囈：一生三變，朱漢民，丁平一，湘軍：第8冊，北京：社會科學文獻出版社，2013：541。

〔註75〕王爾敏，清季軍事史論集，臺北：聯經出版社，1980：182。

〔註76〕曾國藩，勸學篇示直隸士子；曾文正公全集：詩文：雜著：卷4，朱漢民，丁平一，湘軍：第3冊，2013：102。

〔註77〕金武祥撰，粟香四筆：卷1，朱漢民，丁平一，湘軍：第8冊，615。

〔註78〕姚永樸，胡文忠公，舊聞隨筆：卷3，朱漢民，丁平一，湘軍：第8冊，840～841。

〔註79〕倭仁，答心農弟，倭文端公遺書：卷8：22，沈雲龍，近代中國史料叢刊第34輯，臺北：文海出版社，682。

〔註80〕小橫香室主人，倭文端守舊；清人逸事；清朝野史大觀：第3冊，卷7，108。

曾國藩開洋務運動之濫觴，倭仁等則在時代劇烈變遷面前顯得遲鈍麻木。梁啟超曾抨擊倭仁「誤人家國，豈有涯耶！」〔註81〕

四、以「履任艱巨」涵蓋了「省察克治」

　　倭仁、曾國藩均主張以學術風氣改革人心風俗，但在踐履方面，他們走的道路卻有所不同。倭仁還仿照明代理學家胡居仁《續白鹿洞規》編輯《為學大指》，輯錄程朱理學家語錄，分「立志為學、居敬存心、窮理致知、察幾慎動、克己力行、推己及人」六條，顯示為學做人以次漸進的門徑。當然，倭仁也並非不講外王，其在《翰林院條規》中開宗明義說：「夫所謂才者，謂能學大人之學，明體達用，足以濟民物而利國家，非第精詞章、工翰墨，遂為克稱厥職也。」〔註82〕「以堯、舜責君，自己先不做禹、皋事業，即是欺。」〔註83〕但在實際躬行中，倭仁等主敬派人物多糾糾於省察克己而已，在事功方面還明顯缺乏實際考量和成就。曾國藩則更多將精力傾注於實務實功之上，所謂引領風俗，也主要是靠事功激勵和踐履中體現出的百折不撓之精神，以實行啟導士紳，而並非說教。這也是曾國藩自言「不甚講理學」的原因所在。

　　道光三十年（1850），倭仁與曾國藩各上《應詔陳言疏》。倭仁著重談「君子小人之辨」，「天下治亂係宰相，君德成就責講筵。惟君德成就而後輔弼得人，輔弼得人而後天下治」。〔註84〕走的是傳統道德說教啟沃聖心的路數。咸豐帝認為「名雖甚善，而實有難行」。〔註85〕曾國藩則就「用人一端」提出「大抵有轉移之道，有培養之方，有考察之法，三者不可廢一」〔註86〕的具體方案，咸豐皇帝以為「剴切明辯，切中情事」。曾國藩等認識到履任艱巨之難，非僅憑說教及學術探討所能解決。而必須具備明決的內心和豐富的社會實踐經驗，甚至還需要有一點時勢運氣成分。因此，曾氏曾自言「吾嘗

〔註81〕梁啟超，變法通議：論科舉；飲冰室合集：文集之一，北京：中華書局，1989：30。

〔註82〕倭仁，翰林院條規，倭文端公遺書：卷8：11，沈雲龍，近代中國史料叢刊第34輯，臺北：文海出版社，661。

〔註83〕倭仁，日記，倭文端公遺書：卷6：21，沈雲龍，近代中國史料叢刊第34輯，臺北：文海出版社，497。

〔註84〕倭仁，應詔陳言疏；倭文端公遺書，卷2：3，沈雲龍，近代中國史料叢刊第34輯，臺北：文海出版社，154。

〔註85〕清文宗實錄：第1冊：卷4，道光三十年二月下，北京：中華書局，1986年影印本，104。

〔註86〕曾國藩，應詔陳言疏；曾國藩全集：第1冊：奏稿1，長沙：嶽麓書社，2013：5。

法為文靭公」〔註87〕左宗棠也說：「遇不如意事，見不如意人，最可驗平素道力。時覺自己常有不是處，則德業自進。」〔註88〕湘軍經世人物在學術融通的基礎上，即事求理，以理為治，以實行求實功，對義理經世之學在踐履層面上作了深入發揮。

曾國藩說「擔當大事，全在明強二字。《中庸》學、問、思、辨、行五者，其要歸於愚必明，柔必強。」〔註89〕「大抵涖事以明字為第一要義。明有二：曰高明，曰精明。同一境，而登山者獨見其遠，乘城者獨覺其曠，此高明之說也。同一物，而臆度者不如權衡之審，目巧者不如尺度之精，此精明之說也。凡高明者，欲降心抑志以遽趨於平實，頗不易易。若能事事求精，輕重長短一絲不差，則漸實矣。」〔註90〕郭崑燾也認為「清、慎、勤，自古相傳官箴也。然非主之以明，則……或以清之故而流為刻薄，以慎之故而歸於畏縮，以勤之故而多所紕繆不明之弊，勢將與不清、不慎、不勤者殊途而同歸。」如果缺乏了「明」，一切固有的「美德」就都會流於反面。郭氏又說「惟誠可以生明，惟明可以廣才。蓋有誠心則必有真意，有真見則必有實力，力所至而識充焉，識所通而才出焉。」〔註91〕在具體辦事方法上，曾國藩言：「欲成事有四要：曰經分、綸合、詳思、約守。」〔註92〕換言之，即辦事之法，必須有類分的演繹思維，綜合的歸納思維，詳盡的系統思維，並以一定的原則和底線持之以恆，不屈不撓。

曾國藩進一步論述「明」「強」二者關係：「第強字須從明字做出，然後始終不可屈撓。」「吾輩在自修處求強則可，在勝人處求強則不可。困心橫慮，正是磨煉英雄，玉汝於成。……『好漢打脫牙和血吞』。此二語是餘生平咬牙立志之訣。」他又說：「凡見事較人深入數層者為英，任事能較人大數分者為

〔註87〕趙烈文，能靜居日記（同治六年八月二十八日），朱漢民，丁平一，湘軍：第7冊，北京：社會科學文獻出版社，2013：173。

〔註88〕左宗棠，與王璞山（二）；左文襄公全集：書牘：卷2，朱漢民，丁平一，湘軍：第6冊，76。

〔註89〕曾國藩，致沅弟季弟；家書2；曾國藩全集：第20冊，長沙：嶽麓書社，1995：837。

〔註90〕曾胡治兵白話句解，濟南：山東書局（改訂版），民國二十一年（1932）：113～114。

〔註91〕郭崑燾，論居官十五則示兒子慶藩；雲臥山莊家訓，朱漢民，丁平一，湘軍：第3冊，250。

〔註92〕姚永樸，舊聞隨筆：卷3：曾文正公，朱漢民，丁平一，湘軍：第8冊，844。

雄。」〔註93〕而「扶危救難之英雄，以心力勞苦為第一義。」〔註94〕「柔靡不能成為一事。孟子所謂至剛，孔子所謂貞固，皆從倔強二字做出。」〔註95〕「古人患難憂虞之際，正是德業長進之時」。〔註96〕

中國社會，常有大小傳統之別，居官之士以此常存雙重人格。「大傳統」者，如儒學儒道，可著於竹帛，可宣於廣庭，惟世風日下、德性澆漓之時，反倒真意流失，名存實亡，以此行事，無不扞格。「小傳統」者，游離於主流意識形態之外，以私利為導向的社會第二運作規則，無形無名，卻代表著一種最強大的社會控制、掣肘力量。湘軍集團在某種程度上，「與世俗文法戰者不啻十之六七」，即受制於這種「小傳統」。

曾國藩早年立志澄清天下，「宏濟艱難，豈可使清濁混淆、是非顛倒，遂以忍默者為調停耶？」〔註97〕然而他秉持儒家道德觀卻屢屢碰壁，遂對自己進行了深刻反省，引道家黃老之術修正心態，「與四十歲以前，迥不相同。大約以能立能達為體，以不怨不尤為用。」「立者，發奮自強站得住也；達者，辦事圓融行得通也。」「我輩辦事，成敗聽之於天，毀譽聽之於人，惟在己之規模氣象，則我有可以自主者，亦曰不隨眾人之喜懼為喜懼耳。」〔註98〕

曾國藩在歷經宦海磨礪後說：「聖人有所言，有所不言。積善餘慶，其所言者也；萬事由命不由人，其所不言者也。禮、樂、政、刑、仁、義、忠、信，其所言者也；虛無、清淨、無為、自化，其所不言者也。吾人當以不言者為體，以所言者為用；以不言者存諸心，以所言者勉諸身；以莊子之道自怡，以荀子之道自克，其庶幾為聞道之君子乎！」〔註99〕對於聖人不言之事，曾國藩以格致之法，參以自身體驗，勉力以求。其不僅在學術觀念上表現更為宏闊，而且對官場文苑習氣也儘量持理解寬容態度，以求最大限度地化解其行道的阻力。如池州進士楊長年「著不動心說上文正」，幕僚李鴻裔在曾處閱其文，對這種偽道學大加訕笑。曾即言：「爾須知我所謂名教者，彼以此為名，我即以此為

〔註93〕姚永樸，舊聞隨筆：卷3：曾文正公，朱漢民，丁平一，湘軍：第8冊，北京：社會科學文獻出版社，2013：844。
〔註94〕曾國藩全集：日記：第1冊，長沙：嶽麓書社，1987：515。
〔註95〕曾國藩全集：家書：第2冊，長沙：嶽麓書社，1985：934。
〔註96〕梁啟超輯，唐浩明點評，曾國藩嘉言鈔，長沙：嶽麓書社，2007：58。
〔註97〕曾國藩，與張石卿制軍，曾文正公全集：書札：卷2，朱漢民，丁平一，湘軍：第6冊，11。
〔註98〕梁啟超輯，唐浩明點評，曾國藩嘉言鈔，長沙：嶽麓書社，2007：55。
〔註99〕曾國藩全集：日記：第1冊，長沙：嶽麓書社，1987：433。

教，奚抉其隱也。」仍然加以禮遇。〔註 100〕

　　倭仁雖然也期待盡己性、盡人性、盡物性三者的統一，提出「盡性必以成物，明德必以新民」的明理致用思想，強調「蓋必盡己性、盡人性、盡物性以至贊化育、參天地，而性量始全。所謂為天地立心，為萬物立命，為往聖繼絕學，為天下開太平，皆吾分內事也，人顧可自小也哉！」〔註 101〕但其在如何盡人性、盡物性方面，缺乏具體的途徑和津梁。其「立國之道，尚禮義不尚權謀；根本之圖，在人心不在技藝」〔註 102〕之說，正好反映了倭仁以己性排斥人性、物性，特別在「盡物性」方面具有較強的反智傾向。因此，倭仁等理學主敬派思想自然只能停留在「省察克治」方面，而未能「擔當艱巨」，「開物成務」。

第二節　湘軍經世文化對理學思想的擴充與完善

　　湘軍人物有強烈的經世觀和使命感，以「續千載之墜緒，開吾道之榛蕪，倡明絕學，通曉時務」為目的，具有「為天下蒼生而出」〔註 103〕的氣概，從經世需要出發，對晚清理學思想體系進行了擴充完善。

一、高度強調儒學的用世傾向

　　錢穆在《漢學與宋學》一文中指出，「漢學派的精神在通經致用，宋學派的精神在明體達用，兩派學者均注重在『用』字。由經學上去求實用，去研究修齊治平的學問」。〔註 104〕湘軍竭力發揮漢、宋兩派「體用兼備」「成物致用」的共同精神。曾國藩說：「程朱諸子遺書具在，曷嘗捨末而言本、遺新民而專事明德？觀其雅言，推闡反覆而不厭者，大抵不外立志以植基，居敬以養德，窮理以致知，克己以力行，成物以致用。義理與經濟初無兩術之可分，特其施功之序，詳於體而略於用耳。」〔註 105〕曾國藩進一步從哲學層面闡述程朱、

〔註 100〕龍盛運，湘軍史稿，成都，四川人民出版社，1990：400。
〔註 101〕倭仁，為學大指；倭文端公遺書：卷 3。
〔註 102〕籌辦夷務始末（同治朝），近代中國史料叢刊第 62 輯 8 冊，臺灣文海出版社，1977：4559。
〔註 103〕王鑫，複道州馮春彚刺史；王壯武公遺集：卷 8：書札 1，朱漢民，丁平一，湘軍：第 6 冊，北京：社會科學文獻出版社，2013：473。
〔註 104〕錢穆講，劉大洲記，漢學與宋學；磐石雜誌：第 2 卷第 7 期，1934。
〔註 105〕曾國藩，勸學篇示直隸士子；曾國藩全集：詩文，長沙：嶽麓書社，1986，443。

陸王之學相通之處：「朱子主道問學，何嘗不洞達本原？陸子主尊德性，何嘗不實征踐履？」〔註106〕曾氏從儒學窮理致知、用世踐履的觀念出發，消除了橫亙在理學與漢學、心學之間的隔膜。

儒學是道術兼備的學術，講求有體有用，無論偏重哪一方面，都會帶來弊端。湖湘理學派對此見解深刻而獨到，其先驅胡宏主張「口誦古人之書，目睹今日之事，心維天下之理，深考撥亂致治之術。」〔註107〕強調於書中、事中求理，追求撥亂反正的政治功效。晚清社會政治危機刺激殊深，激發了理學經世派的守道救時意識。湘軍人物認為「蓋儒者讀書，以見諸實用為貴，亦以見諸實用為難，非引申而明其旨，將有疑聖賢之言為無用者。一旦投之艱大，幾何其不茫然而失所據也。」〔註108〕提出了儒學的目的在於「見諸實用」，士人立身行事應能「投之艱大」。曾國藩言：「《大學》之綱領有三：明德、新民、止至善，皆我分內事也。」〔註109〕郭嵩燾說：「生平學問文章，勉強可以自效，而皆不甚屬意。惟思以吾所學匡時正俗，利濟生民，力不能逮也，而志氣不為少衰。」〔註110〕

湘軍人物普遍具有強烈的經世意願，而要達到這一目標，宋儒單純的心性義理之學是無法承載的。湘系經世派將「經濟之學」提升為孔門四科之一，僅次於「義理」之下，確立了「經濟」「義理」兼重的學術格局，並以此作為學術匯通的基礎。左宗棠提出「先以義理正其心，繼以經濟廓其志。」〔註111〕王鑫也說：「除卻格致治平，別無學業。」〔註112〕均表現出強烈的經世傾向。

湘系經世派強調以理學用世：

（一）調整了學術重點和評價標準

他們將注重內省的理學發展為力行格治的理學，將學術視野由理學概念範疇轉換為對軍政世務謀略、民生民瘼的關切。如羅澤南認為，「亂極時站的

〔註106〕曾國藩，覆夏教授；曾國藩全集：書信：第 5 冊，長沙：嶽麓書社，1995：3466～3467。

〔註107〕胡宏，與吳元忠，胡宏集，北京：中華書局，1987：107。

〔註108〕朱洪章，從戎紀略，朱漢民，丁平一，湘軍：第 1 冊，611。

〔註109〕曾國藩，致澄弟溫弟沅弟季弟（道光二十二年十月二十六日）；曾國藩全集：家書：第 1 冊，長沙：嶽麓書社，2011：35。

〔註110〕郭嵩燾，玉池老人自敘，朱漢民，丁平一，湘軍：第 9 冊，314。

〔註111〕左宗棠，告授徒衷心及快意之事；左文襄公家書，5。

〔註112〕王鑫，王壯武公遺集：日記：咸豐丙辰日記上：二月初八日，朱漢民，丁平一，湘軍：第 7 冊，北京：社會科學文獻出版社，2013：6。

定，才是有用之學。」〔註113〕曾國藩更指出，士子如不能明理曉事，發為事功，「於修己治人之道實茫然不講，雖能文能詩，與用牧豬奴做官何以異哉？」〔註114〕「蓋天生之才，或相千萬，要於成器以適世用而已。……不極擴充追琢之能，雖有周公之才，終棄之而已。」〔註115〕左宗棠也說「終日讀書，而所行不逮一村農野夫，乃能言之鸚鵡耳。」〔註116〕「縱讀數千卷奇書，無實行不為識字。」〔註117〕他們強調實學的積累，「古人經濟學問，都在蕭閒、寂寞中練習出來，積之既久，一旦事權到手，隨時舉而措之，有一二樁大事辦得妥當，便足名世。」〔註118〕既有對歷史上儒學末流在時勢轉換之時空言心性、束手無策的深刻反省，也有對儒學自身經世價值的重新發掘與弘揚。

羅澤南在《與劉蓉書》中論：「吾人為學，固當於身心下工夫，而於世務之繁瑣、民情之隱蔽，亦必留心窮究，準古酌今，求個至是處。庶窮而一家一鄉處之無不得其宜，達而天下國家治之無不得其要。此方是真實經濟，有用學問。使徒自說性說天，而不向事物上窮求，雖於本原上有所見，終不能有濟於實用也。」〔註119〕在此，羅澤南強調了「理」當於「世務之繁瑣、民情之隱蔽」之處講求，反對「自說性說天，而不向事物上窮求」的空疏學風，強調理學家當勉力追求真經濟，並以此作為衡量學術真偽優劣的標準。

（二）發掘了理學方法的經世價值

理學思想不僅在哲學義理上探玄髮微，在踐履方法上也有十分精密的格物邏輯，強調自下而上窮理致知，極高明而道中庸，是一種強調系統體驗的哲學，較之頓悟型的哲學，理論上更為圓融。應該說，僅以資質論，除胡林翼、左宗棠、劉蓉、郭嵩燾等少數人以外，湘軍集團多數人物僅屬中上，他們之所

〔註113〕李元度，羅忠節公事略；國朝先正事略，朱漢民，丁平一，湘軍：第 9 冊，243。

〔註114〕曾國藩，致澄弟溫弟沅弟季弟；曾國藩全集：第 20 冊，書信 1，長沙：嶽麓書社，2011：35。

〔註115〕曾國藩，送郭筠仙南歸序；曾文正公全集：詩文：文集：卷 1，朱漢民，丁平一，湘軍：第 3 冊，55。

〔註116〕左宗棠：與癸叟侄（咸豐六年）；左宗棠全集：詩文家書，長沙：嶽麓書社；1987：5。

〔註117〕左宗棠，左氏家廟；左宗棠全集：詩文家書，長沙：嶽麓書社，1987：469。

〔註118〕左宗棠，與孝威（同治四年七月初一）；左宗棠全集：詩文家書，長沙：嶽麓書社；1987：104。

〔註119〕羅澤南，與劉孟蓉書；羅忠節公遺集：卷 6；羅澤南集，長沙：嶽麓書社，2010：95。

以能身膺重任，建功立業，不僅得益於理學思想賦予他們的德性啟迪，更受惠於理學方法給予他們的磨礪與洗禮。較之王學「以心為理」「自致良知」，非天資極高者不能達於上流的實際情況，理學方面更有現實指導性。正如劉蓉所指出的，「程朱之說，本末兼賅，精粗備舉，良以人之一身萬物皆備。故自日用倫常，以迄天地陰陽，萬事萬物之理，莫非學者所當窮。而窮之之功，又自有道。不可求精而遺粗，亦不可逐末而忘本也。」〔註120〕理學正因為具備了「本末兼賅，精粗備舉」這種中材之士立身求道的潛質，才能與湖湘經世派產生極大的共鳴。正如清人魯一同所評價：「程朱之學，規模秩然，聖賢由之以利用，中材循之以安身；陸王之學，高明得之為簡易，愚頑蹈之為猖狂。」〔註121〕

　　湘軍經世人才集團的崛起，正是契合了理學的這種內在張力，並能與之良好互動。湖湘理學經世派融合漢學之深博、史學之擴識、諸子之權變，統之以理學之精微，在實踐中賦予了理學更強大的應世能力。如湘軍人物普遍重視銖積寸累的積累工夫，並將其在事功方面發揮到了極致。「古之成大業者，多自克勤小物而來。……朱子謂為學須銖積寸累，為政者亦未有不由銖積寸累而克底於成者也。」〔註122〕羅澤南也說：「以遠大之功程，遽期效於旦夕，不復循序漸進以次臻於高明之域，則行遠不能自邇．登高不能自卑，躐等之弊生，助長之病起矣。」〔註123〕值得注意的是，曾國藩在誠意正心、格物致知、修齊治平的次第中，並不強調先後，而是主張義理、經世相互啟發，以「義理」為主，而不純以「義理」為先。而傳統宋學先求義理，待義理毫無瑕疵，再發而追求諸「經濟」。在這一點上，湘系理學經世派與主敬派是截然不同的，也更符合經世之用的實際。

（三）探索了德行與政事的新型關係

　　傳統文化中，學者多從事學理研究和自身德性修養，對政治主要是通過道德感召、人倫教化、文化政策、施政方針等進行間接性影響。「致君堯舜」是歷代儒家學者的最高政治理想。而一旦身膺艱巨，走上行政軍事的第一線，其

〔註120〕劉蓉，答曾滌生檢討書；劉蓉集：第2冊，長沙：嶽麓書社，2008：81。

〔註121〕魯一同，與高平伯論學案小識；皇朝經世文續編：卷2；6；學術，沈雲龍主編，近代中國史料叢刊第75輯，臺北：文海出版社；59～60。

〔註122〕梁啟超輯，唐浩明點評，曾國藩嘉言鈔：附錄評點曾國藩嘉言類鈔，長沙：嶽麓書社，2007：426～427。

〔註123〕羅澤南，又答高旭堂書；羅忠節公遺集：卷6；羅澤南集，長沙：嶽麓書社，2010：89。

性格、經驗、能力等方面的缺陷往往就不自覺地流露出來,甚至因意氣用事造成黨爭紛起、貽禍多方的局面,表現出對現實權力駕馭能力的不足。即使偶有軍政建樹,也多屬個人行為,罕見集團式的成功先例。而湘軍經世派作為理學文化集團,憑藉自身的深厚學識和行政經驗,一定程度上調整了儒學與政事的傳統關係。

在晚清理學經世派人物觀念中,要解決儒家道統賡續和各種空前危機,僅依靠道德教化是遠遠不足的,還必須注重世務,關注時政,歷練解決實際問題的才能。羅澤南認為,士君子除在「性命之精微」「身心之功用」探索外,還必須窮究「政治之得失」「古今之興廢」。「內以成己,外以成物,……內顧一身,養性情,正倫紀,居仁由義,只完吾固有也;外顧天下,萬物皆吾心所當愛,萬事皆吾職所當盡,正民育物悉在吾分內也。」〔註124〕曾國藩同樣注重研究實政,實現「以德行而兼政事」的目標。從這個標準來說,曾國藩對同道郭嵩燾、劉蓉亦頗有微詞,如他稱郭嵩燾「非繁劇之才」,評劉蓉「霞仙亦非能做事者。其過亦在自命太高。」擔心其「恃己蔑人,行空蹈冥」。〔註125〕後來的事實也證明,雖然郭嵩燾、劉蓉均位列封疆,終因嫉惡太甚,自命過高而不安於位。

湘軍集團以儒學義理來指導其經世實踐和人格修為,在「大一統」和尊君崇道的價值觀上,與傳統儒學家並無二致。出於對理學思想的堅定信仰,他們從未懷疑過理學的社會文化價值,始終堅持用理學的標準衡量事功,認為一旦失卻義理的支配,一切事功均為僥倖,不僅難以持久,而且喪失了其根本合理性。如胡林翼謂:「學問之道,當先端趨向、明去取,異日經世之謨,優劣即判於此。」〔註126〕劉蓉說「論事而不根諸理,則所謂事者,亦管商之雜術也。」〔註127〕這種以義理為本的觀念不僅使理學經世派與其他事功派和軍閥性質的軍事利益集團劃清了界限,而且在「道統」與「治統」的關係上呈現出新的特質。

〔註124〕羅澤南,人極衍義;羅澤南集,長沙:嶽麓書社,2010:191。

〔註125〕趙烈文,能靜居日記:同治六年七月初五日,朱漢民,丁平一,湘軍:第7冊,北京:社會科學文獻出版社,2013:169。

〔註126〕李元度,胡文正公事略;國朝先正事略,朱漢民,丁平一,湘軍:第9冊,北京:社會科學文獻出版社,2013:136。

〔註127〕陸寶千,劉蓉年譜,臺北:中央研究院近代史研究所專刊(40),1979:24。

二、以「禮學」為津梁，溝通「內聖」與「外王」

儒家自來有以經術為治術的傳統，儒家價值觀念支配的「禮」作為序人倫，定尊卑，判是非的道德法則，兼有工具性與價值性兩種功能形態，溝通了內在價值與外在功用的兩端，其核心內涵不離道德文化理想，又是其德性外化的制度載體，還是經邦定國的實用工具。沒有禮制依託的德性追求難以實現，而缺失了價值內涵的「禮」則徒具其表。

「禮學」作為經學的一種，本屬漢學，是一種以考證名物制度，發明聖賢「微言大義」為主的學術。而晚清理學經世派則在溝通漢宋的基礎上，充分發揮禮學具有價值性、工具性雙重作用的特點，將宋儒義理融入其中，將禮學改造為體用兼備、溝通「內聖」與「外王」之道的重要範疇，力圖建立以理學為本原，體用兼備的新型應世之學。

明末清初，禮學即有復興之象。清初浙東學派黃以周提出「經學即是理學，經學外之理學為禪學」〔註 128〕的觀點，並認為「禮者，理也。故考禮之學，即窮理之學也。」〔註 129〕黃式三、黃以周父子與凌廷堪、阮元等一起，倡導以「禮學」代「理學」，強調「禮」的知識性和實踐性，旨在繼承宋學社會關懷精神而又補救其空疏之弊，初步溝通了理學與禮學的關係。理學經世派之所以選擇「禮學」為經世之具，就在於「禮」具有實務性且內涵豐富，可以溝通儒學的「存心」「主敬」「格致」等多個範疇。如清末學者朱一新所言，「執禮多著於事物，宋儒之所謂『主敬』，則多指『存心』而言。……理實一貫，未有心存抑畏而威儀不攝者，故言禮可，言理亦可，特微顯之別耳。」〔註 130〕

曾國藩繼承了清儒重視禮學的這一傳統，認為「秦滅書籍，漢代諸儒之所以掇拾，鄭康成之所以卓絕，皆以禮也。杜君卿《通典》，言禮者十居其六，其識已跨越八代矣！有宋張子朱子之所討論，馬貴與、王博後之所纂輯莫不以禮為兢兢。」〔註 131〕他將「禮」作為經世之圭臬，「古之學者，無所謂經世之術也，學禮焉而已」。〔註 132〕在經世與學禮之間，幾乎劃上了等號。

〔註 128〕黃以周，南菁書院立主議；儆季雜著：文鈔 6。

〔註 129〕黃以周，曾子論禮說；儆季雜著：文鈔 1。

〔註 130〕朱一新，無邪堂答問，38～39。

〔註 131〕曾國藩，聖哲畫像記；曾國藩全集：詩文，長沙：嶽麓書社，1995：250。

〔註 132〕曾國藩，孫芝房侍講芻論序；曾國藩全集：第 14 冊：詩文，長沙：嶽麓書社，2011：206。

曾國藩還流露出對古人心性之學無跡可尋的疑惑,而傾向於從制度建樹中考量其道德政事。「古之君子之所以盡其心、養其性者,不可得而見;其修身、齊家、治國、平天下,則一秉乎禮。自內焉者言之,捨禮無所謂道德;自外焉者言之,捨禮無所謂政事。」〔註133〕曾國藩還認為「鄙意由博乃能返約,格物乃能正心,必從事於禮經,考覆於三千三百之詳,博稽於一名一物之細,然後本末兼該,源流畢貫,……可以通漢宋二家之結,而息頓漸諸說之爭。」〔註134〕在曾國藩看來,禮學之博即是格物之程,可以補宋儒之缺,並通漢宋之結,達到匯通學術的目的。

湘系理學經世派內部比較普遍地形成了重視「禮學」的學術氛圍。曾國藩「平生最愛金匱秦文恭公蕙田《五禮通考》」。〔註135〕「秦樹澧遂修《五禮通考》,自天文、地理、軍政、官制,都萃其中……國藩私獨宗之。」〔註136〕曾國藩所列「天下之大事宜考究者凡十四宗」的經世之學,基本上涵蓋在他的「禮學」範圍之內。〔註137〕曾國藩還因秦蕙田《五禮通考》中缺食貨方面內容而有禮學著作撰寫計劃,「嘗欲集鹽曹、賦稅國用之經,別為一編,傅於秦書之次。」〔註138〕郭嵩燾則贊「禮者,證實之書,天下萬世人事之所以從出也,得其意而萬事可以理;不得其意,則恐展轉以自牾者多也。」〔註139〕郭氏亦著有《禮記鄭注質疑》,以漢宋兼採為宗旨,強調學禮以意。

湘系經世派對於「禮」的重視和研究,主要不在於考據制度事物,而在於發掘其中的制度精神和實務知識,這也是湘軍人物重視因時創制的重要思想根源。如劉蓉擬著《禮經發微》傳承精義,以闡述其體性達情、經世宰物的禮

〔註133〕曾國藩,筆記二十七則:禮;曾國藩全集:詩文,長沙:嶽麓書社,1986:358。

〔註134〕曾國藩,覆夏弢甫書;曾國藩全集:書信:第2冊,長沙:嶽麓書社,1991:1576。

〔註135〕姚永樸,舊聞隨筆:卷3:曾文正公,朱漢民,丁平一,湘軍:第8冊,北京:社會科學文獻出版社,2013:844。

〔註136〕曾國藩,孫芝房侍講《芻論》序;曾國藩全集:詩文,長沙:嶽麓書社,1995:255。

〔註137〕曾國藩,求闕齋日記類抄:治道;足本曾文正公全集,長春:吉林人民出版社,1995:4911。

〔註138〕曾國藩,孫芝房侍講《芻論》序;曾國藩全集:詩文,長沙:嶽麓書社,1995:255。

〔註139〕〔美〕汪榮祖,走向世界的挫折——郭嵩燾與道光咸同時代,長沙:嶽麓書社,2000:145。

學思想。「竊思取禮制大端，若祭祀、朝聘、宴饗、冠、昏、鄉射、喪紀之屬，據經援傳，薈萃群言，而頗抉發其精義，為禮經發微一書，以著聖人所以體性達情，經世宰物之大經大法，亙萬世而不可易者。」〔註140〕

　　古禮多已湮滅，殘缺無證。湘軍集團以「禮」經世，卻不是簡單模擬「三代」古法，更多地是以「禮」的精神創制改造，將儒學精義融匯到從精神意志到立身治軍行政各個層面。《禮記·禮器》篇有句：「禮時為大。」郭嵩燾解釋說：「時者，一代之典章，互有因革，不相襲也。生乎今之世，反古之道，則與時違亦，故時為大。」〔註141〕曾國藩與劉蓉討論禮經說：「非直博稽成憲而已，亦將因其所值之時，所居之俗而創立規制，化裁通變，使不失乎三代制禮之意。」〔註142〕劉蓉認為「蓋凡一代之興，必有一代之禮，……故善法先王之禮，惟其德之宵而不必其跡之同也。然且膠執成憲，懸一軌以較轍蹟之離合，期不失於尺寸，何其陋也。」〔註143〕郭嵩燾嘗謂「習禮者必須通其意……苟知其意，則今日所行，何一非周禮之遺哉。不知其意，則亦具文而已。」〔註144〕

　　湘系經世派從禮學思想生發出變革觀念。「蓋凡一代之興，必有一代之禮，禮之興替，視其德。……故善法先王之禮，惟其德之宵而不必其跡之同也。」學禮經世，在於「得禮經之精意，化裁變通，以成一代之制，……苟協於中，何必古人。」〔註145〕羅澤南雖強調儒家之道為大經大法而萬世所不能易，但「其制度文為則必隨時而損益。」因為「道無古今，用有古今也。必泥其跡而行之，非通儒之經濟矣。」〔註146〕曾國藩也認為，治國理政應當以「本朝為主，而歷溯前代之沿革本末，衷之以仁義，歸之所易簡。前世所襲誤者，可以自我更之；前世所未及者，可以自我創之。」〔註147〕

〔註140〕陸寶千，劉蓉年譜，臺北：中央研究院近代史研究所專刊（40），1979：340。
〔註141〕〔美〕汪榮祖，走向世界的挫折——郭嵩燾與道光咸同時代，長沙：嶽麓書社，2000：145。
〔註142〕曾國藩，覆劉霞仙中丞；曾文正公書札：卷27；陸寶千，劉蓉年譜，臺北：中央研究院近代史研究所專刊（40），1979：342。
〔註143〕陸寶千，劉蓉年譜，臺北：中央研究院近代史研究所專刊（40），1979：340。
〔註144〕劉蓉，養晦堂文集：卷9；陸寶千，劉蓉年譜，臺北：中央研究院近代史研究所專刊（40），1979：356～357。
〔註145〕陸寶千，劉蓉年譜，臺北：中央研究院近代史研究所專刊（40），1979：340。
〔註146〕羅澤南，人極衍義；羅澤南集，長沙：嶽麓書社，2010：197。
〔註147〕曾國藩，求闕齋日記類鈔：治道；足本曾文正公全集，長春：吉林人民出版社，1995：4911。

「治禮須以典章制度的考訂為對象，其操術與漢學家相刎，故可以通漢學；而另一方面，禮又是修己治人的準則，因此可以通宋學；而禮又必須隨時調整與更新，創制新的規範，以因應時代的改變與需要。」〔註148〕湘系經世派對禮學與格致之學的發揮，一導源於漢學，一導源於宋學，二者共同奠定了其經世活動的基本指導思想。在經世禮學的指引下，士君子應「小而飲食起居，大而君臣、父子、夫婦、昆弟、朋友，以至於齊家、治國、平天下，莫不因時制宜，當剛而剛，當柔而柔，當進而進，當退而退。」〔註149〕以禮學為津梁，以格事之理為法程，湘系經世人物基本完成了從「內聖」之學到「外王」之學的理論奠基和方法論的構建，使得充滿形而上哲學辯證意味的理學，獲得了工具性的價值。

三、作為學術匯通的結果，提出了通儒經濟概念

湘系理學經世派，充分發揚了理學「理一分殊」的思想，建立自己「體用兼備」的通儒經濟。通儒思想在儒學史上由來已久。明末李顒曾言「道德而不見之經濟，則有體無用，迂闊而遠於事情；經濟而不見之道德，則有用而無體，苟且而雜夫功利。各據一偏，終非全儒。」〔註150〕唐鑒指出：「今夫禮樂、兵農、典章、名物、政事、文章、法制、度數何莫非儒者之事哉？……惟當開拓心胸，大作基址，須萬理明澈於胸中，此心與天地一體，然後可以語孔孟之樂；須明古法度，通之於當今而無不宜，然後為全儒，而可以語治平事業。」〔註151〕湘軍集團中曾國藩、胡林翼、羅澤南、劉蓉、左宗棠、彭玉麟等，幾乎都持這一思想傾向。通儒經濟首在窮理通達，窮理是為得體，通達是為權變，務本與致用兩不偏廢；通儒經濟，在於體用上的完備性、知識上的完整性、功用上的權變性。

在曾國藩的政治觀念中，儒家學統和人倫秩序具有極高地位，治理之道，首在即物窮理，綜覈名實；學術觀念中，他高度重視學術融合，以理學之深，輔之以百家之博，漢宋兼採，篤實踐履；文化觀中，他篤信世道循環，強調君

〔註148〕 林藤輝，從儒生到儒臣與儒將：曾國藩對儒學價值的體現，北臺灣科技學院通識學報，2010（6）：148。
〔註149〕 羅澤南，西銘講義；羅澤南集，長沙：嶽麓書社，2010：172。
〔註150〕 李顒，四書反身錄：論語：雍也篇；二曲集：卷33，北京：中華書局，1996：450。
〔註151〕 唐鑒，朱子學案目錄自序；唐確慎公集：卷1，朱漢民，丁平一，湘軍：第3冊，北京：社會科學文獻出版社，2013：27。

子人格的表率作用，追求返本歸真，以質救文。劉蓉所論，亦比較全面地概括了以「博文」「格物」為基礎，匯通學術的「通儒」理想：「夫博文者，擇善之道也。格物者，致知之功也。學者苟欲從事聖賢之教，固不能捨是二者而求他途之歸矣。……學者苟有志於聖賢之道，必先玩索四子六經，沉潛反覆，既得其宏綱要領之所在，然後求之百家諸子以辨是非同異之故，考之史冊傳記，以察治亂得失之歸。權衡定，則取捨不淆。辨別明則是非不謬。」〔註152〕羅澤南也認為「精深」與「博大」為儒者體道的必修課，「吾輩讀書，不可不博，又不可不精。不博則識見太隘，無以窺大道之全體；不精則泛濫無歸，無以探大道之底蘊。」〔註153〕湘系經世派認為，只有以堅忍之心格事物之理，才能真正洞達義理本原，不墮功利之途。左宗棠說「吾儒讀書，天地民物，莫非己任。宇宙古今事理，均須融澈於心，然後施為有本。」〔註154〕胡林翼指出「僥倖以圖難成之功，不如堅忍而規遠大之策。」〔註155〕羅澤南強調「不本末兼明，則其所知者不全」。〔註156〕他反對缺失義理內涵的經世之術，「語經濟，則惟考求乎海防、河務、鹽法、水利，以待用於斯世，明德新民之學視為迂疏矣，跡其所學，似勝於竊取富貴者之所為。究其所為，要皆從功利上起見，是以所見日陋，所行亦日卑。」〔註157〕強調儒家義理，追求道德與事功的圓融，這也是湘軍與淮系經世派、主流洋務派重要的不同之處。

在知權達變方面，湘系經世派強調「儒生貴在識時，經術原以致用。倘使千言落紙，詞盡筌蹄，遂致一策莫籌，儒為詬病。」〔註158〕他們將道與用分別開來，「道無古今，用有古今。」〔註159〕所謂通儒就是要行道而致用，

〔註152〕陸寶千著，劉蓉年譜，臺北：中央研究院近代史研究所專刊（40），1979：21～22。

〔註153〕羅澤南，與高旭堂書；羅忠節公遺集：卷6；羅澤南集，長沙：嶽麓書社，2010：88。

〔註154〕左宗棠，與孝威孝寬；左宗棠全集：詩文家書，長沙：嶽麓書社；1987：9。

〔註155〕曾胡治兵白話句解，濟南，山東書局（改訂版），民國二十一年（1932）：89。

〔註156〕羅澤南，與譚硯農書；羅忠節公遺集：卷6；羅澤南集，長沙：嶽麓書社，2010：91。

〔註157〕羅澤南，寄郭意成書；羅忠節公遺集：卷6；羅澤南集，長沙：嶽麓書社，2010：104。

〔註158〕金武祥，粟香四筆：卷1，朱漢民，丁平一，湘軍：第8冊，北京：社會科學文獻出版社，2013：611。

〔註159〕羅澤南，人極衍義；羅澤南集，長沙：嶽麓書社，2010：197。

不拘於行，不泥於古。曾國藩說：「讀書在通經術、諳世務。經術通，則義理入而內心有主，世務諳，則聞見博而應事不窮。胡安定在湖學，分經義治事二齋，當時取為大學之法。」〔註160〕竭力推崇胡瑗治經與治事並重的學風。湘系經世派受過良好的理學思想教育薰陶，強調經世能力的培養，且知曉民間疾苦，有較強的政治敏銳性和經世思維，故其一旦得位行權，施政行策，多能切中時弊。

受西學東漸的影響，湘軍人物的通儒之學也開始觸及東西方文化比較方面，這是過去儒學幾乎從未涉及的。左宗棠認為「泰西棄虛崇實，藝重於道，官、師均由藝進，性慧敏，好深思，製作精妙，日新而月有異。象緯輿地之學尤徵專詣，蓋得儒之教而萃其聰明才智以致之者。」〔註161〕左宗棠秉承義理與藝事並重的思想，強調在技術上學習和超越西方。彭玉麟批評在文化上固步自封的保守思想，將西學也納入「通儒」範疇：「今之自命為通儒者，以洋務為不屑，鄙西學為可恥，有習其言語文字者，……甚至屏為名教之罪人。嘻，甚矣。夫所貴於儒者，貴其博古耳，通今耳。……徒拘拘於制藝之末，而學問經濟盡於是而已矣。方今海防孔亟，而所謂熟識洋務者，不過市儈之徒，正宜培養人才，攻彼之盾，即籍彼之矛。誰謂西學可廢哉？」〔註162〕郭嵩燾以首任駐外公使身份通過實際考察，認為對西方絕不可再以蠻夷視之，反而因為中國在政治文化整體上的落後，導致「政教風俗，歐洲各國乃獨擅其勝，其視中國，亦猶三代盛時之夷狄也」。〔註163〕不僅如此，郭嵩燾在理學家中還第一個認識並明確提出了政治改革問題，認為「西洋立國有本末，其本在朝廷政教，其末在商賈，造船製器相輔以益其強，又末中之一節耳。」〔註164〕他的思想幾乎超越了同時代絕大多數傳統知識分子，也開啟了理學作為王朝意識形態走向終結的先聲。

〔註160〕曾國藩，覆郭階；曾國藩全集：書信：第8冊，長沙：嶽麓書社，1994：5910。

〔註161〕左宗棠，海國圖志序；左宗棠全集：家書：詩文，長沙：嶽麓書社，1987：256。

〔註162〕彭玉麟，廣學校；孔廣德編，普天忠憤集：全集之卷14，朱漢民，丁平一，湘軍：第3冊，323。

〔註163〕郭嵩燾，郭嵩燾日記：第3卷，長沙：湖南人民出版社，1982：439。

〔註164〕郭嵩燾，條議海防事宜折（光緒元年三月二十一日），郭嵩燾全集：第4冊，長沙：嶽麓書社，2012：783。

第三節　湘軍人物對理學學術思想的發揮與修正

從學養素質而論，羅澤南、劉蓉、曾國藩、郭嵩燾等都極具學識，儕之於當時學術界第一流人物亦不稍讓。而他們面臨儒學陵替，山河破碎雙重危機，著重釐清義理與踐履之學的關係，從理學中發掘經世之義，並促進以理學為中心的儒學資源整合，故不遑於筆墨著作，但也不能完全因此否定其在理論上的建樹。從他們有限的理學著作和大量討論學術問題的書信函扎中，表現出的對理學原理的高超領悟力以及將之施用於時政的積極探索。

晚清理學本身就是一個學術收斂總結的時代。即使專力於理學研究的主敬派，在理論發展上也建樹無多。而湘系經世派堅持漢宋兼採、學術融合的學術走向，以禮為綜，創制經世，在衛道救時的實學方向獨步一時，成為晚清顯學。其對理學的獨到發揮，深刻地影響了晚清學術的發展。

一、湘軍經世派對理學學理的發揮

湘軍人物多接受過比較系統的湖湘理學文化薰陶和思想訓練。曾國藩早年與嶽麓師友劉蓉、郭嵩燾等研討學術，探微性理，逐漸形成湖湘理學小群體，書函問學終身不倦；通籍後居京師，受邵懿辰影響，讀書以清初理學大家薛瑄、陸隴其、李光地、張伯行諸集為主，講求理學的醇正性。後受教於唐鑒，確立為學「當以《朱子全集》為宗」，〔註165〕終身服膺理學。早年曾國藩「講學明道，砥礪廉隅。所尚友者，無非古昔聖賢；所結交者，無非端人正士。」〔註166〕曾國藩歷任封疆，又籌建幕府，使之成為晚清理學思想的大本營。

劉蓉、郭嵩燾、郭崑燾或從於幕下，或函扎往來，修學論政。胡林翼出身官宦，執婿禮於湘籍大吏陶澍後始究心理學，而以實學為主，任巡撫後為湘軍集團張大規模不遺餘力。左宗棠青年時期受知於陶澍、賀熙齡、林則徐，居陶澍幕下為其子塾師，遍讀家中藏書。羅澤南「以諸生講學，宗法程朱。」〔註167〕門下王鑫、李續賓、李續宜、楊昌濬等皆為湘軍名將，羅氏亦成為晚清理學重鎮。羅澤南、王鑫等戎馬之餘，不廢文事，夜闌人靜，常就帳中燭影自修不倦。如王鑫日記記錄：「與中閱鹿洲先生《同人規約》，真可為萬世

〔註165〕曾國藩全集：日記：第1冊，長沙：嶽麓書社，1987：92。
〔註166〕書各省督撫奏陳曾文正公遺事諸疏後；申報第62號（壬申六月初六日），朱漢民，丁平一，湘軍：第8冊，北京：社會科學文獻出版社，2013：101。
〔註167〕胡林翼，胡林翼集：第1冊：奏疏，長沙：嶽麓書社，1999：109。

學者法程，讀《講學規儀》，令人神遊三代禮樂之盛，……讀《閒存錄》卷四，觀其為學修身處世之道，……讀《道學源流》，而歎斯道之否塞已久。讀《「太極」、「西銘」要義》，而知藍子學問之純正也。」〔註168〕

就學術著作而言，湘軍人物並不太多。曾國藩以理學為題的專論只有《順性命之理論》《君子慎獨論》《孟子要略》等數篇，劉蓉擬撰《禮經發微》而未成。相對而言，羅澤南、郭嵩燾的著作較為宏富。郭嵩燾有《禮記鄭注質疑》《中庸章句質疑》《大學章句質疑》《毛詩餘義》及《尚書疑義》等經學著作。曾國藩評論羅澤南之學：「其大者以為天地萬物，本吾一體。……凜降衷之大原，思主靜以研幾，於是乎宗張子而著《西銘講義》一卷，宗周子而著《人極衍義》一卷。……宗朱子而著《小學韻語》一卷、《姚江學辨》二卷。嚴義利之閒，窮陰陽之變，旁及州域形勢，百家述作，靡不研討，於是乎有讀《孟子劄記》二卷、《周易本義衍言》若干卷、《皇與要覽》若干卷、詩文集八卷。」〔註169〕

湘軍人物純學理性研究偏少，有軍政繁劇，暇餘無多的原因，更多地是因為他們專注於以理學原則治軍施政，從「外王」視角開拓理學格局，多述而不作，不甚注重理論體系的構建。然而，他們以性命格致之學施之於實事，在私人詩文、函扎、家書中留下了大量學術問題的論述，在理學學理方面仍有著一定程度的獨特發揮和見解。

（一）本體論方面，突出了主體性、辯證性

哲學本體論主要回答世界本原及與客體的關係的問題。程朱理學以「理」為主客觀世界的惟一本體，湘系經世派基本上繼承了這一說法，以理統攝萬物，反對以氣為理。

羅澤南認為「且夫理至一者也，氣不一者也。氣運有古今，道不以古今而殊也；風氣有南北，理不以南北而異也；氣數有壽夭窮通，理不以壽夭窮通而增減也；氣稟有智愚賢否，理不以智愚賢否而加損也。果如陽明言理即是氣，……則人有躁氣，有暴氣，有乖氣，有戾氣，有惰慢之氣，囂張之氣，邪靡之氣，噍殺之氣，皆不得謂之非理矣。匪特主持風氣，挽回氣運，與自立乎氣數之學，可以不必；即變化氣質之功，亦可以不用矣。」〔註170〕

〔註168〕王鑫，王壯武公遺集：日記：咸豐丙辰日記下（七月初六日），朱漢民，丁平一，湘軍：第7冊，68。
〔註169〕曾國藩，羅忠節公神道碑銘，朱漢民，丁平一，湘軍：第9冊，245。
〔註170〕羅澤南，姚江學辨：卷1；羅澤南集，長沙：嶽麓書社，2010：214〜215。

在這段論述中，羅澤南將「氣」分為氣運、風氣、氣數、氣稟，較之前人所述，內涵有所擴大，而均終統諸理，以理氣對比彰顯理的主體性。他引用歸謬之法，進一步從反面論述了陽明心學「以理為氣」混淆了主體的錯誤，必然導致「主持風氣」「變化氣質」成為不可能之事。因為，主體性是至一而不可變的。羅澤南贊許「宋儒分言義理之性、氣質之性，道始大明於天下。」他雖承認「天命之理不離乎氣之中，」但兩者一為本體，一為作用，「要之理自理，氣自氣，實有不相蒙者。」因此他反對陽明「性即氣，氣即性」的觀點，認為這就是告子「生之謂性」、佛氏之「作用是性」論述的翻版。〔註171〕

在天理到人事的過渡方面，羅澤南以理氣關係作為溝通的基礎，「理生乎氣，理即存乎氣之中也。氣載乎理，氣實統乎理之內也。」〔註172〕兩者存在依存關係，而必以理為統攝。理就是太極，氣即為陰陽，兩者不可分割。「太極者理也，陰陽者氣也。……天命之性者，天以此理賦之人，必隨是氣以與之。」羅澤南用氣的陰陽清濁來區別賢愚，以求理盡性修為來證明主觀能動性的作用。「氣有互陰互陽之不同，故質有或昏或明之各異。……自古及今，其得氣之極清而為聖人者少，其得氣之極濁而為下愚者亦少。其餘，奮其力，皆可為聖賢，縱其欲，皆可為昏庸。」〔註173〕

同時，湘系經世派又吸收了關學張載及王夫之等理學其他流派的思想，同樣重視「氣」的作用和對「氣」在運動中的考察。如劉蓉認為事物的發展變化，在於「氣」的屈伸作用，「理」則是主導這種運動的內在根源。「夫屈伸者，氣也，其所以屈伸者，理也。」〔註174〕把事物的運動狀態與「理氣」關系聯繫起來，用以解釋事物運動變化的根本原因。

湘系經世派對理學中豐富的辯證思想進行了吸收和發揮，使之更適應於經世的需要。羅澤南指出：「凡天下之物自無而漸之於有，復自有漸歸於無，故日化也。知化者，知天地之功用，……則其一身之行事，皆順乎消息盈虛之道行去，小而飲食、起居，大而君臣、父子、夫婦、昆弟、朋友，以至於齊

〔註171〕羅澤南，姚江學辨：卷1；羅澤南集，長沙：嶽麓書社，2010：214～215。
〔註172〕羅澤南，羅忠節公遺集：卷3：論：天地，朱漢民，丁平一，湘軍：第3冊，北京：社會科學文獻出版社，2013：41。
〔註173〕羅澤南，羅忠節公遺集：卷3：論：性理，朱漢民，丁平一，湘軍：第3冊，43。
〔註174〕劉蓉，覆羅中嶽論養氣說書；養晦堂文集：卷3；劉蓉集：第2冊，長沙：嶽麓書社，2008：68。

家、治國、平天下，莫不因時制宜，當剛而剛，當柔而柔，當進而進，當退而退。」〔註175〕從「有」與「無」兩個相互矛盾、相互轉換的方面，引出了治國平天下的進退剛柔之道。曾國藩論曰：「蓋天下之道，非兩不立。」〔註176〕「天地之數，以奇而生，以偶而成。一則生兩，兩則還歸於一。一奇一偶，互為其用，是以無息焉。物無獨，必有對」。〔註177〕事物的變遷自然也是這種矛盾運動的產物。因此，在考察事物之時，必須執兩用中，不可偏執一方。在這種觀念引導下，小人不是一成不變的，君子也不是一成不變的，債事者亦不盡是小人。關鍵在於是否能盡性知理，導正風俗，改善人心。

（二）心性論方面，由盡性求心之法導入「即物窮理」

心性論是理學的重要理論基礎，它強調以性為理，著重以心性之說溝通天人，並以此解釋儒學道德倫理的心性基礎和自然來源。湖湘經世理學，並未將論述重點放在闡釋心性概念及其關係上，而是在宋明理學的心性論基礎上，在如何致性、盡性上加入了自己的理解和闡釋，通過理學意識鍛鍊了冷靜客觀的經世思維。在一般理學家眼中，性為天理所賦，聖人與常人無異，獨因環境所異、稟賦不同、情慾所薰而有蒙蔽，表現為天理之性、氣質之性，故須「盡性」以求天理之性。曾國藩贊同天性無別之說，「僕則謂君子所性，雖破萬卷不加焉，雖一字不識無損焉。離書籍而言道，則仁義忠信返躬皆備，堯舜孔孟非有餘，愚夫愚婦非不足，初不關乎文字也。……道猶人心所載之理也，文字猶人身之血氣也。血氣誠不可以名理矣。」〔註178〕因此，書籍不能代表理，言道不能只靠書籍。然而，捨血氣則性理不能附麗，捨血氣則無以見心理，因此「捨文字無以窺聖人之道矣。……孔孟沒而道至今存者，賴由此遠行之車也。」「苟於道有所見，不特見之，必實體行之，不特身行之，必求文字傳之後世。雖曰不逮，志則如斯。」〔註179〕表達了自己以身行道，以文傳道的志向。

在如何「盡性」達道上，曾國藩提出「蓋欲完吾性分之一源，則當明凡物萬殊之等；欲悉萬殊之等，則莫若即物而窮理。」〔註180〕在他看來，事物的統一性（性分之一源）離不開差異性（萬物之殊等），「即物窮理」是溝通

〔註175〕羅澤南，西銘講義；羅澤南集，長沙：嶽麓書社，2010：172。
〔註176〕曾國藩，答劉蓉；曾國藩全集：書信：第1冊，長沙：嶽麓書社，1995：20。
〔註177〕曾國藩，送周荇農南歸序；曾國藩全集：詩文，長沙：嶽麓書社，1986：162。
〔註178〕曾國藩，與劉蓉；曾國藩全集：書信，長沙：嶽麓書社，1990：5～7。
〔註179〕曾國藩，與劉蓉；曾國藩全集：書信，長沙：嶽麓書社，1990：5～7。
〔註180〕曾國藩，書學案小識後，曾國藩全集：詩文，長沙：嶽麓書社，1986：165。

兩性的必由之路。「堯舜禹湯文武周公孔子之學豈有他與？即物求道而已。」
〔註 181〕這與倭仁所提「盡己性、盡人性，盡物性」的說法初無二致。但曾國
藩所指之物「其於天下之物，無所不當究。二儀之奠，日月星辰之紀，岷庶
之生成，鬼神之情狀，草木鳥獸之成若，灑掃應對進退之瑣，皆吾性分之所
有事。故曰：『萬物皆備於我。』」〔註 182〕值得注意的是，曾國藩等所言之
「物」不僅包含了靜態的物質，更涵蓋了運動中的事理，強調動與靜的結合，
是立志、存理與格致的結合。羅澤南也說：「惟能敬以直內，則靜時存養，動
之所本者已立；動時省察，靜之所有者不虛。聖學之功，未有不由於此者。
立志者，大學之知止也；擴識者，大學之格致也；存理者，大學之誠意、正
心、修身也。志大則不安於小成，識擴則不惑於岐途，理存則不雜於物慾。
由是而齊家而治國而平天下，是亦何有也哉！」〔註 183〕這些都明顯超出了主
敬派所關注的範圍。在高度文化自信基礎上體現出開放視野與宏闊胸襟，這
也是湖湘經世派「即物窮理」與傳統理學的主要差異所在。反觀倭仁等主敬
派，雖以「盡物性」自命，卻始終走不出狹隘的文化格局，竭力反對所謂的
奇技淫巧和外國語言文字。從這個意義上來說，曾國藩為首的理學經世派，
重新發掘了宋明理學湮滅不明的「藝」層面的價值，由心性論導入至「格致
論」，而不是單純的「道德論」，恢復了其「求理之學」的應有面貌。

　　湘系經世派的「心論」，亦同樣指向「即物窮理」之道。朱熹認為「心統
性情」，心是人的天性展現和情感活動的主宰，從作用層面闡述了心的重要性。
王陽明更是以心為理，追求「吾心自足」的境界。在湘軍集團中，曾國藩、劉
蓉等早年曾受陽明心學影響，對「心」的概念十分重視，劉坤一則以理學家而
「平日最喜言陽明學術」。〔註 184〕

　　劉蓉說：「人之有身也，耳目口體無不備，而心為之君。人之有心也，
虛靈知覺無不達，而理為之宰。」〔註 185〕他認為心是情感活動的總攬者，
而理又是心的主宰。羅澤南提出「立一身之主宰，而提萬事之綱者，其惟心

〔註 181〕曾國藩，答劉蓉；曾國藩全集：書信，長沙：嶽麓書社，1990：22。
〔註 182〕曾國藩，書學案小識後，曾國藩全集：詩文，長沙：嶽麓書社，1986：165。
〔註 183〕羅澤南，羅忠節公遺集：卷 3：論：學問，朱漢民，丁平一，湘軍：第 3 冊，
　　　　北京：社會科學文獻出版社，2013：44。
〔註 184〕劉體信，萇楚齋三筆：卷 10，朱漢民，丁平一，湘軍：第 8 冊，北京：社會
　　　　科學文獻出版社，2013：894。
〔註 185〕劉蓉，勉學者說；養晦堂文詩集：文集：卷 1，朱漢民，丁平一，湘軍：第 3
　　　　冊，154。

乎！心也者，理之輿也。事物未至，理具於心，事物既至，心即運此理以應之。」〔註186〕湘軍人物認可「理」的本體性和絕對性，在心性關係上突出了理的地位，但同時也不忽視「心」的重要作用，提出「治心」之說。郭嵩燾言「君子之學，首重治心也。」〔註187〕「見之於《詩》、《書》、《禮》、《樂》為後世學者之助者，皆治心之要也。」〔註188〕治心之法，在於從儒學經典中求索，在於「以性閑情，以理制欲，」於人格修養中全體達用，體味天命之存，擯棄「一切聲色貨利之緣，放僻邪侈之端，」「不容有一疵之或累焉者也。」「所以天理益明，道心益長，卒馴至於聖賢之域而無離。」〔註189〕

劉蓉進一步論述「治心」的目標，不僅在於防範逐於物慾、遊於玄冥、淪於紛擾，更在於防止士君子流於昏瞶、墮於虛寂、溺於詞章。「人知此心逐於物慾者為放，而不知流於昏憒之為放也；知此心遊於渺冥者為放，而不知墮於虛寂之為放也；知此心淪於紛擾龐雜者為放，而不知溺於記誦詞章者之亦為放也。」〔註190〕這種說法較傳統理學家更具有現實指向性。為達這一目標，必不能反觀寂照，「以心求心，」「馳騖於恍惚不可捉摸之域，」而應當「主敬以持之，窮理以精之，養之於端莊靜一之中，以立其本；約之於學問思辨之際，以博其趣，庶吾心有所向往持循，及其久而安焉。惟所欲而不踰中正之距，此求心之道所以為求仁之方也。」〔註191〕將治心之道與儒家窮理之法、求仁之方聯繫起來，「周覽八荒，酬錯萬變，而神明之用，無往而不存也。」〔註192〕具體要求是志於道而勤於學，如有不足，反觀自省。「志幾於道，而行之有弗達，學不足也。天下之變無方，而吾心之知有間。及是時勤吾學焉，可矣。」〔註193〕郭嵩燾高度稱讚劉蓉治心之效果，「性沉

〔註186〕羅澤南，人極衍義；羅澤南集，長沙：嶽麓書社，2010：192。

〔註187〕郭嵩燾，玉池老人自敘，朱漢民，丁平一，湘軍：第9冊，314。

〔註188〕劉蓉，求放心說；養晦堂文詩集：文集：卷1，朱漢民，丁平一，湘軍：第3冊，153。

〔註189〕劉蓉，勉學者說；養晦堂文詩集：文集：卷1，朱漢民，丁平一，湘軍：第3冊，154。

〔註190〕劉蓉，求放心說；養晦堂文詩集：文集：卷1，朱漢民，丁平一，湘軍：第3冊，153。

〔註191〕劉蓉，求放心說；養晦堂文詩集：文集：卷1，朱漢民，丁平一，湘軍：第3冊，154。

〔註192〕劉蓉，求放心說；養晦堂文詩集：文集：卷1，朱漢民，丁平一，湘軍：第3冊，154。

〔註193〕郭嵩燾，陝西巡撫劉公墓誌銘；養知書屋文集：卷19，朱漢民，丁平一，湘軍：

毅而闊達開朗，傾誠與人，一無隱飾，決大計，從容淡定，內斷之心，人莫測公所為。」〔註194〕

　　湘系理學經世派與倭仁為代表的傳統主敬派還有一大區別，就是對「情」的看法不同。「情」為人的喜怒哀樂等心理活動，受心的控制，未發指思慮未萌，指性，是心之體，已發指情，是心之用。能盡性則情發而中節，不能盡性則情發而不中，則為欲。倭仁早年研習王學，不自覺地有因襲王學『心即理也』之嫌，更看重心的作用，而對情不夠重視，認為「事天無他，事心而已矣」。而湘系經世派則注重以性導情，對情有更為準確的把握。湘軍人物既重視以敬慎存養持身，但亦不似主敬派在心性的主體性問題上過多糾纏，而更看重情的發揮是否合乎理，因為情才是情感與行為的最終表徵。在湘軍多數人物看來，只要情的表露合符道，表現形式似乎可以多元，從而減少了對情的桎梏與拘束。正如康有為自述求學門徑時的認識：「始循宋人之途轍，炯炯乎自以為得之矣。既悟孔子不如是之拘且隘也。」〔註195〕胡林翼言「吾輩任事，只盡吾義分之所能為，以求衷諸理之至是，不必故拂乎人情」。〔註196〕曾國藩說「大抵任事之人，斷不能有毀而無譽，有恩而無怨。自修者但求大閑不逾，不可因譏議而餒沉毅之氣。」〔註197〕他強調持敬之法，在於使心知善惡而力能去存，「喜譽惡毀之心，即鄙夫患得患失之心也。於此關打不破，則一切學問才智，實足以欺世盜名。」〔註198〕否則「心既知有善知有惡而不能實用其力，以為善去惡，則謂之自欺。」〔註199〕從湘軍人物生活態度可見，他們對光明俊偉的氣象和豪俠之氣的追求，治軍行政交遊中對儒家「生生之學」的感悟和表現，都比主敬派要豐富精彩。

　　因此，湘軍人物多有一番真性情。彭玉麟「視師之暇，愛西泠山水，卜築精廬。每當春秋佳日，攜短童，棹小艇，布衣幅巾，徜徉於六橋三竺間，

　　　　　　第9冊，329。

〔註194〕郭嵩燾，陝西巡撫劉公墓誌銘；養知書屋文集：卷19，朱漢民，丁平一，湘軍：第9冊，328。

〔註195〕康有為，禮運注敘；康有為政論集：上冊，中華書局1981：192。

〔註196〕曾胡治兵白話句解，山東書局（改訂版），民國二十一年（1939）：102～103。

〔註197〕胡林翼，覆賀月樵；胡林翼集：第2冊，長沙：嶽麓書社，1999：256。

〔註198〕曾國藩全集：日記：第1冊：道光二十二年十月八日，長沙：嶽麓書社，1987：116。

〔註199〕梁啟超輯，唐浩明點評，曾國藩嘉言鈔：附錄：評點曾國藩嘉言類鈔，長沙：嶽麓書社，2007：288。

幾疑神仙中人。喜畫梅，老幹疏枝，其氣特出」。〔註200〕《胡文忠集》十卷，
而書牘居其六，「皆軍事、政教之言，其於親戚情話，僅附一二筆，有自然機
趣，所謂老樹著花無醜枝也。」〔註201〕胡林翼軍務倥傯之中，致信曾國藩曰：
「連日因營中無紹酒，即營外白酒亦香美異常，滿腔均是生氣也。」〔註202〕
李元度在徽州軍潰失守，曾國藩嚴奏參劾，李在謝罪稟上寫道：「君子原愛人
以德，復之而又培之；宰相有造物之才，知我何殊生我。」曾國藩援筆批其
後云：「好四六，好文章，好才情。」〔註203〕曾國藩言：「吾輩既辦軍務，係
處功利場中，宜刻刻勤勞，如農之力穡，如賈之趨利，如篙工之上灘，早作
夜思，以求有濟。而治事之外，此中卻須有一段豁達沖融氣象。」〔註204〕時
人筆記記載，因劉蓉多次求去，曾國藩反覆挽留，劉蓉只得請曾國藩作一文，
謂如能令我發笑則留，否則即去。曾國藩遂絞盡腦汁，盡作詼諧之言，劉氏
閱後不覺莞爾。李鴻章亦對人說：「在營中時，我老師總要等我輩大家同時吃
飯，飯罷後即圍坐談論，證經論史，尾尾不倦，都是於學問經濟有益實用的
話。吃一頓飯勝過上一回課。他老人家最愛講笑話，講得大家肚子都笑疼了，
個個東歪西倒的。他自家偏一些不笑，以五個指頭作把，只管捋鬚，穆然端
坐。」〔註205〕

（三）在主敬工夫方面，主張從實踐中體驗的理性主義修養方式

　　倭仁的主敬觀認為：「心主於敬，無少放縱，然後至虛至靈之中，有以窮
夫酬酢萬變而理無不明，蓋未有不居敬而能窮理者。」〔註206〕這與宋儒「進
學在致知，涵養須用敬」是十分接近的。但倭仁的心性工夫論，以「主敬」為
「主靜」，最終把修身求理之道引向了「靜坐」與「至虛至靈」之中。

〔註200〕靈耗遶傳：申報第 6131 號（1890 年 5 月 17 日），朱漢民，丁平一，湘軍：
　　　　第 8 冊，北京：社會科學文獻出版社，2013：328。
〔註201〕王之春，胡文忠書牘；椒生隨筆：卷 7，朱漢民，丁平一，湘軍：第 8 冊，
　　　　533。
〔註202〕柳詒徵，胡林翼致曾國藩（三）（咸豐九年十二月廿日）；陶風樓藏名賢手札，
　　　　朱漢民，丁平一，湘軍：第 6 冊，266。
〔註203〕王之春，李次青方伯（46）；椒生隨筆：卷 3，朱漢民，丁平一，湘軍：第 8
　　　　冊，531。
〔註204〕梁啟超輯，唐浩明點評，曾國藩嘉言鈔，長沙：嶽麓書社，2007：99。
〔註205〕吳永，庚子西狩叢談，道德書局線裝本，130～131。
〔註206〕倭仁，倭文端公遺書：卷 4；51，沈雲龍，近代中國史料叢刊第 34 輯，臺北：
　　　　文海出版社，341～342。

曾國藩「主靜」之說明顯不同於倭仁，他說「自濂溪揭『主靜』之旨，程朱亦常以『靜』字垂教，苟其遺棄倫物而於靜中別求端倪者，或不免誤入歧途。」他主張「習靜以涵養此心」，反對無視「倫物」而惟於「靜」中求索。他認為朱子注《中庸》首章之語「自戒懼而約之，以至於至靜之中，無少偏倚，而其守不失」數語，「謂之主靜可也，謂之居敬可也。」〔註207〕真正的主靜，其實就是「主敬」，即懷敬畏謹慎之心體察物理，達於中庸之道，不偏不倚，守正而不失。曾國藩更進一步地論述了「主靜」不同於「禪氏入定，冥然罔覺之旨」。儒家之靜，「所謂一陽初動，萬物資始者，庶可謂之靜極，可謂之未發之中，寂然不動之體也。」〔註208〕是一種事物發展變化的狀態，而反對「深閉固拒，心如死灰，自以為靜，而生理或幾乎息矣」的做法。如非從實踐中「體驗得來，終掠影之談也。」〔註209〕劉蓉也將「主敬」與致知之學並重，「主敬者存心之要，致知者進學之功，二者相資，其道始備。」〔註210〕

曾國藩進一步從功用上闡述了「敬」的重要性，「內而專靜純一，外而整齊嚴肅，敬之工夫也。出門如見大賓，使民如承大祭，敬之氣象也。修己以安百姓，篤恭而天下平，敬之效驗也。」〔註211〕他明確提出「持敬」的效驗不僅在於自身之修為，更在於安百姓，致太平。在持敬慎獨的前提下，「人無一內愧之事，則天君泰然，此心常快足寬平，是人生第一自強之道，第一尋樂之方，守身之先務也。」〔註212〕可見，湘軍主要人物以「心無愧怍，行為端方，而力能作為」為修身養德之境界，在如何主敬的問題上，打造了經世派的現實版。

綜述之，曾國藩等對靜心體驗作為道德修養方法的普遍性、有效性表示懷疑，而傾向於程頤「主敬致知」的理性主義修養方式。其「主靜」與「主敬」一體的修養工夫論，更切合經世實際，是對劍走偏鋒的理學工夫論的一種糾偏，也是其對咸同經世理學的一種理論發展。

〔註207〕曾國藩，覆陳艾；曾國藩全集：書信：第 10 冊，長沙：嶽麓書社，1995：7051。
〔註208〕曾國藩全集：日記：第 1 冊，長沙：嶽麓書社，1987：129。
〔註209〕曾國藩全集：日記：第 1 冊，長沙：嶽麓書社，1987：129。
〔註210〕陸寶千，劉蓉年譜，臺北：中央研究院近代史研究所專刊（40），1979：28。
〔註211〕曾國藩，諭紀澤紀鴻；曾國藩全集：家書：第 2 冊，長沙：嶽麓書社，1985：393～394。
〔註212〕曾國藩全集 21 冊：家書：第 2 冊，長沙：嶽麓書社，2011：546。

二、湘軍人物體立用行、求知於時的理學實證精神

呂思勉先生指出：「治理學者，曷嘗謂當屏棄事物，轉談心性？然莫能兩大，既以心性為重，終必至於遺棄事物，此勢所必至，無可如何者也。……理學未嘗教人以空疏，而不免於空疏也。」〔註213〕深刻揭示了理學在發展中必然側重心性的學術根源。朱漢明認為：「理學為強化儒學的人文信仰，將儒術由治術轉化為心術，這種心術又在向心性體悟方面傾斜。於是，原本具有濃厚實學特色的理學之術，就慢慢淡化其在現實政治生活、日常生活的務實精神，表現出一種虛無好高之弊」，〔註214〕道出了理學發展演進中自身側重的變化導致理學末流政治實用功能幾乎喪失的事實。

以上論斷在評論理學發展脈絡及其在「學」「政」關係處理的問題上，都是十分精到的。晚清湘系理學經世派的學行，一定程度上改變了理學的這一傾向。湘軍經世集團汲取胡宏、胡安國、張栻、王夫之等湖湘理學派「力行」的觀點，並有所發揮，形成了近代經世理學體力用行，求知於時的實證主義風格。

前代湖湘理學大家，多都具有「以理為治」、注重實行的經世傾向。胡安國提出應「強學力行，康濟時艱。」張栻認為知行關係應相互啟進，「行之力則知愈進，知之深則行愈達。」〔註215〕王夫之則確立了「行可以兼知，知不可以兼行」，側重力行的知行觀，強調「知行併發」。近世湖湘理學家陶澍認為理學必須以經學為貫通，不能離經以言理。「不貫通乎《易》《詩》《書》《禮》《春秋》而能闡發四子，吾不信也，不貫通乎《易》《詩》《書》《禮》《春秋》以闡發四子，而能代四子立言，吾尤不信也。」〔註216〕賀熙齡批評士子「一身之行詣可不顧，而萬物之隱痛不相關，……惟欲榮其身而已耳，非有天下國家之慮也」〔註217〕的浮偽作風。這些觀點，都證明了湘學有識之士不囿於心性之說，而是自覺將實證主義精神和儒學現實關懷融入到理學體系之中。

〔註213〕呂思勉，理學綱要，北京：東方出版社，2012：19。
〔註214〕朱漢民，宋明理學通論——一種文化學的詮釋，長沙：湖南教育出版社，2000：104。
〔註215〕張栻，論語說序；南軒集卷44；張栻全集：中冊，吉林：長春出版社1999：751。
〔註216〕陶澍，尊經書院課藝序；陶文毅公全集：文集：卷37，朱漢民，丁平一，湘軍：第3冊，北京：社會科學文獻出版社，2013：3。
〔註217〕賀熙齡，張南軒先生文集序；寒香館文鈔：卷2，朱漢民，丁平一，湘軍：第3冊，12。

　　在湘軍人物的經世觀念中，躬身入局，身體力行，在對物質世界的考量中形成思想認知和政治策略，自屬經世理學的題中之義。湘軍人物之所以重視禮學，一個重要原因就是「禮」具有實證性。郭嵩燾說：「禮者，證實之書，天下萬世人事之所以從出也。」〔註218〕以「禮」為經世之學，既是道的載體，又是用世之具。曾國藩言：「夫所謂見道多寡之分數何也？曰：深也，博也。……深則能研萬事微芒之幾，博則能究萬事之情狀而不窮於用。」〔註219〕

　　湘軍人物不僅求知於經，求知於理，更以格物之道求知於時，對於理學各流派及理學之外的學說，均不迷信盲從，而能獨立思考，以理為斷。劉蓉進一步強調為學應當精研深微之義，而與時代相推移，反對食古不化。他說：「其所學於古者，又皆迂疏闊略，與今異宜，故亦竟無大受實用之實，以是不敢求知於時。」〔註220〕曾國藩從程朱入手，經理學家周敦頤、張載，漢學家許慎、鄭玄而溯至孔孟，稱「許鄭訓詁之文或失則碎」，即使對乃師唐鑒高度推崇的朱子，曾國藩也認為其「指示之語或失之隘」，而為學「能深且博，而屬文復不失古聖之誼者，孟氏而下唯周子之《通書》，張子之《正蒙》，醇厚正大，邈焉寡儔。」〔註221〕曾國藩治軍行政之時，採擇之法，卻並不完全獨倚一家之言。他高度推崇船山之學，但對其不足亦有深刻認識，趙烈文記載：「趙又問：『王船山議論，戛戛獨造，破自古悠謬之譚，使得位乘時，其有康濟之效乎？』師曰：『殆不然。船山之說，信為宏深精至，而嫌褊刻，使處國事，天下豈尚有可用之人？』」〔註222〕

　　湘軍系統中，能以著作名世，意圖構建有自身經世色彩的理學思想體系的，莫過羅澤南。羅澤南的學術思想，多來自於自身的切實體悟。「伏處窮山，無友朋之討論，無門弟子之推崇，潛德闇行，慨然以斯道自任，無所求於人。」〔註223〕他在學術旨趣上推崇周敦頤和張載，「孟子以來，惟周子《太極》、張子《西銘》之書，其道與《大學》《中庸》相表裏，而其文之純懿，

〔註218〕〔美〕汪榮祖，走向世界的挫折——郭嵩燾與道光咸同時代，長沙：嶽麓書社，2000：145。

〔註219〕曾國藩，致劉蓉，曾國藩全集：書信：第 1 冊，長沙：嶽麓書社，1995：6。

〔註220〕劉蓉，覆胡詠芝宮保書；養晦堂文集：卷 6，朱漢民，丁平一，湘軍：第 6 冊，426。

〔註221〕曾國藩全集：第 22 冊：書信 1，長沙：嶽麓書社，2011：8。

〔註222〕趙烈文，能靜居日記：同治六年八月二十八日，朱漢民，丁平一，湘軍：第 7 冊，北京：社會科學文獻出版社，2013：174。

〔註223〕餐霞館輯，儒林瑣記：儒林附記，朱漢民，丁平一，湘軍：第 8 冊，550。

亦非後世所可及者。」〔註224〕因《太極》述天理之源,《西銘》譚人道之極,純正中和,氣象俊偉,且不似純粹心性之學拘泥於以性釋理,從心性引入人道的玄冥路數。

在羅澤南不長的學術生涯中,就理學形成了自己的基本闡釋體系,從天命之源、人性之理而導源至治道之綱,仍以經世務實為主,由學問發為事功,在晚清理學中有著獨特的地位。時人評價其學術「推知諸儒得失,而於斯道盛衰之由,國家治亂之故,皆能默契於心,⋯⋯先生之學,非元明以後諸儒所能及也。」〔註225〕「《小學韻語》、《讀孟子劄記》、《西銘解義》、《人極衍義》,皆精粹平實,醇儒之書也。《人極衍義》發為天命之源,以及人性之理,治道之大綱,有放之則彌六合,卷之則退藏於密之規模。吾見本朝儒者之書,未能有駕其上者。」〔註226〕方宗誠感歎道:「使公不死,得講學數十年,斯道其大昌明乎!」〔註227〕表明羅澤南的學術思想已經達到一定的高度,受到主流理學家的肯定。近人劉師培《近儒學案序目》列「薑齋學案」一目,以王夫之、羅澤南為傳主,附列李文炤、鄧顯鶴為「別出」之學者,〔註228〕也表明了對羅澤南學術成就的認同。

第四節　重建以理學為核心的儒學人文信仰

自清初理學短暫地興盛之後,乾嘉漢學獨步天下,經學考據漸趨日盛,「承學之士,翕然從風,幾若百川之朝東瀛,三軍之隨大纛。」〔註229〕理學思想則受到多方猛烈抨擊。方苞曾言「僕少所交,多楚越遺民,重文藻,喜事功,視宋儒為腐爛。用此,二十年未嘗涉宋儒書。」〔註230〕晚清理學家方宗誠回憶:當時「通經博古之士,搜奇索賾,爭以著述名於時,然多濡染西河毛氏之習,好攻訐程、朱,排屏義理之學。」〔註231〕曾國藩回憶嘉道之際

〔註224〕羅澤南,羅忠節公遺集:卷3,朱漢民,丁平一,湘軍:第3冊,45。

〔註225〕餐霞館輯,儒林瑣語:儒林附記,朱漢民,丁平一,湘軍:第8冊,550。

〔註226〕方宗誠,柏堂師友言行記:卷2,朱漢民,丁平一,湘軍:第8冊,497。

〔註227〕方宗誠,柏堂師友言行記:卷2,朱漢民,丁平一,湘軍:第8冊,497。

〔註228〕劉師培,近儒學案序目;李妙根編,朱維錚校,劉師培辛亥前文選,上海:中西書局,2012:123。

〔註229〕陳康祺,唐確慎公理學;郎潛紀聞初筆二筆三筆,北京:中華書局,1984:128。

〔註230〕方苞,與劉拙修書;方苞集:下冊,上海:上海古籍出版社,1983。

〔註231〕方宗誠,柏堂集後編:卷3;柏堂遺書:第59冊,光緒七年刻本。

「學者承乾隆季年之流風，……有宋諸儒周、程、張、朱之書，為世大詬。間有涉於其說者，則舉世笑譏唾辱。」〔註232〕唐鑒立志學習理學在當時甚至是「特立獨行，詬譏而不悔」〔註233〕的驚世駭俗之舉。

　　嘉道以來，政治窳敗，社會矛盾激化，中西衝突造成傳統文化極大的震撼，而漢學、心學均難以妥善應對，理學再次應時而出。理學的復興在學術上的主要表現有：一是出現了一批有影響的理學家，如陶澍、湯鵬、唐鑒、倭仁、李棠階、吳廷棟等。二是產生了一批梳理理學史，自固門戶的學術史著作，如唐鑒的《國朝學案小識》、潘世恩的《正學編》、何桂珍的《續理學正宗》、王棻的《臺學統》、徐定文的《皖學編》、黃嗣東的《濂學編》和《道學淵源錄》等。三是開展了捍衛程朱理學正統地位的辯學活動。代表作有方東樹的《漢學商兌》、羅澤南的《姚江學辨》、劉廷詔的《理學宗傳辯正》等。

一、通過辯學對理學主導地位的捍衛

　　湘軍集團及其相關人物積極投入到辯學活動中去，成為理學陣營中一支不可忽視的力量。他們受湖湘文化影響，「以性理、三禮、時務為重，」〔註234〕能由義理發為事功，不僅能修己成德，而且能達於外王，具有其他理學家所不具備的優勢。與曾國藩匯通眾流的學術傾向不同，湘軍集團中亦不乏剛健之士，辨正學術最力者當屬羅澤南、劉蓉。

　　羅澤南重點力辟陽明學。道光二十四年（1844）著成《姚江學辨》，「象山之學，已經朱子明辨，弟固未曾及。惟姚江良知之說竊禪門之宗旨，亂吾儒之正道，雖經前人議論，而其中之似是而非者尚未能一一剖晰，故曾為明辨之」。〔註235〕其書依據程朱的「性」「理」批判王陽明「心即理」學說，以「格物致知」否定「致良知」之說。與羅氏從學理上的批判不同，劉蓉主要是從自身棄王從朱的體驗出發反證其謬，他說：「弟往歲嘗讀其書，亦恍若有得焉，以為斯道之傳，果出語言文字之外，彼沾沾泥書冊求之者，殆未免乎澤藪之見也。」但這種學習方法，「即以措諸事而窒焉，征諸古而無據焉，反

〔註232〕曾國藩，朱慎甫遺書序；曾國藩全集：詩文，長沙：嶽麓書社，1995：222～223。

〔註233〕曾國藩，送唐先生南歸序；唐浩明編，曾國藩詩文集，長沙：嶽麓書社，2015：240。

〔註234〕李紀祥，明末清初儒學之發展，臺北：文津出版社，1992：1。

〔註235〕羅澤南，答云浦書；羅忠節公遺集：卷6；羅澤南集，長沙：嶽麓書社，2010：98。

諸心而不得其安焉；向所謂恍若有得者，乃如星飛電馳，不可得追。……困而自侮，始徐檢孔孟程朱之訓，逐日玩索，乃粗得其所以蔽陷離窮之端。」〔註236〕因王學易於蹈空無據，最終還是回到了程朱範圍中來。

　　與湘軍集團關係密切的方宗誠對漢學的批評較有代表性，他認為漢學家考證名物象數訓詁音韻，雖「多有補前賢所未逮者」，但「逐末忘本，搜尋微文碎義，而昧於道德性命之大原，略於經綸匡濟之實用，號為經學，而於聖人作經明道立教之旨反晦焉。」〔註237〕劉蓉也指出漢學研究中的亂象：「引漢人箋注，曲為證附以成吾說。既可援漢儒以自尊，又可貶宋儒以立名，……叩以六經之大義微言與宋儒所以不合於道者，茫然莫知所謂。然則彼以漢學自鳴，非師古也，師心而已矣。……非好學也，好異而已矣。……泯泯棼棼，學術壞而人心風俗隨之。」〔註238〕劉蓉曾因曾國藩「每談經，亦好舉漢學家言」對曾國藩進行勸誡，謂「漢人以專門名家，學者篤守師說，不相通曉，雖其道已隘，不盡當於經旨，經旨固在也。近日所謂漢學乃專以私意穿鑿，刺取訓詁以就己說，而經乃亡矣。」對於這種說法，曾國藩「亦然之。」〔註239〕劉蓉還從學術的功用性角度崇宋貶漢，認為義理之學高明廣大，「其高可至於聖賢，最下亦不失為善人君子」，漢學家專事考據而「不惟正鵠之求，則且彎弓終日而莫知的之所向，況望其有一中之得哉？」〔註240〕湘軍人物中對漢學態度最為激烈的是左宗棠，他說：「聲音訓詁校讎之習盛，士競時局，逐聲氣，以搏擊儒先為能，放言無忌，釀成今日犯上作亂之禍。」〔註241〕認為正是漢學以疑經考據為名，憑私意搏擊先儒，蔑視權威，從而導致了思想上的混亂，最終釀成了慘絕人寰的動亂。對於這種過於偏狹的觀點，曾國藩曾經進行了批駁和糾正。

　　此外，湘系理學經世派人士中多有對科舉之業、記誦詞章之學之批判，對於諸子之學及佛老亦有持否定態度者。認為道學失傳，學統失緒，在於「管、

〔註236〕劉蓉，覆曾滌生侍講書；養晦堂文集：詩文集卷4；劉蓉集：第2冊，長沙：嶽麓書社，2008：88。

〔註237〕方宗誠，柏堂集後編：卷3；柏堂遺書：第59冊，光緒七年刻本。

〔註238〕錢基博，近百年湖南學風，北京：中國人民大學出版社，2004：49～51。

〔註239〕劉蓉，曾太傅輓歌百首；養晦堂文詩集：詩集：卷2，朱漢民，丁平一，湘軍：第3冊，北京：社會科學文獻出版社，2013：181。

〔註240〕劉蓉，與曾子植書；養晦堂文集：卷4；劉蓉集：第2冊，長沙：嶽麓書社，2008：96。

〔註241〕左宗棠，馬徵君遺集序；左宗棠全集：文集，長沙：嶽麓書社，1987：251。

商之功利，佛、老之虛無，俗學之訓詁、詞章，陸王之陽儒陰釋又從而搖之，亂之，阻抑之，陷溺之。」〔註242〕羅澤南批評科舉之業曰：「所學非所用，所用非所學，平日之所極力求工者，至此皆一無所濟。是以天下之學術，日見其壞亂。」〔註243〕「記誦之學以徇外誇功為務，而不體之於身心，實一無所覺也；詞章之流，鋪陳古人之精粕，而遺至道之精微，是於夢中說夢也。」〔註244〕他認為佛道之說「寂滅清淨亂正道也，遺君棄親畔人倫也，鰥居寡處絕生機也，佛閣道院竭財力也」，〔註245〕於人於己於國無益。羅澤南羅列了種種異端，或尚詞章務記誦，學風誇詐機變，或急功利，無遠大規模，或崇尚虛無，厭棄禮法，棄置人倫，或言頓悟、言心宗，不事下學，凡此種種，一概斥之為「俗學」。「其心愈私，其性愈漓；其說愈高，其教愈壞。學術既壞，世運隨之。生民之禍，遂有不可勝詰者矣。」〔註246〕在諸子學批判方面，劉蓉認為其弊在於「各以其意為說，而不根無識，似是而非之論，譁然爭鳴，紛紛與六籍相亂。」〔註247〕

　　湘軍人物辯學之功著力甚巨，在學理上亦能言之有據，如劉蓉對漢學末流的評斷，羅澤南繼朱熹批駁陸學之後，對自明以來三百餘年居於重要影響地位的陽明之學進行系統批判，都有一定的學術意義。其辯學的動機，主要還是出於對「學術之不正」的擔憂，辨正學術，主要還不是爭論學術的真理性，而是以決絕的態度輔翼名教，樹立經世活動的大本大源。正如羅澤南所言：「楊墨之道不熄，孔子之道不著，孔子之道不著，佛老之害不止。」〔註248〕湘軍人物的辯學活動，與曾國藩等匯通觀沒有根本性的衝突，而是一個事物的兩端。如劉蓉以醇儒自高，但一旦涉及軍政事務，反而力主曾國藩採用治軍連

〔註242〕羅澤南，健庵說；羅忠節公遺集：卷5；羅澤南集，長沙：嶽麓書社，2010：85。

〔註243〕羅澤南，答劉克庵書；羅忠節公遺集：卷6；羅澤南集，長沙：嶽麓書社，2010：101。

〔註244〕羅澤南，人極衍義；羅澤南集，長沙：嶽麓書社，2010：205。

〔註245〕羅澤南，人極衍義；羅澤南集，長沙：嶽麓書社，2010：205。

〔註246〕羅澤南，覺夢軒記；羅忠節公遺集：卷5；羅澤南集，長沙：嶽麓書社，2010：76。

〔註247〕陸寶千，劉蓉年譜，臺北：中央研究院近代史研究所專刊（40），1979：62。

〔註248〕羅澤南，羅忠節公遺集：卷3：論：仙佛，朱漢民，丁平一，湘軍：第3冊，42。

坐之法，主動勸誡不可忽視「功名之士」的利益訴求，要以實際利益張大規模，反對只講道德的迂腐之舉。

二、審視和確立了事功理學的標準與尺度

理學經世派與功利派的本質區別在於，他們推崇的經世事業必須以義理為本，強調事功本於學術，反對惟功利主義。這一思想在多數湘軍人物中，是一以貫之的。

事實上，儒學的價值觀，始終沒有完全建立起概念完備，且系統而明確的體系。不同派別，甚至同一儒學學派中，有關闡述也存在模棱含糊的一面。章太炎認為「用儒家之理想，故宗旨多在可否之間，議論止於函胡之地」。〔註249〕而這種風格在湘軍人物之中卻比較罕見。他們的政治學術觀點，多較直白分明。反映在湖湘理學評判事功價值方面，就是以清晰的理學視角構建事功的道德人倫標準。

（一）突出了義理的核心地位

湖湘理學歷來就有體用兼尚的傳統，而偏重義理之體。胡宏言「欲撥亂興治者，當正大綱。知大綱，然後本可正而末可定。大綱不知，雖或善於條目，有一時之功，終必於大綱不正之處無定體，各隨其時。」〔註250〕作為理學信徒，羅澤南說：「名士不本於性天，終為六朝之放誕；經濟不原於道德，即是五伯之雜圖。」〔註251〕「道德囿於功名，其道德不宏。功名出於道德，其功名乃大。」〔註252〕「天子有道，封建亦治，郡縣亦治，天子無道，封建亦亂，郡縣亦亂。」〔註253〕可見他們對道德義理的關注超過了制度和其他方面。羅澤南更提出，事功之道，必先端正心術，克勤小物，從卑小處入手，勿求速效，「王道自古無近功。」〔註254〕這都是典型的理學思維。

羅門一系，正是秉持其開闢的「明體」而「達用」、「本深」而後「末茂」

〔註249〕章太炎，諸子學略說，桂林，廣西師範大學出版社，2010：7。
〔註250〕胡宏，知言：卷3；胡宏著作兩種，長沙：嶽麓書社，2008：25。
〔註251〕羅澤南，與譚研農書；羅忠節公遺集：卷6；羅澤南集，長沙：嶽麓書社，2010：92。
〔註252〕羅澤南，覆某友書；羅澤南遺集；卷6；羅澤南集，長沙：嶽麓書社，2010：99。
〔註253〕羅澤南，人極衍義；羅澤南集，長沙：嶽麓書社，2010：187。
〔註254〕羅澤南，羅忠節公遺集：卷2：詩：軍中草：行路吟，朱漢民，丁平一，湘軍：第3冊，北京：社會科學文獻出版社，2013：39。

的思想傳統，不棄「體」而言「用」，故能投身艱難，百折不回，殞身不懼。王鑫甚至提出「功名粗跡不足論，學術之辯不敢不精。」〔註255〕表達了對「道體」認同的高度自覺和敬畏。曾國藩贊羅澤南「屢建大勳。朝野歎仰，以為名將，而不知其平生志事裕於學者久矣。」〔註256〕劉蓉為文祭羅澤南：「蓋其郁諸性分者，自有真契，而發諸事業者，特其餘緒。」〔註257〕一切事功，都是理學義理的餘波。左宗棠指出，如果拋棄義理而「尚考證、訓詁、書數之學，以窺隙攻難為功」，必然導致「嘗以利害細故，頹亂而無所守」。〔註258〕劉蓉認為讀書經世一旦失去價值引導，「於治亂之本原無所見，風教之傾危無所持，是猶迂闊之論，影響之談，尤陋也。」〔註259〕他反對士子疏於經術，無所憑依的經驗主義做法，「奉法律為詩書，積閱歷為學問。其弊也，事求可，功求成，懷苟且之心，而圖旦夕之效。」〔註260〕劉蓉主張經世必讀書擴識，體精用宏：「靜其心以察天下之變，精其心以窮天下之理，息其心以驗消長之機。……體之精，故用之宏。積之厚，故流之光。由是充之以學，養之以氣，濟之以才，根之於經以正其源，酌之於史以盡其變，參之於諸子百家以定其是非，夫而後其功可程，其旨粗備。」〔註261〕羅澤南也說急小利，圖近功，「每至坐實機會，不能成王業於天下，……惟道德之儒，本原素裕，時有可為，不難返運會於皇初；勢有可憑，不難沛仁義於海內。」〔註262〕

　　湘軍人物強調義理與事功同時著力，學問功業相互促進，而必以道德人格為基石。「功業者，學問之所見端；學問者，功業之所從出。不本之學問，不謂之功業；不發為功業，亦不謂之學問。」〔註263〕這一將價值判斷與功利判斷相結合，並以價值判斷為終極目標的思想，對湘軍集團經世活動影響深遠。

〔註255〕王鑫，王壯武公遺集：日記：咸豐丙辰日記上：三月十二日，朱漢民，丁平一，湘軍：第7冊，12。

〔註256〕曾國藩，羅忠節公神道碑銘，朱漢民，丁平一，湘軍：第9冊，245。

〔註257〕劉蓉，祭羅忠節公文，養晦堂文集：卷9；陸寶千，劉蓉年譜，臺北：中央研究院近代史研究所專刊（40），1979：107。

〔註258〕左宗棠，陶文毅公節書馮定遠〈雜錄〉跋後；左宗棠全集：詩文家書，長沙：嶽麓書社，1987：278。

〔註259〕陸寶千，劉蓉年譜，臺北：中央研究院近代史研究所專刊（40），1979：15。

〔註260〕陸寶千，劉蓉年譜，臺北：中央研究院近代史研究所專刊（40），1979：71。

〔註261〕陸寶千，劉蓉年譜，臺北：中央研究院近代史研究所專刊（40），1979：15。

〔註262〕羅澤南，讀孟子箚記：卷1；羅澤南集，長沙：嶽麓書社，2010：283。

〔註263〕朱洪章，從戎紀略，朱漢民，丁平一，湘軍：第1冊，北京：社會科學文獻出版社，2013：611。

正因如此，湘軍人物多能從大局和終極目標出發，不追求一時一事之功；因為注重義理，不憑血氣之勇，而求義理之安，其所立事功多故能行穩致遠，少有流弊。

（二）由義理引入格物之實

章太炎把理分為兩種：一為心性玄理，一為隸政物理，前者屬排遣名相，後者屬分析名相。王先謙論學問之病曰：「竊謂中國學人大病，在一空字。理學興，則捨程朱而趨陸王，以程朱務實也。漢學興，則詆漢而尊宋，以漢學苦人也。新學興，又斥西而守中，以西學尤繁重也。……言滿天下，而無實以繼之。」〔註264〕而湘系理學家則少有此中弊病，「理學家之精神，專注於內，事事求其至當不易。」〔註265〕在義理演繹方面，走的是分析名相的路子，以補義理空疏之蔽。

劉蓉早年覆書曾國藩言：「道之浩浩，非識量閎深者，不能窺其大而規其全，而非實有體察之功，亦無由達其微而致其精。」〔註266〕曾國藩也說：「古之成大事者，規模遠大與綜理密微，二者缺一不可。」〔註267〕羅澤南認為「捨日用事物之端，而求道於荒茫微渺之域，無怪其不知道也已。」〔註268〕郭嵩燾強調「聖人盡性以盡人物之性，」最終落腳點在於「統於明德、新民二者」，這才是「其道一裕之學」。〔註269〕都表現出不離物言道，不廢器為理，將義理之精與格物之實緊密聯繫的「致廣大而盡精微」思想。

在格物經世的具體路徑上，湘軍人物本於道，發於幾，入於微，提供了一套較為可行的哲學方法論。曾國藩訓「幾」曰：「幾者動之微，吉之先見者也。」〔註270〕如何把握和利用「幾」，湘軍人物提出的方法是「以誠」。「天下事無論大小，只是一個幾。得幾者勢如破竹，不得幾則寸寸扺梧，事劵而功不能半。……誠者本體，神者作用，幾者作用微妙之發端也。……然幾之失，大抵

〔註264〕 王先謙，覆畢永年；虛受堂書札；葵園四種，長沙：嶽麓書社，1986：862～863。
〔註265〕 呂思勉，理學綱要，北京：東方出版社，2012：117。
〔註266〕 陸寶千，劉蓉年譜，臺北：中央研究院近代史研究所專刊（40），1979：69。
〔註267〕 曾國藩，致沅弟（咸豐七年十月初四）；曾國藩全集：第20冊，長沙：嶽麓書社，2011：308。
〔註268〕 羅澤南，羅忠節公遺集：卷3：論：道德，朱漢民，丁平一，湘軍：第3冊，43。
〔註269〕 郭嵩燾，郭嵩燾詩文集，長沙：嶽麓書社，1984：24。
〔註270〕 曾國藩，勸誡委員四條；曾文正公全集：詩文：雜著：卷3，朱漢民，丁平一，湘軍：第3冊，89～90。

由於一念之私。或蔽而不見，或見及之而不能決，皆此一私之縈繞也。故審幾者，尤以誠為本。」〔註271〕湘軍人物的經世成效，可用「拙誠」二字概括。正如郭崑燾所論：「湘鄉（曾國藩）處事多拙。」〔註272〕拙者，不求速效，不取機巧，謀定而動，察幾而行；誠者，處事以敬，待人以誠，不為局外吶喊議論，遇事不避利害，當先躬身入局。

三、以學術效驗為理學正名

自明末以來，理學、心學受到強烈抨擊，主要在於其社會功用層面的虛弱乏力。宋儒本注重體用二端，但實際上偏重心性之學，缺乏對社會實踐的關注，往往顯不出功用效驗，故為歷代有識之士所抨擊。顏元批宋儒：「只懸空間說，不向實處看。……輒敢藐視漢唐，大言道統。」〔註273〕近代廖平也說，宋儒「與聖人之道不惟霄壤，並且反道而馳，高談性命，合黃冠緇流別成一空疏無用之學派。」〔註274〕此類議論，不為無據，眾口鑠金，往往置理學於無用之地，甚至對理學家的人格和行事能力產生了根本性懷疑。

清中葉「棄宋返漢」成為風氣，「士大夫皆不尚友宋儒，雖江浙文士之藪，其仕朝者無一人以理學著」〔註275〕「談義理者笑為道學，守防檢者目為迂腐，」〔註276〕甚至「一聞道學之名，例以為迂，訕笑詆謗，無所不至。」〔註277〕「今人一言聖學，動輒驚疑」。〔註278〕「世俗之見，動謂儒術迂疏，不能切時勢者」。〔註279〕湖湘今文經學家魏源也質疑理學「腐儒之無用亦同於異端。……釋老不可治天下國家矣，心性迂談可治天下乎？」〔註280〕咸豐帝也質問「何以學程朱者多迂拘？」〔註281〕這些都充分證明，理學作為當時名

〔註271〕郭嵩燾，郭嵩燾日記：第1冊，長沙：湖南人民出版社，1980：351～352。
〔註272〕郭崑燾，覆左季高宮保（三）；雲臥山莊尺牘：卷5，朱漢民，丁平一，湘軍：第6冊，706。
〔註273〕顏元，朱子語類評；李紀祥，明末清初儒學之發展，臺北：文津出版社，1992：367。
〔註274〕廖平，公羊補正：卷9，53。
〔註275〕昭槤，嘯亭雜錄，北京：中華書局，1980：318。
〔註276〕賀熙齡，寒香館文鈔：卷1：訓士文，朱漢民，丁平一，湘軍：第3冊，北京：社會科學文獻出版社，2013：11。
〔註277〕賀瑞麟，與焦雨田邑侯書，清麓文集，卷9。
〔註278〕羅澤南，羅忠節公遺集：卷3：論：學問，朱漢民，丁平一，湘軍：第3冊，44。
〔註279〕羅澤南，讀孟子箚記：卷1；羅澤南集，長沙：嶽麓書社，2010：283。
〔註280〕魏源，默觚；治篇一，魏源全集：第13冊，長沙：嶽麓書社，2009：33。
〔註281〕吳廷棟，召見恭記；拙修集：卷1，清同治十年（1871）六安求我齋刊本，4。

義上的主流意識形態，正接受著前所未有的合法性壓力。

為解答對理學乃至儒學價值的質疑，重新確立理學的信仰地位，晚清理學各派，都站在各自的視角為理學進行了辯解。這種為理學正名的行為，主要表現在兩個方面：一是從事學理上探求，通過學術重心的轉移，發掘理學的經世理念和方法，賦予其更多的實用性價值；二是從事功上進行創建，通過理學指導下的軍事行政活動功效恢復理學的地位。這兩點上，湘軍經世派都與有功焉。

世變之亟，急需理論上的開拓與指導。而理學本身在義理—格物，內聖—外王上的相對圓融，較之漢學、心學都更適應當時特定的歷史文化環境。在學理上的「衛道」，首先是從重新發掘理學內涵中的社會價值開始的。吳廷棟說：「程朱以明德為體，新民為用，乃由體達用之學。」〔註282〕曾國藩好友歐陽兆熊認為「理學亦何可厚非，惟真偽不可不辨。」〔註283〕劉蓉分析，理學衰敗的原因在於理學後學之鄙陋。「而後之學朱子者，但守心性理氣之辨，《太極》《西銘》之說，閉門獨坐，泥塑木雕。一涉仕途。便無措手，⋯⋯此智略之士，睨視竊笑，以道學為廢物也。」〔註284〕「不深求其旨，徒以供口耳之資，顯貴之具。一旦膺社稷蒼生之重，何以為治？」〔註285〕他從理學本義出發，肯定理學有洞達世務、體用兼備的價值。「夫聖賢之書，衣被後人，自修身齊家以至治國平天下之道莫不畢具」〔註286〕「不知周程朱張數先生，莫不洞達世務，體用兼賅。既躬豪傑之資，而所學所養，又能充實光輝，含宏博大」。〔註287〕劉蓉的嶽麓友人彭竹溪致書謂：「古來譚理學者，每遇變事之來，反多拘而鮮通」，認為這是「窮理而不征諸事之過」。劉蓉高度贊同並作了進一步闡述：「善窮理者，未有不征諸事者也。⋯⋯言理而不征諸事，特佛氏之妄談耳。論事而不根諸理，則所謂事者，亦管商之雜術也。」認為「言

〔註282〕吳廷棟，召見恭記；拙修集：卷1，清同治十年（1871）六安求我齋刊本，4。

〔註283〕歐陽兆熊，金安青，羅忠節軼事；水窗春囈，朱漢民，丁平一，湘軍：第8冊，540。

〔註284〕錢基博，近百年湖南學風（含經學通志），北京：中國人民大學出版社，2004：50。

〔註285〕劉蓉，孟子文選序；養晦堂文詩集：文集：卷2，朱漢民，丁平一，湘軍：第3冊，160。

〔註286〕劉蓉，孟子文選序；養晦堂文詩集：文集卷2，朱漢民，丁平一，湘軍：第3冊，北京：社會科學文獻出版社，2013：160。

〔註287〕陸寶千，劉蓉年譜，臺北：中央研究院近代史研究所專刊（40），1979：183。

理而實未嘗窮理，拘而鮮通，固其宜也。亦何足為理學者病哉。」這是沒有很好地踐行理學的要求所致，並非理學之過。而一旦「積累既多，表裏精粗，無不洞徹吾心。故遇事變之來，從容就理，無所處而不得其當。是則窮理之學，正所以破拘攣之見，盡變通之妙也。」〔註288〕從學理上論證了宋儒窮理之學與經世事功並不相悖，反而對其大有益處。

事實上，儒學一直以來，不僅追求形而上的理論知識，更關注社會實踐價值，本質上是一種向世的學術。儒學的功用性，很大程度取決於統治者的採擇倡導和士林風氣等諸多因素，往往不是儒學自身所能決定的。儒學理想的沒落，或者與一定時期儒學演變發展中的傾向性及自身弱點有關，但也不能簡單地歸因於一種學派思想本身的優劣。正如後來譚嗣同所指出的，「奈何詆儒術之無用乎？今日所用，特非儒術耳。」〔註289〕

晚清湘軍集團懲明末士子之失，受政治文化危機的強烈刺激，遂躬身入局，發憤而為，將儒學經世推向了歷史上新的高度。羅澤南說「世俗之見，動謂儒術迂疏，不能切實事以立論。予謂善用時勢者，莫如真儒之經濟也。」〔註290〕王鑫曾稟請「許鑫添勇三千，先掃清江右之匪，籍以解書生迂直無用之嘲，以慰我亡友亡勇於九原。」〔註291〕正如羅澤南所說「平日讀書窮理，探四子之精微，闡五經之奧義，擴其見識，端其身心，儲其經濟，裕其謀猷，以為天下國家用」，〔註292〕「若徒誦於口耳，而不先以躬行，是無源之水，必不能放乎四海；是無根之木，必不能榮其枝葉也。」〔註293〕湘軍以義理之學發為事功，以一己之力撐持半壁江山，武功外悠至極邊絕域，同時對舊有政治軍事制度進行積極改創，規模宏遠，功效昭彰，極大地豐富擴充了儒學的踐履範疇。

〔註288〕陸寶千，劉蓉年譜，臺北：中央研究院近代史研究所專刊（40），1979：24。

〔註289〕譚嗣同，報貝元徵；譚嗣同全集，北京：中華書局，1998：200。

〔註290〕羅澤南，公孫上；讀孟子箚記：卷1；羅澤南集，長沙：嶽麓書社，2010：283。

〔註291〕王鑫，覆曾滌生侍郎（三年八月二十四日）；王壯武公遺集：卷8：書札1，朱漢民，丁平一，湘軍：第6冊，468。

〔註292〕羅澤南，答劉克庵書；羅忠節公遺集：卷6；羅澤南集，長沙：嶽麓書社，2010：101。

〔註293〕羅澤南，與譚硯農書；羅忠節公遺集：卷6；羅澤南集，長沙：嶽麓書社，2010：92。

四、重建儒學人文信仰的努力

湘軍人物對理學沉潛有年，著意於復興理學，重建儒學的人文信仰，以期改良世俗人心，傳承聖學之道，表達出強烈的理學文化關懷。

（一）高度肯定理學的終極價值

在湘系經世派的信仰譜系中，理學思想具有不言而喻的真理性，「歎民情之易與，而信王道之可行」，〔註294〕無論修身求治，均以理學為最高指導。湘軍人物推崇的理學，向內修身治心，追求圓滿澄澈，不入流俗；向外追求外王達道，以理為治，不涉迂謹。

羅澤南強調「天不生尼父，萬古曚其視。天不生紫陽，百代聾其耳。」〔註295〕「《六經》先儒之書，載義理之精微，發性道之蘊奧，誠為萬古之長炬，……無不因前聖之所言，以驗夫吾心之所有。天人之界，審之分明；善惡之幾，析之毫髮，始可以入德而不惑矣。」學者之務，在於「惟究其理之所當然，後辨其理之所以然。」〔註296〕他還充分肯定宋儒「發堯舜之薪傳，續孔孟之微脈，聖賢之道，益以大明於天下」的功績，認為「後有作者，讀其詩書，考其緒論，身體而力行之，可無餘事矣。」〔註297〕恢復理學信仰，在於賡續前賢，身體力行，不必歧路別求。

劉蓉在答郭嵩燾信中表明自己講明正學，德業並舉的志向：「吾儒立身，期乎其大者，苟正學不講，德業無聞，……上之不能致吾君堯舜之治，下之不能儕吾身孔孟之庭，苦心孤詣，勤一世精力以為之，不過供藝林鑒賞已耳，嘗何興於有亡之數哉。」學者當「竊伊洛之源，探洙泗之奧，優而遊之，身體而力行之。使天下後世稱之曰，楚有人焉，周濂溪光風霽月之品，於今未墜。」〔註298〕表達了以楚人之力，賡續理學傳統的信念與決心。

湘軍人物將理學作為安頓身心，實現自我精神超越，克服欲念物慾，無欲、無惑、無懼而入德化之境的重要手段。郭嵩燾認為「君子之學自遠流俗

〔註294〕王鑫，覆劉霞仙先生（七年三月二十八日）；王壯武公遺集：卷12：書札6，朱漢民，丁平一，湘軍：第6冊，561。

〔註295〕羅澤南，石鼓書院懷朱子；羅忠節公遺集：卷2：詩：軍中草，朱漢民，丁平一，湘軍：第3冊，北京：社會科學文獻出版社，2013：33。

〔註296〕羅澤南，羅忠節公遺集：卷3：論，朱漢民，丁平一，湘軍：第3冊，44。

〔註297〕羅澤南，羅忠節公遺集：卷3：論，朱漢民，丁平一，湘軍：第3冊，43～44。

〔註298〕陸寶千，劉蓉年譜，臺北：中央研究院近代史研究所專刊（40），1979：23。

始。……君子之遠流俗，學識而已矣，非立異以求遠於人也。」〔註299〕郭崑燾亦言「故為學，必洗淨俗見，然後可以入道。從古聖賢豪傑，未有不屏除鄙俗而可成事功者。」〔註300〕曾國藩說：「切於吾身心不可造次離者，則莫急於義理之學。」〔註301〕「奉方寸如嚴師，畏天理如刑罰，庶幾刻刻敬憚」〔註302〕的理學信仰，讓湘軍人物獲得了脫離鄙俗，昇華精神的思想寄託與動力，使他們立志於以個人的道德表現彰顯理學的價值。

（二）對士風流俗的批判與扭轉

　　湘軍人物認為學術關乎風俗，學術正則風俗醇。通過身體力行振刷風氣，引領士風，樹立和踐行理學原則，成為湘軍人物的共識。把表率群倫，風動士林的主導權寄託於忠義之士，希望他們一旦得位行事，實現儒家的政治理想。從而激發了儒學內部運動之機括，使得邊緣化的湖湘理學向政治中心邁進。

　　湘系經世派認為社會動亂源於道之窒塞。「德有盛衰，天下隨之以治亂。」〔註303〕「三代以還，至教充塞，物慾紛熾，邪說流行，……先王之道愈蝕愈晦。」〔註304〕而士林風氣頹敗，「士大夫狃於晏安，循故趨，蹈常轍，不為經世有用之學久矣。……人才日衰而政綱不舉，流弊滋紛，非一朝一夕之故矣。」〔註305〕士子「以名節忠義為粗跡而不事躬行，以詩書禮樂為陳編而無庸誦法。私意既盛，詭道相蒙」。〔註306〕

　　更為嚴重的是，士大夫溺於流俗，喪盡廉恥，「以不恤國事，同俗自媚於眾為善。草茅談道藝者，一切惟功利是趨。」〔註307〕「羞惡不生於心，安危

〔註299〕郭嵩燾，郭嵩燾日記：咸豐十一年十月初八日，朱漢民，丁平一，湘軍：第7冊，237。

〔註300〕郭崑燾，示兒子慶藩貼；雲臥山莊家訓：家訓卷下，朱漢民，丁平一，湘軍：第3冊，258。

〔註301〕曾國藩全集：詩文，長沙：嶽麓書社，1995：443。

〔註302〕曾國藩，覆李希庵中丞；梁啟超輯，唐浩明點評，曾國藩嘉言鈔，長沙：嶽麓書社，2007：42。

〔註303〕郭嵩燾，郭嵩燾日記：第3冊，長沙：湖南人民出版社，1982：548。

〔註304〕陸寶千，劉蓉年譜，臺北：中央研究院近代史研究所專刊（40），1979：71。

〔註305〕羅澤南，人極衍義；羅澤南集，長沙：嶽麓書社，2010：205。

〔註306〕劉蓉，養晦堂文詩集，近代中國史料從刊第39輯，臺北：文海出版社印行，1969：279。

〔註307〕方宗誠，柏堂師友言行記：卷2，朱漢民，丁平一，湘軍：第8冊，北京：社會科學文獻出版社，2013：493。

不關其意，躬市井之行，充然無復廉恥之色。」因而「能不以敦士行、明學術二者為當務之急乎。」〔註308〕

作為理學價值的堅守者，湘軍人物高度重視以誠正風動士林，端正學風，以為社會改造之根本。曾國藩在給胡林翼信中說：「若能引出一班正人，倡成一時風氣，則侍與公藉以報國者也。」〔註309〕著意於「得一二樸誠之士，加意敬禮，樹之風聲，以藥屠偽之習，而懲猜忌之俗」。〔註310〕「有一二人好學，則數輩皆思力追先哲；有一二人好仁，則數輩皆思康濟斯民。倡者啟其緒，和者衍其波；倡者可傳諸同志，和者又可植諸無窮；倡者如有本之泉放乎川瀆，和者如支河溝治交匯旁流。先覺後覺，互相勸誘，譬之大水小水，互相灌注。」〔註311〕羅澤南指出，應「拔本塞源，共正天下之學術。學術正，則禍亂有不難削平者，非徒恃乎征戰已也。」〔註312〕

羅澤南等通過「立人極」的概念，表達了自己對人倫秩序、士子品格的期待。「士之所以貴者，以其能守綱植紀，由義居仁，處則以道善其身而為醇儒，出則以道濟天下而為王佐耳。」〔註313〕他認為理學之用，在於「敦我天倫，植我天紀，序我天秩，復我天常」，反對「隳名教，壞綱常，毀忠信，崇奸宄。」〔註314〕劉蓉明確提出「明學術以修治法」，強調心術、治術兼修的一貫之道。「迄於有明，學者浸失其旨，其曰性曰命曰太極者，往往淪於空虛元妙之歸，而無預於人生日用之故；後之矯其失者，又欲一切置之而但以博學行己為訓，又未免滯於行器事為之末，而不達夫天命降衷之源。二者既各倚於一偏，而於學術精微之蘊，政治教化之末，亦往往不能究其端委，而深求其所以然。此道之所以不明不行，而人極之所以不立也。」〔註315〕

曾、胡、羅等湘軍人物鑒於士子汲汲於利祿之途，機巧百出的現狀，不僅

〔註308〕劉蓉，贈賀角生序；養晦堂文集：卷 2；陸寶千，劉蓉年譜，臺北：中央研究院近代史研究所專刊（40），1979：313～314。

〔註309〕曾國藩全集，長沙：嶽麓書社，1995：1538。

〔註310〕方宗誠，柏堂師友言行記：卷 2，朱漢民，丁平一，湘軍：第 8 冊，北京：社會科學文獻出版社，2013：494。

〔註311〕曾國藩，勸學篇示直隸士子；曾文正公全集：詩文：雜著：卷 4，朱漢民，丁平一，湘軍：第 3 冊，103。

〔註312〕羅澤南，小學韻語敘，光緒五年江蘇書局重刊。

〔註313〕羅澤南，羅忠節公遺集：卷 3：論：文章，朱漢民，丁平一，湘軍：第 3 冊，45。

〔註314〕羅澤南，羅忠節公遺集：卷 3：論：道德，朱漢民，丁平一，湘軍：第 3 冊，43～44。

〔註315〕陸寶千，劉蓉年譜，臺北：中央研究院近代史研究所專刊（40），1979：58～59。

提出「天下之亂，巧所致也，惟愚可以已之。」〔註316〕而且在人才培育和使用上堅持原則，對浮華者一概摒棄。羅澤南也說「吾輩作人，要學得受苦，多受得一日苦，即多留得一日福。」「人當富貴時，家中常不失寒素風味，乃能載福。」「官不要日日想大，家不要日日想富，做人則須要日日想好。」〔註317〕

在具體方法上，曾國藩提出以義理為先，先立志，後察識的訓士之法。「今與直隸多士約：以義理之學為先，以立志為本，……洗除舊日晻昧卑污之見，矯然直趨廣大光明之域。……志既定矣，然後取程朱所謂居敬窮理、力行成物云者，精研而實體之。」〔註318〕「士人第一要有志，第二要有識，第三要有恆。有志則不甘為下流；有識則學問無盡，不敢以一得自足；有恆則斷無不成之事；三者缺一不可。」〔註319〕

湘軍人物在揮軍作戰之暇，仍不忘宣講義理，訓導士紳。王鑫在行軍作戰之時，就曾聚集士紳，「指志上『理學』、『忠孝』、『節義』目錄示之，曰：『爾輩今日尚知有此六字乎？堯舜人皆可為，特患志不立耳。』」〔註320〕「爾紳士均係讀書人，亦知讀書果何為乎？無非講明義理，力體諸身，而推己及人也。」〔註321〕

在湘軍人物的倡導踐行下，晚清咸同時期士風有一定程度改觀，理學思想也受到朝野的重新關注和肯定。尤其在湘軍集團內部和外圍，篤實誠正的風氣一度基本佔據了主導地位。黎庶昌在《庸庵文編序》中評價說：「湘鄉曾文正公始起而正之，以躬行為天下先，以講求有用之學為僚友勸。士從而與之遊，稍稍得聞往聖昔賢修己治人平天下之大旨。而其幕府辟召，皆極一時英雋，朝夕論思，久之窺其本末，推闡智慮，各自發擴，風氣至為一變。」〔註322〕

〔註316〕王鑫，王壯武公遺集：日記：咸豐丙辰日記下：七月十五日，朱漢民，丁平一，湘軍：第7冊，71。

〔註317〕郭嵩燾，郭嵩燾日記：咸豐十一年三月廿二日，朱漢民，丁平一，湘軍：第7冊，233。

〔註318〕曾國藩，勸學篇示直隸士子；曾文正公全集：詩文：雜著：卷4，朱漢民，丁平一，湘軍：第3冊，103。

〔註319〕梁啟超輯，唐浩明點評，曾國藩嘉言鈔，長沙：嶽麓書社，2007：64。

〔註320〕王鑫，王壯武公遺集：日記：咸豐丙辰日記下．七月十五日，朱漢民，丁平一，湘軍：第7冊，北京：社會科學文獻出版社，2013：71。

〔註321〕王鑫，團練說；王壯武公遺集：卷24：雜著，朱漢民，丁平一，湘軍：第3冊，146。

〔註322〕黎庶昌，庸庵文編序，沈雲龍主編，近代中國史料叢刊95輯，臺北：文海出版社，1。

（三）對理學學理的精研篤行

湘軍人物強調博文熙洽，精研覃思，勤學苦修，且多屬踐履之士，不純以教化之儒自居，表現出辨別學理真偽和追求德業節操的強烈信仰。這種銖積寸累、驗諸實行，不輕於立言，不急於經世的態度，對晚清理學人士多有啟迪和影響。

胡林翼在軍，「治經史有常課，仿顧亭林讀書法，使人雜誦，以己聽之，日講《通鑑》二十葉，四子書十葉，事繁則半之，而於《論語》尤十反不厭。……迨病至廢食，猶於風雪中講肄不少休。」〔註323〕郭嵩燾自述「於朱子之書，沉潛有年，……學者致知、誠意，極於修身，止矣。」〔註324〕劉蓉亦長期潛心理學，以求積厚而流光，不願輕於一試。王鑫自言：「如大難稍平，決須償十年讀書之志。」〔註325〕彭玉麟「經史子集之書，無不涉獵，而尤好《左傳》、《戰國策》、孫吳諸子、諸葛武（候）〔侯〕、陸宣公集。貧時不能徧治各書，則借鈔友人。嘗謂鈔書一遍，勝於讀書十遍。公顯貴後，手握兵柄，……而不屑以武人自居。」〔註326〕

羅澤南少年時「家酷貧，溺苦於學，夜無油，把卷讀月下，倦即露宿達旦。」〔註327〕「年十九即藉課徒取資自給。喪其母，又喪其兄，旋喪王父，十年之中，連遭期功之戚十有一。……假館四方，窮年汲汲，與其徒講論濂洛關閩之緒，瘏口焦思，大暢厥旨。」〔註328〕錢基博評價羅澤南「居官治軍，粹然儒者，戎馬倉皇，不廢文事。」〔註329〕劉蓉評價他「發憤砥學，以宋程朱氏為歸，立言皆根理，要期於聖賢遺訓有所闡發，蔚然湖湘儒者之魁矣。」〔註330〕總之，從湘軍人物一方面通過匯通學術，創造性地發掘提煉理學經世思想，對固有理學範疇進行了調整和改良；一方面積極適應劇烈

〔註323〕陳康祺，郎潛三筆：卷9，朱漢民，丁平一，湘軍：第8冊，593。

〔註324〕郭嵩燾，郭嵩燾詩文集，長沙：嶽麓書社，1984：24。

〔註325〕王鑫，與文式嚴方伯（七年正月二十三日）；王壯武公遺集：卷13：書札6，朱漢民，丁平一，湘軍：第6冊，549。

〔註326〕楊公道，彭玉麟軼事：刻苦求學之軼事，朱漢民，丁平一，湘軍：第8冊，775。

〔註327〕李元度，羅忠節公事略；國朝先正事略，朱漢民，丁平一，湘軍：第9冊，242。

〔註328〕曾國藩，羅忠節公神道碑銘，朱漢民，丁平一，湘軍：第9冊，246。

〔註329〕錢基博，近百年湖南學風（含經學通志），北京：中國人民大學出版社，2004：38。

〔註330〕劉蓉，羅忠節公四書義序；養晦堂文詩集：文集卷2，朱漢民，丁平一，湘軍：第3冊，161。

變化的政治文化環境，通過躬行實踐，表現出對理學原則前所未有的堅守，竭力維繫行將崩潰的傳統社會。正如鄭焱先生所評價，「湖南理學士人在整個傳統社會呈現衰敗趨勢時，卻頑強地，甚至是固執地極端重視個人的道德節操。」〔註331〕而這種節操的本原，就在於其堅定的理學信仰。湘軍經世人物，至少在傳統理學即將終結的前夜，用學術思想和踐行，為理學思想體系作了一個相對圓滿的補白。

〔註331〕鄭焱，近代湖湘文化概論，長沙：湖南師範大學出版社，1996：45。

第九章　湘軍理學經世的歷史地位

　　湘軍以學問道德發為事功，成為儒學發展史上的一道「奇觀」。理學文化成為湘軍戰鬥力、凝聚力的重要來源。湘軍的成功，開近代「書生典戎」之先河，助推了咸同理學的萃然中興，理學的價值受到前所未有的社會尊崇。咸同湘軍作為一個政治—文化集團，其「以實動名」的崛起之路，在「道統」「學統」與「治統」合一的道路上不懈努力，其創建的政治新秩序成為晚清政局轉捩的重要樞紐，對晚清「國運」產生了深遠的影響。

第一節　晚清理學復興是儒學自身運動的結果

　　在儒學發展史上，晚清理學復興是極具獨特性的一環。其復興的主要動因，來自於儒學對政治社會文化危機的應激反應所造成的儒學內部運動作用；其復興的主要動力，應一定程度歸因於湖湘事功之儒在學術格局上的開拓和軍政事功上的成就；其復興的最終成效，表現在理學「道德效應」和「事功效應」的高度疊加，「內聖」「外王」理想的深度貫通。

一、晚清儒學內部運動與湖湘理學

　　晚清儒學面臨著有史以來最大的政治社會文化危機：龐大的官僚體制沒落衰朽，幾乎喪失了自我革新和對全局的有效把控能力；社會層面階級矛盾、民族矛盾激化，民變迭起，外敵環伺，人心思亂；軍事上八旗、綠營軍制窳敗，兵額虛高，積習難銷，戰鬥力急劇下降；文化方面，理學雖然名義上保留著主流意識形態地位，朝廷仍以「性理」之學取士，但已成沽名釣譽之途，

儒學內部以漢學考據相高，士大夫沉溺章句之學，高勢位的西方文化隨同炮艦強勢侵入……面對「千古未有之變局」，不得不窮而思變。

當朝廷中樞和精英分子對危局在理論上、實踐上應對乏力之時，「治術」的重心轉移就成為了必然選擇。而當時陽明心學沒落已久，實質上居於主流文化地位的乾嘉漢學，由於過於注重典章考據而明顯缺乏實際應世能力。隨著嘉道時理學思潮再度悄然興起，宋儒「修齊治平」的內聖外王之學再度進入了人們的視野。作為一種地域文化的湖湘理學，自南宋開始，就比較注重義理與實務並重，講求「有體有用」之學，多年理學思想的浸潤流佈，在湖湘地區成了崇尚理學的穩定社會心理。湖湘理學因久處邊緣地帶，士紳學人風氣自得，獨立意識較強，多保留質樸剛健之氣，富有積極進取的精神。湘系理學在咸同時期的崛起，一定程度上即原本處於邊緣地位，「風氣獨創」的理學支脈向文化中心反作用運動的結果，也符合了「文質相代」的傳統文化嬗代規律。

晚清湖湘理學在儒學發展史上有著這樣一種獨特的地位，一是「文化內輯，武功外悠」，重新賦予儒學文化剛健的品質，重塑了士大夫人格心性，並與軍事活動相始終；二是注重發掘理學、儒學元典中格物應世的積極因素，將理學由側重心性的內聖之道，引向注重事功的外王之學，實現了理學的正名，助推了咸同理學的萃然中興。

傳統儒學，雖強調「外王」理想，但實踐格局似乎偏小，對王權的依附性過大。最理想的狀態是上干帝王，成為王官之學，謀求得君行道，致君堯舜的理想，走的多是自上而下的經世之路。如其不得，則退而求其次，或得位行權，利用文官制度所賦予個人的權力在有限範圍內推行儒家理想，或退處林下，獨善其身。然而一旦王綱解紐，一般的士子文官，除隨波逐流之外，罕能有所作為，「外王」之道也就流為空談。湘軍理學集團的經世，既繼承了歷代儒學的向世精神和價值傳統，又不同於過來儒家經世常道。他們走的是一條自下而上「立志」「擴識」「存理」「衛道」的革新之路。千百年來，儒家「外王」理想不絕如縷。漢儒董仲舒創立「獨尊儒術」的文化格局，卻不能在治術上有直接作為；東漢黨人標榜清流，卻因缺乏社會根基而禁於黨錮，卒傷國本；宋儒精研義理，創設帝學，推崇名教，卻不能於挽救南宋小朝廷於沉溺暗弱；明儒以氣節相高，心學為尚，或能發為事功，卻不能御流民外寇，終坐視中域胥淪、率獸食人。而晚清理學經世派，起自民間，集義衛道，以拙誠之效，竟致再造之功。從這個角度來說，晚清理學也應是儒學史上最

接近「外王」至高境界的一次大規模經世實踐運動。

咸同湘軍集團的發展和政治功效，離不開它的赫赫軍功，而肇建這一格局的，卻並非武略之將，而是一群服膺理學、殉身衛道的佼佼書生。他們堅定地運用理學原則治軍理政，身膺艱巨，勉而從之，不僅開創了近代「書生典戎」之先河，獨創一代軍制，更是以其能文尚武的精神，對傳統士大夫精神產生了深刻的影響。正如近代軍事思想家蔣方震先生所說：「湘軍，歷史上一奇蹟也。書生用民兵以立武勳，自古以來，未嘗有也。」〔註1〕

（一）正本溯源，在人格上起衰振弊

湘系理學經世派為實現其政治學術理想，不能不寄託於士子階層。而有清二百年後，士風日頹，人心澆漓，導致吏治泄沓，生民離亂。湘軍人物以理學為旗幟，將注重點放到了對士林風氣和士子人格的改造上來。「故為治必先得人，得人必先造士，造士必先正學術。」〔註2〕

傳統道學之弊，在於徒以性理道義相高，而往往缺乏真正踐行道德的真意和勇氣。「常有著書勸世，言之娓娓，及考其所行，則適與相反者多矣。」〔註3〕「有能文之士，攫取巍科，身居顯宦，而其身心愈不可問。」湘籍理學家湯鵬曾經痛陳：「國家得一壞心術的進士，不如得一安分的良民。」〔註4〕曾國藩言「兵不多，餉不足，皆不足慮，惟舉世但知有利而不知有義，人心如此，直是無法可救。」〔註5〕官場上「大率以畏慈為慎，以柔靡為恭。……但求苟安無過，不求振作有為。」〔註6〕湘軍人物認定「方今天下之亂，不在強敵，而在人心。不患愚民之難治，而在士大夫之好利忘義而莫之懲。」〔註7〕

理學人士認為，士風問題最終還是學術問題，必須由一二君子推崇正學，起而矯之，才有徹底變革的希望。如吳廷棟稱：「吏治之壞，人才之衰，積習既深，蔽錮日甚，非大勵廉恥之防，從人心挽回，豈能遽望轉移。推原其故，正由正學不明，而積漸至此也。」〔註8〕他又說：「欲挽回盡人之無恥，必先視

〔註1〕蔣方震，中國五十年來軍事變遷史，申報館，最近之五十年專刊，1923。
〔註2〕李棠階，軍機說帖；李文清公遺書：卷2，26～27。
〔註3〕郭崑燾，示兒子慶藩帖；雲臥山莊家訓：家訓：卷下，朱漢民，丁平一，湘軍：第3冊，北京：社會科學文獻出版社，2013：252。
〔註4〕賀熙齡，訓文優生；寒香館文鈔：卷8，朱漢民，丁平一，湘軍：第3冊，16。
〔註5〕姚永樸，舊聞隨筆：卷3：曾文正公，朱漢民，丁平一，湘軍：第8冊，844。
〔註6〕曾國藩，應詔陳言疏；曾國藩全集：第1冊：奏稿1，長沙：嶽麓書社，2013：5。
〔註7〕曾胡治兵白話句解，濟南，山東書局（改訂版），民國二十一年（1932）：47。
〔註8〕吳廷棟，答宋雪帆閣部書；拙修集：卷8。

乎一二人之有恥。⋯⋯達而在上，權足以有為，則挽回以政教；窮而在下，權不足以有為，則挽回以學術。」〔註9〕

　　湘軍人物與歷代理學家大不同之處，在於不避利害，身體力行，自拔於流俗，追求真道德、真經濟，甚至蹈死不顧，這也是其感召力的根本所在。曾國藩批評一時人才「循循規矩準繩之中，無有敢才智自雄，鋒芒自逞者。⋯⋯將來一有艱拒，國家必有乏才之患。」〔註10〕郭嵩燾說「夫所貴乎豪傑之士者，貴其不同於流俗也。⋯⋯須力除塵俗之見，於《近思錄》、性理諸書，時一玩索，常使天君泰然，不存一毫新奇詭異之見。」〔註11〕胡林翼稱：「近時大局艱難，只求一二有心之士力濟時艱。」〔註12〕

　　湘軍人物出於經世實學的需要，對科舉等俗學進行了深刻批判，認為其消耗心神，造成士子膽氣薄弱，人格趨利庸下。「且人生精力有限，盡用之科名之學，到一旦大事當前，心神耗盡，膽氣薄弱，反不如鄉里粗才，尚能集事，尚有擔當。⋯⋯八股愈做得入格，人才愈見庸下。」〔註13〕湘軍人物主張拋棄玄言虛論、世俗文法，在實際軍事政治活動中彰顯功名，「人不與賢豪爭百年，而乃於俗士爭須臾耶？」〔註14〕

　　在人格養成上，湘軍人物繼承先賢「以聖賢而兼豪傑」的觀念，提出以豪傑之氣補儒學孱弱之不足。「凡見事較人深入數層者為英，任事能較人大數分者為雄。」〔註15〕在志趣才能上，主張學問悠長，經濟宏遠，秉性廉介，蒞事忠誠。在知識結構上，以理學為主導，匯通百家，不廢申韓，以實事呈實功，追求通儒經濟。特別是湘軍之中的有識之士如劉蓉等，還提出了「以利為義」的觀念，主張通過功利導向，聚集天下英才豪士。「今天下禍亂方興，士氣彌儒，⋯⋯濫賞則志士恥與庸豎為濟，而吝賞抑無以係豪傑之心。」反對在道德上以己律人，責人太苛。「以廉自獎，則抑將以廉繩人，而功名之士，

〔註9〕吳廷棟，覆沈舜卿先生書；拙修集：卷8。

〔註10〕曾國藩，應詔陳言疏；曾國藩全集：第1冊：奏稿1，長沙：嶽麓書社，2013：5。

〔註11〕郭嵩燾，示兒子慶藩貼；雲臥山莊家訓：家訓卷下，朱漢民，丁平一，湘軍：第3冊，北京：社會科學文獻出版社，2013：252。

〔註12〕胡林翼，致周樂；胡林翼集：第2冊，長沙：嶽麓書社，1999：171。

〔註13〕左宗棠，與孝威（咸豐十一年）；左宗棠全集：詩文家書，長沙：嶽麓書社；1987：19。

〔註14〕郭嵩燾，示兒子慶藩貼；雲臥山莊家訓：家訓卷下，朱漢民，丁平一，湘軍：第3冊，北京：社會科學文獻出版社，2013：253。

〔註15〕姚永樸，舊聞隨筆：卷3，曾文正公，朱漢民，丁平一，湘軍：第8冊，844。

乃掉臂而去之矣。」因此「廉介之操」可為自待之志而非大臣之道,「非可以泛責之人人者也。」〔註16〕

　　湘軍人物從實際出發,既確立了理學的主導地位,又改造和拓展了傳統儒家道德觀,為其「澄清天下」的事業奠定了最廣泛的人才基礎。史載,因為曾國藩「致力延攬,廣包兼容」,天下才智之士「徒步數千里從公」,「幕府賓寮,尤極一時之盛」。〔註17〕「布衣或起家為布政司,隻身來投,歸資鉅萬,士爭自效。」〔註18〕

（二）取精用弘,在踐履上倔強任事

　　曾國藩對士人之短有著充分而深刻的認識。他說「讀書人之通病,約有二端:一曰,尚文而不尚實;二曰,責人而不責己。尚文之弊,連篇累牘,言之成理;及躬任其事,則忙亂廢弛,毫無條理。責人之弊,則無論何等人,概以高深難幾之道相苛。」〔註19〕為此,湘軍人物提出了極有針對性的改進方案。一是以誠正之學端正士心,格致察物,括識立志,推己及人,求得對事物、事理的客觀認知,培養謙虛紮實、克己容人的作風;二是提倡以禹道任事,質樸耐苦,專主明強,持之以恆,形成百折不撓的辦事風格。這些,都對傳統士子人格缺陷作了重要補白,也是湘軍集體能創立不世功業的重要原因。

　　在晚清政治集團中,湘軍人物總以全副精力立身行事,無論理財選士、創制經世、經武理政,都克厲不休,不為流言物議所滯,以求止於至善。王鑫言「思責無可諉,未敢以自棄者棄人,凡分所當為者,勉而行之,以求盡乎己力之所能至焉,亦庶幾補救於萬一耳。」〔註20〕後人評曾國藩「至兵鋒屢挫,百折不回,成敗利鈍聽於天,生死存亡任之命,僅知為所當為而已。」〔註21〕羅

〔註16〕錢基博,近百年湖南學風導言(含經學通志),北京:中國人民大學出版社,2004;48～49。
〔註17〕薛福成,薛福成選集,上海:上海人民出版社,1987:213～216。
〔註18〕張培仁,王壬秋孝廉;靜娛亭筆記:卷12,朱漢民,丁平一,湘軍:第8冊,828～829。
〔註19〕曾國藩,批受業吳希顏稟就便回籍緣由(咸豐十年九月十五日);曾國藩全集:第13冊:批牘,長沙:嶽麓書社,2013:146。
〔註20〕王鑫,覆劉霞仙先生(七年三月二十八日);王壯武公遺集:卷12:書札6,朱漢民,丁平一,湘軍:第6冊,北京:社會科學文獻出版社,2013:561。
〔註21〕書各省督撫奏陳曾文正公遺事諸疏後;申報第62號(壬申六月初六日),朱漢民,丁平一,湘軍:第8冊,101。

澤南對曾國藩關於注意物議的勸誡不以為然，言：「賊勢猖獗，中原鼎沸，生民困苦，莫可名狀，身在事中者，正宜身自引咎，枕戈嘗膽，日以抒生靈之禍為念。謀之在臧，事雖不濟，此心可以無疚。謀之不臧，即僥倖成功，浪得流俗之美譽，終不能無愧於心。一時之譏刺何定，千秋之公論自存，悠悠之口，又何必遽箝之遽關之也哉。」〔註22〕

湘軍人物殫精竭慮，不計利害，苦心任事。胡林翼自言：「林翼等積年戎帳，精力已頹，若再遲延一二年，英華銷歇，即再欲鞭策，而亦無能為役。匪僅林翼也，如楊厚庵（楊岳斌），年只三十八歲，李希庵（李續宜）年三十七歲，然而頭童齒豁，狀如五六十歲老翁。又如曾滌公，年甫五十，長於林翼一二歲，其精力殆兼一世人，近亦稍稍衰矣。」〔註23〕即使書生氣質極強的李元度「從軍十餘稔，力竭心枯」，母親喻氏七十二歲，苦節半生，「元度自入軍營，常數年不獲歸省。」〔註24〕郭嵩燾友人惲次山評價說：「人言湘人不可用，吾謂使天下皆如湘人之崛強能好事，則天下無事矣。」〔註25〕

（三）激發血性，在氣質上剛健尚武

春秋以降，文武分途，儒家多以文事相尚，武略漸流為粗跡，學人個性遂多趨向文弱。文臣中即使能戰如范仲淹，亦誡張載「儒者自有名教可樂，何事於兵」。〔註26〕正如雷海宗所言「所以此時活動於政治社會的人物，一半流於文弱無恥，一半流於粗暴無狀。兩者各有流弊，都是文化不健全的象徵。」〔註27〕「物質的血氣不足的人，精神的血氣也不易發達。」〔註28〕

延至晚清，承平日久，督撫守吏中能軍者極罕。左宗棠評價說：「浙江軍務之壞，由於歷任督撫全不知兵，……名為節制提鎮，實則營官、哨長亦且呼應不靈，不得其臂指之助」。〔註29〕即使在吏治上亦中心無主，遇事狐疑，少

〔註22〕陸寶千，劉蓉年譜，中央研究院近代史研究所（臺北）專刊（40），1979：97。
〔註23〕胡林翼，致錢江矼；胡林翼集：第2冊，長沙：嶽麓書社，1999：345～346。
〔註24〕劉崐，代奏李元度籲請開缺折；劉中丞奏稿：卷3，朱漢民，丁平一，湘軍：第4冊，372。
〔註25〕郭嵩燾，郭嵩燾日記：同治六年三月初九日，朱漢民，丁平一，湘軍：第7冊，256。
〔註26〕范仲淹全集，成都：四川大學出版社，2003：394。
〔註27〕雷海宗，中國的兵，北京，中華書局，2012：80。
〔註28〕雷海宗，中國的兵，北京，中華書局，2012：80。
〔註29〕左宗棠，遵旨督辦浙江軍務據探省城失守敬陳辦理情形折（咸豐十一年十二月十五日）；左宗棠全集：奏稿第1冊，長沙：嶽麓書社，1987：4。

謀寡斷。湘軍人物認為「晚近吏治，以煦煦為仁，此不學之過也。」他們舉《論語》「惟仁者能好人，能惡人」一語，反對無原則地「為善」，強調以不忍之心而施「除莠安良之實政」。〔註30〕

在湖湘理學的長期薰陶下，湘軍人物內心多懷儒生報國的用世志向，並在心理上、知識上做了比較充分的準備。曾國藩說「莫言儒生終齷齪，萬一稚卵變蛟龍。」〔註31〕「衛青人奴，拜相封侯，身尚貴主，此何等人，又可以尋常行墨困倔奇男子乎？」〔註32〕左宗棠言「書生豈有封侯志，為播天威佐太平」。〔註33〕道咸之交社會矛盾的劇烈刺激，使得湘系經世派紛紛聚集在理學大旗下，「痛天主教之橫行中原，赫然奮怒以衛吾道」。〔註34〕胡林翼亦言：「天下糜爛，豈能安坐而事禮讓？」〔註35〕

湘軍集團成軍後，以理學思想教化浸淫全軍，明恥教戰，激勵戎行，「以文臣而精武略」者不乏其人。曾國藩大量推薦擢拔具有膽識智略的士人從軍理政，「胡林（冀）〔翼〕之撫鄂，左宗棠之撫浙，李鴻章之撫蘇，均立恢復全省之功，皆公之所薦舉。至於提督塔齊布、巡撫江忠源、布政使李續宜、按察使張凱章、道員羅澤南等，均皆屢著奇功，戰陣盡節，亦公所擢用者。其他幕僚、偏裨位至督、撫、提、鎮、司、道、參、遊，著續當時者，幾至車載斗量，不能數計。」〔註36〕

這些書生出身的湘軍將領不僅學問悠長，而且用兵精悍，才幹見識卓絕過人，特別在理學薰陶下表露出臨難不苟和扶危持顛的精神，尤為常人所難及。羅澤南以一介文士效命疆場，為曾、左所倚仗，悍將塔齊布所折服，至因軍功被朝廷授予葉普鏗額巴圖魯（滿語勇士）名號。「巴圖魯號賜神京，伴食軍中浪得名。夾道士民齊拍手，馬頭原是一書生。」〔註37〕左宗棠贊楊岳斌、彭玉麟

〔註30〕郭崑燾，示兒子慶藩貼；雲臥山莊家訓：家訓：卷下，朱漢民，丁平一，湘軍：第3冊，北京：社會科學文獻出版社，2013：258。
〔註31〕曾國藩全集：詩文，長沙：嶽麓書社，1995：48。
〔註32〕曾國藩全集：第22冊：書信1，長沙：嶽麓書社，2011：506。
〔註33〕左宗棠，感事四首；左文襄公全集：詩文：文集：卷5，朱漢民，丁平一，湘軍：第3冊，127。
〔註34〕曾國藩，討粵匪檄；唐浩明編，曾國藩詩文集，長沙：嶽麓書社，2015：140。
〔註35〕郭嵩燾，玉池老人自敘，朱漢民，丁平一，湘軍：第9冊，312。
〔註36〕接續曾文正別傳；申報第8號（壬申四月初四日），朱漢民，丁平一，湘軍：第8冊，96。
〔註37〕羅澤南，蒙恩賞賜葉普鏗額巴圖魯名號口占紀事；羅忠節公遺集：卷2：詩：

「若得楊、彭者十人，可以橫行舟楫之國矣。」〔註38〕王鑫常「始以數百之眾當十倍之賊，繼以甚疲之卒敵極強之匪。」〔註39〕劉典自述「予以諸生應召從戎，馳驅半天下，戰績不讓古人」。〔註40〕錢基博論「歷古以來，書生戎馬，而兵鋒所指，東極於海，西盡天山，縱橫軼蕩，未有如宗棠者也。」〔註41〕時人評價「建立功勳，惟湘軍為最多；人才輩出，亦惟湘軍為最盛。」「其時以書生從戎者，如江公忠源，羅公澤南、續宜昆弟，皆能戰勝攻取，摧強寇之鋒，鼓士卒之氣。」〔註42〕監察御史鍾佩賢評論湘軍將領「或憤跡偏陣，或起家寒賤，皆能效命疆場，卓著戰功，擬之古人，無可愧色。」〔註43〕湖湘士子從戎者，歷年陣亡亦不少，如儲玫躬、易良幹、羅鎮南、羅信東、謝邦翰、鍾近濂、鍾近衡、鄧鈐筠、胡錚等，「皆以書生而戰沒疆場」。〔註44〕「前後死事至二萬餘人，而士氣不稍餒。……一時忠誠所感召，辭巧而就拙，聚爭傚其所為，以避事苟活為恥。」〔註45〕

湘軍以士人領軍作戰，不僅在實戰中磨礪了文人的英豪之氣，而且改變了舊軍隊的人才結構，使軍隊價值觀產生了根本性變革，呈現出煥然一新的面貌。「章句之儒，各帥其生徒子弟，冒白刃以赴公家之難，卒汔王誅，贊成中興盛烈，五等之封爛焉。誠繇忠義奮發，平日讀書談道誼，講求有體有用之學，故能出捍大難獲濟。」〔註46〕「其時有從軍之志者，不過無賴亡命之徒，若書生則罕見焉。迨曾侯東下，左、李諸軍會剿於江浙間，旗鼓所指，無不摧靡。

軍中草，朱漢民，丁平一，湘軍：第 3 冊，35。

〔註38〕左宗棠，答胡潤之（二）；左文襄公全集：書牘：卷 2，朱漢民，丁平一，湘軍：第 6 冊，73。

〔註39〕王鑫，約本邑同志擊賊榜文；王壯武公遺集：卷 24：雜著，朱漢民，丁平一，湘軍：第 3 冊，147。

〔註40〕劉典，從戎紀實自序，朱漢民，丁平一，湘軍：第 1 冊，586。

〔註41〕錢基博，近百年湖南學風（含經學通志），北京：中國人民大學出版社，2004：40。

〔註42〕論人才難得；申報第 6319 號（1890 年 11 月 21 日），朱漢民，丁平一，湘軍：第 8 冊，335～336。

〔註43〕李慈銘，越慢堂日記，朱漢民，丁平一，湘軍：第 7 冊，204～205。

〔註44〕劉典，從戎紀實自序，朱漢民，丁平一，湘軍：第 1 冊，北京：社會科學文獻出版社，2013：587。

〔註45〕王文韶「敕建曾文正公祠碑」；湖南通志：卷 74：典禮志四，朱漢民，丁平一，湘軍：第 7 冊，377。

〔註46〕李元度，求忠書院記；湖南通志：卷 68：學校志 7：書院 1，朱漢民，丁平一，湘軍：第 7 冊，371。

然後知軍務日有起色，咸思自奮於功名」。〔註47〕湘軍的這種精神，多年之後，仍激勵後人投筆從戎。如蔡鍔言：「吾儕身膺軍職，非大發志願，以救國為目的，以死為歸宿，不足渡同胞於苦海，置國家於坦途。」〔註48〕

二、咸同理學萃然中興

伴隨「同治中興」政治局面的形成，思想文化領域的一個重大轉變即是晚清理學思想的復興。「我朝昌明正學，大儒輩出，凡屬義理、經濟、文章卓然可傳者，莫不尊崇朱子。」〔註49〕這一過程雖然短暫，也未能啟導中國學術思想發展的方來，但晚清理學的復興，使傳統儒學在作為主流意識形態終結之前，再度定格於理學思想形態，也代表了理學對於挽救傳統的最後努力。這種學術文化發展演變的脈絡值得深思。

咸同理學復興，除學理上的建樹之外，集中表現在理學風尚的興盛、朝廷對理學治術的倚重、湘系經世事功的顯現，以及輿論時評之褒獎等方面。

（一）重新確立了理學的主導地位

乾嘉年間，漢學鼎盛，程朱理學基本喪失了其在學術界的主導地位。道咸以降，在新興理學骨幹的推崇下，士大夫中形成了一個較有影響的理學群體，主要有唐鑒、曾國藩、倭仁、吳廷棟、呂賢基、何桂珍、竇垿、邵懿辰等人。他們相與維持，戮力匡濟時艱，「一時人才蔚起，正學昌明，遂成國朝中興翊贊之功」。〔註50〕而湖湘理學經世的成功，助推了理學重新恢復全國性的影響。十九世紀後半期，朝野各方出於挽救危局的需要，大肆提倡和強化程朱理學，理學思想在血與火中最終站穩了腳跟，伴隨湘軍集團的興起，迎來了最後一段黃金時期。

理學學統再次被強調，理學著述大量刊印，維護理學宗主地位的辯學活動十分活躍。當時出現了一批較著名的學術史著作，如唐鑒的《國朝學案小識》、

〔註47〕論戰和未定兼為從軍者籌得失利鈍；申報第2686號（1880年10月21日），朱漢民，丁平一，湘軍：第8冊，185。

〔註48〕曾胡治兵白話句解，濟南，山東書局（改訂版），民國二十一年（1932）：49～50。

〔註49〕曾國荃，正誼堂文集序；曾忠襄公文集：文集卷上：卷2，朱漢民，丁平一，湘軍：第3冊，202。

〔註50〕黃舒日，國朝中州名賢集：卷首：丙：倭艮峰先生，中州明道書院刻，光緒十九年；7。

何桂珍的《續理學正宗》，黃嗣東著有《濂學編》，並以二十年時間編撰 100 卷的大型理學學術史《道學淵源錄》。方東樹的《漢學商兌》、羅澤南的《姚江學辨》、劉廷詔的《理學宗傳辨似》等辨學著作也一度盛行。方宗誠的《柏堂遺書》達 76 冊，內容十分繁富。理學家賀瑞麟著有《清麓文集》28 卷、《清麓日記》4 卷，編校理學書籍上千卷，其中《清麓叢書》收有宋元以來各種理學書籍 150 餘種。「如此豐厚的著述，在理學史上並不多見，作為一種社會文化現象，引人省思。」〔註 51〕同治元年（1862 年），蔣琦齡主張「退孔鄭而進程朱，賤考據而崇理學」，系統提出以理學興教化的「中興方略」。〔註 52〕「而《西銘》《大學》講義諸書，刊布海內，足為學者準繩。」〔註 53〕這些都表明理學文化在晚清重新主導了思想界，理學思想的影響力再度興盛。

（二）朝廷對理學的高度倚重

咸豐初至同治初，清廷對於理學思想的基本態度經歷了從信疑參半到全面信從的過程。其中，湘軍人物在地方上的事功偉業和理學派大臣的竭力推崇起到了決定性的作用。

嘉道以還，清王朝已經意識到意識形態混亂對皇權的威脅，為抵抗民間宗教影響，敦教化、醇風俗，官書局已經大量刊刻《四書》《朱子小學》《近思錄》等理學典籍，並修建各地文廟，將理學名儒劉宗周、湯斌、陸世儀、張伯行等從祀。新繼位的咸豐帝特頒上諭稱：「朕思《性理》諸書，均為導民正軌，著各省督撫會同各該學政轉飭地方官及各學教官，於書院、家塾教授生徒，均令以《御纂性理精義》《聖諭廣訓》為課讀講習之要，使之家喻戶曉，禮義廉恥油然自生，斯邪教不禁而自化」。〔註 54〕咸豐元年（1851），朝廷對理學家唐鑒進行表彰，「優詔加二品銜，命回江南主書院講席，矜式後學」。〔註 55〕咸豐帝還明確將從祀名儒的標準修訂為「以闡明聖學，傳授道統為斷。」〔註 56〕同治七年（1868），朝廷對「年屆耄耋，篤學不倦」的夏炘等理

〔註 51〕張昭軍，晚清民初的理學與經學，北京：商務印書館，2007：108。

〔註 52〕蔣琦齡，中興十二策疏；王雲五編，道咸同光四朝奏議：第四冊，臺北：臺灣商務印書館，1433。

〔註 53〕朱洪章，從戎紀略，朱漢民，丁平一，湘軍：第 1 冊，北京：社會科學文獻出版社，2013：611。

〔註 54〕文宗顯皇帝實錄，卷 23；清實錄：第 40 冊，中華書局，1986：335。

〔註 55〕李元度，先正事略；唐確慎公集：傳，長沙：嶽麓書社；2010：7。

〔註 56〕皇朝續文獻通考：卷 98：學校：5，光緒年間刻本。

學人士進行表彰，1870 年準張履祥從祀孔廟，1876 年以張伯行從祀文廟，降李元春事實交付國史館，列儒林傳。

　　咸同之交，湘軍集團在政治軍事上的成功已成定局，朝廷更加信用理學之臣。曾國藩被授予節制四省軍政之權，為滿清立國以來所未有。同治元年（1862），倭仁升任大學士，工部尚書，任同治帝師傅，充翰林院掌院學士，旋授文淵閣大學士，同治十年（1871）又升文華殿大學士。同治元年，授李棠階大理寺卿，連擢禮部侍郎、左都御史、署戶部尚書，吳廷棟則於同治二年連遷大理寺卿、刑部右侍郎、署戶部左侍郎等職。同治初，倭仁、李棠階、吳廷棟、李鴻藻、徐桐、翁同穌等理學人士立朝輔政，理學一時成為時望所趨。方宗誠稱，吳廷棟「與倭公艮峰、文園李公同朝。……道義相契，可以密相贊襄，切磋德業，海內稱為三大賢。」〔註57〕朝廷中樞的重視，讓理學家們大為振奮。曾國藩致函吳廷棟稱：「閣下與諸君子穆穆在朝，經綸密勿，挽回氣運，仍當自京師始。」〔註58〕方宗誠希望立朝之士「共講明孔孟程朱之學，凡屬吏門生進見，皆諄諄勸以讀四書五經及宋五子之書以為根本」。〔註59〕

　　理學人士利用進入中樞的機遇，積極贊襄朝政，條陳時務，維持風紀，進一步擴大了理學的政治影響。李棠階入朝不久，即與倭仁「商酌」，「擬陳時政之要四條：一端出治之本，一振紀綱之實，一安民之要，一平賊之要」，〔註60〕蔣琦齡指出「欲正人心、厚風俗以圖太平，非崇正學以興教化不能也。」〔註61〕理學人士在同治中興的大好局勢中，惕厲克勤，多次誠諫統治者長存憂患之心。湘軍攻克天京，朝野感奮，吳廷棟則在《金陵克復請加敬懼疏》中力陳「自古功成志遂，人主喜心一生，而驕心已伏」，必然「受蠱惑，塞聰明，惡忠倘，遠老成」。要想長治久安，就必須「堅定刻苦，持之以恆，積數十年之恭儉教養」，「培國脈，復元氣」，「而其道莫大於敬，其幾必始於懼」。〔註62〕這些，都體現了理學家較為深刻的政治遠見。

　　在理學家的影響支持下，朝廷對文化政策進行了調整，進一步樹立了經世

〔註57〕方宗誠，吳竹如先生年譜；吳廷棟，拙修集續編：附錄，光緒九年六安求我齋刊本。

〔註58〕曾國藩，覆吳廷棟；曾國藩全集：書信：第 6 冊，1992：4141。

〔註59〕方宗誠，上羅椒生先生；柏堂集外編：卷 6，8；柏堂遺書：第 48 冊，光緒年間志學堂家藏版。

〔註60〕李棠階，條陳時政之要疏；李文清公遺書：卷 1，光緒八年刻本。

〔註61〕朱克敬：儒林瑣記：雨窗消意錄，長沙：嶽麓書社，1983：51～53。

〔註62〕吳廷棟，金陵告捷請加敬懼疏；拙修集：卷 1。

理學的正統地位。理學受到了有清一代前所未有的重視。同治朝上諭中批評了「空語靈明」,「徒騖道學之虛名,而於天理民彝之實際,未能研求」的理學舊習,並斥之為「偽學」。大力倡導「以格致誠正為本務,身體力行,務求實踐」的經世理學,並強調「各直省學政等躬司牖迪,凡校閱試藝,固宜恪遵功令,悉以程、朱講義為宗,尤應將《性理》諸書隨時闡揚,使躬列膠庠者,咸知探濂、洛、關、閩之淵源。」〔註63〕清政府又下詔以實學端正士風:「近來國子監專以文藝課士,該祭酒等既以是為去取,而士子亦復以是為工拙,於造就人材之道何裨焉?著嗣後於應課詩文外,兼課論策,以經、史、《性理》諸書命題,用覘實學。……獎勵精勤,懲戒遊惰,黜華崇實,以端趨向。」〔註64〕強調理學的經世實用性,實際上是清統治者對理學政策的一大變化,不能不說與湘軍理學經世派的影響有著密切關係。這一文化政策甚至延續到清末學制改革,清政府所頒發的《學務綱要》專列「理學宜講明,惟貴實踐而忌空談」一條,強調:「理學為中國儒家最精之言,惟宗旨仍歸於躬行實踐,足為名教干城。……故於大學堂設有研究理學專科,又於高等學堂及優級師範學堂設人倫道德一科,……惟止可闡發切於身心日用之實理,不可流為高遠虛渺之空談,以防躐等蹈空之弊,果能行檢篤謹,即是理學真儒。」〔註65〕

　　理學大臣進入中樞輔弼朝政,立志培養君德,再造一代聖君,並以此作為時局轉捩的根本之舉。如吳廷棟對方宗誠說,「使得膺斯任,培養君德十年,何難重睹盛治。」「用人行政,要以君心為本,欲格君心而培養元德,要以師傅為第一義。」〔註66〕同治元年(1862)二月,初為帝師的倭仁獻所輯《帝王盛軌》《輔弼嘉謨》二袠,著重講「君德治道」,得到兩宮皇太后嘉納,並賜名《啟心金鑒》。同治三年(1864),清廷諭令倭仁、賈楨等選派翰林,擇《四書》《五經》中切要之言,仿照《大學衍義》體例,衍為講義。而收入《倭文端文遺二搏》的《講義》凡12條,與《四書》相關者占11條。倭仁值同治帝幼沖,為總師傅,積極主導了少年帝王的學習生活。「一日,上有過,諫之不聽,乃上奏皇太后,請加訓責。方作草,上大哭曰:『師傅饒過此次,嗣後不敢。』公見悔意甚誠,乃罷。又嘗過太監昇一箱入,問何物,答曰梨園戲具。公曰:

〔註63〕清穆宗實錄:卷22:同治元年三月,京:中華書局,1986:609。
〔註64〕穆宗毅皇帝實錄:卷52;清實錄:第45冊,北京:中華書局,1987:1422。
〔註65〕學務綱要:奏定學堂章程,光緒二十九年山東官書局印本,17。
〔註66〕吳廷棟,與方存之學博書;拙修集:卷9。

『皇上沖齡，豈宜以此導之？』即上疏切諫，兩宮嘉納，命毀之。」〔註67〕至同治十年（1871）倭仁去世前的《遺疏》中，仍不忘諫陳兩宮及同治帝「勿忘庚申之變」，懇請「毋以誦讀為具文，毋以《詩》《書》為迂闊」，表明理學家至死不忘國恥，堅守理學的強大期念。後人評說：「倭仁晚為兩宮所敬禮，際會中興，輔導沖主，兢兢於君心敬肆之間，當時舉朝嚴憚，風氣賴以維持。」〔註68〕徐世昌《艮峰學案》稱倭仁「晚遭隆遇，朝士歸依，維持風紀者數十年，道光以來一儒宗也。」〔註69〕

（三）湘系理學經世派的政治地位空前崇高

曾國藩率湘軍經過近十年苦戰，終於迎來了理學經世運動的巔峰。1860年6月，曾國藩以兵部尚書銜署理兩江總督，8月實授，並以欽差大臣督辦江南軍務，節制大江南北水陸各軍。次年江忠義由道員超昇為貴州巡撫（未到職，由田興恕兼署），10月清廷令李續宜為湖北巡撫，彭玉麟為安徽巡撫，因力辭及軍務繁忙均未到職。祺祥政變後的11月，曾國藩又奉旨督辦蘇、皖、浙、贛四省軍務，其巡撫、提鎮以下悉歸節制。後曾國藩又先後任直隸、兩江總督，授武英殿大學士，成為漢臣之魁首。曾國藩去世後，諡以「文正」。「考大清文正之諡者凡四：一為湯文正，諱斌；一為劉文正，諱統勛；一為朱文正，諱珪；一為曹文正，諱振鏞。」〔註70〕「夫文正之諡，至美矣。人臣得此，榮莫大焉。然由宋至今，幾及千年，得此諡者，宋僅四人，元僅三人，明僅一人。我朝則有六人」。〔註71〕

軍興已來，湘軍人物「多以疆臣受鉞」。〔註72〕湖南一地「以諸生而委身戎馬，建立勳勞，擢膺封疆將帥之任者，不一而足。」〔註73〕「於是西至

〔註67〕姚永樸，舊聞隨筆：卷3：胡文忠公，朱漢民，丁平一，湘軍：第8冊，北京：社會科學文獻出版社，2013：840～841。

〔註68〕趙爾巽等，清史稿：第4冊：卷391：列傳178：倭仁，中華書局，1989：3014。

〔註69〕徐世昌，艮峰學案；清儒學案：第7冊：卷165，北京：中華書局，2008：6377。

〔註70〕教會新報（4）；臺灣華文書局影印合訂本，1785，朱漢民，丁平一，湘軍：第8冊，北京：社會科學文獻出版社，2013：70。

〔註71〕書上海七日錄曾節相諡文正後，申報第10號（壬申四月初七日），朱漢民，丁平一，湘軍：第8冊，97。

〔註72〕陳康祺，郎潛紀聞：卷1，朱漢民，丁平一，湘軍：第8冊，580。

〔註73〕咸豐同治兩朝上諭檔：同治二年十二月初八日內閣奉上諭，朱漢民，丁平一，湘軍：第3冊，556。

四川，東至海，皆用湘軍將帥，則皆倚國藩為重，略如胡林翼書所言『包攬把持』者」。〔註74〕時人稱：「數十年中，將相之盛以楚南為最。」〔註75〕同治年間，「湘軍極盛時，以武功博世爵者十人：侯二、伯一、子二、男六。曾左均大學士，左且兩直軍機、兼職譯署，並管兵部。有先後任尚書者五、總督十三、巡撫二十四，實缺提督四十八、總兵八十七，以軍功保武職者 6316人。」〔註76〕1864 年，全國總督缺額十名，巡撫缺額十五名，湘系人物先後任督撫就計有 14 名。〔註77〕湖南各地，在經世運動帶動下，以軍功而起者甚夥。僅湘鄉縣志記載，不含曾國藩、曾國荃 2 人，全縣武勳文職有總督 1、巡撫 4、布政使 3、按察使 5、道 31、知府 41 共計 85 員；武職有提督182、總兵 404，副將 571，參將 565、游擊 851、都司 1162、守備 103、千總 1258、把總 994、外委 774、軍功 1459 人。〔註78〕

（四）輿論時評對理學的肯定與激賞

湘系理學經世派治身、經武、平亂、臨民、衛疆，乃至開啟洋務運動之先河，都無不體現出理學方法論的指導和理學思想特色。在晚清及以後相當一段時間內，人們評價湘軍，都不自覺地將其經世功業與理學價值聯繫起來。

晚清時期，湘系經世派的事功之跡中外矚目，後人評論「唐鑒倡學京師，而倭仁、曾國藩、何桂珍之徒相從講學，歷有年數。羅澤南與其弟子王鑫、李續宜亦講學窮廬，孜孜不倦。其後內之贊機務，外之握兵柄，遂以轉移天下，至今稱之，則不可謂非正學之效也。」〔註79〕朝野各方都高度重視和重新審視了理學的經世價值。時人評價「古來立德、立言者往往難於立功，立功者又未必能立德與言。」清代大儒，如陸隴其、湯斌等，「德業、文章皆已卓然不朽「，然「功業尚不甚著。」〔註80〕而以曾國藩為首的湘軍人物面

〔註74〕王闓運，湘軍志：曾軍後篇第五，長沙：嶽麓書社，1983；61。
〔註75〕中外新聞七日錄：第 32 號（同治四年七月十八日），朱漢民，丁平一，湘軍：第 8 冊，5。
〔註76〕王盾，湘學誌略，長沙：湖南人民出版社，2009：281。
〔註77〕朱東安，曾國藩集團與晚清政局，北京：華文出版社，2007：39。
〔註78〕湘鄉縣志：卷 8 上：選舉志：6：武勳，朱漢民，丁平一，湘軍：第 7 冊，569。
〔註79〕曾廉，應詔上封事；中國史學會主編，戊戌變法：第 2 冊，神州國光社，1953：493。
〔註80〕靈巖居士，書蘇州選刻「曾文正公奏疏」事；申報第 426 號（癸酉七月念五日），朱漢民，丁平一，湘軍：第 8 冊，北京：社會科學文獻出版社，2013：110。

對「百廢莫舉，千瘡並潰，無可收拾」的局面，為避免明末河決魚爛的局面
重演，以書生而歷任艱巨。投身軍旅，以十年征戰，平定東南內亂，再十年
立功絕域，掣甌脫之地還於中朝。同治初，湘軍事蹟為天下所共曉，「天子
新即位，群臣爭上書言事，多推湘、楚軍功，以為偏裨皆可督、撫」。〔註81〕

　　梁啟超在《中國近三百年學術史》中評論道：「羅羅山澤南、曾滌生國藩
在咸道之交，獨以宋學相砥礪，其後卒以書生犯大難成功名。……自此以後，
學人輕蔑宋學的觀念一變。」〔註82〕《續湘軍志》作者朱德裳高度肯定湘軍：
「創船政於馬尾，造槍炮於蘭州，特開今日新軍之局。」讚賞「其開拓心胸，
推倒豪傑，足令天下不敢以儒為戲，與古今中外先達爭烈矣。」〔註83〕學者
陸寶千評論湘軍曰：「遜清道咸時代，湖湘之間，羅羅山、劉霞仙、曾滌生、
郭筠仙輩皆從事於程朱之學。……彼等皆際會風雲，展其驥足，足為理學吐
氣。」〔註84〕

第二節　湘軍崛起成為晚清政治格局轉捩的重要樞紐

一、道統、學統與治統合一的努力

　　儒家理想始終追求道統與治統的合一。道統是指儒家倫理價值及其文化
的堅守與傳承，治統是指帝王政權的傳承遞嬗。王夫之對道統、治統關係的論
述極具代表性：「天下所極重而不可竊者二：天子之位也，是謂治統；聖人之
教也，是謂道統。」〔註85〕「是故儒者之統，孤行而無待者也；天下自無統，
而儒者有統。」「儒者之統，與帝王之統並行於天下，而互為興替。」〔註86〕

　　在傳統儒家政治─文化思想結構中，「天下以道而治，道以天子而明」。道
統是治統的倫理依據，治統的完善可以助推道統的圓滿。但道統絕不是治統的
從屬物，而自主獨立於世俗行政權力之外，具有比治統更為深層次的價值意
義。即使「帝王之統絕，儒者猶保其道以孤行而無所待，以人存道，而道可不

〔註81〕王闓運，湘軍志：曾軍後篇第五，長沙：嶽麓書社，1983：61。
〔註82〕梁啟超，中國近三百年學術史；飲冰室合集：專集之75，北京：中華書局，
　　　　1989：26。
〔註83〕朱德裳，續湘軍志；湘軍史專刊之一，長沙：嶽麓書社，1983：291。
〔註84〕陸寶千，劉蓉年譜：自序，臺北：中央研究院近代史研究所專刊（40），1979：1。
〔註85〕王夫之，船山全書：讀通鑑論：東晉成帝7，長沙：嶽麓書社，1988：479。
〔註86〕王夫之，船山全書：讀通鑑論：宋文帝13，長沙：嶽麓書社，1988：568～569。

亡。」因為道統根源於天理，故「斯道互天垂地而不可亡者也」，〔註87〕道統可以判斷治統的合理性，推動治統更加符合「道」的要求。道統之明，既須借助於「治統」即帝王權力系統的推廣，更在於「學統」自身的維護和醇正，即通過儒者對道的不斷體認探求而構建出符合道統的學術思想傳承體系。因此，湘系經世派十分注重學統的醇化來實現以道輔政，以政弘道。湘軍從道統、學統、治統的關係出發，全面認識和把握晚清時代社會矛盾變化的規律，不僅使其經世活動匯聚了一切有利的政治文化和社會資源，更賦予了湘軍以理學經世深層次的文化內涵。

（一）改良學術重塑學統

湘軍人物認為，道之晦暗，在於正學不明，學風不實，科舉之制、學派紛爭，均適足以引人舍本而逐末，流入利祿之途。而這一切學術亂象，都在於儒學特別是理學的原則沒有真正實施。正如張栻所言「今日大患，是不悅儒學，爭馳乎功利之末，而以先王嚴恭寅畏、事天保民心為迂闊遲鈍之說。」〔註88〕湘軍人物強調「宋立道學之標準，萃人文之極盛，純儒純臣接踵於朝野，濂、洛、關、閩其最著者也。孔孟之道，至宋而大明，實賴朱子發揮千聖之精蘊，曉示百代之愚蒙。」〔註89〕因此，有志聖學者，必須私淑而崇尚之，自拔於俗流，脫離功利窠臼，以確立正確的學術導向。

在這一前提下，湘軍人物致力於發明宋儒學術中的格物經世之道，強化學術的用世傾向，「必能為明體達用之學，竭力致身」，〔註90〕同時，他們以理學為根本，匯通漢宋，融貫百家，兼及西學，體立而用行，構建符合道統的經世理學。湘軍集團的努力，即是理學文化在晚清應對世變之亟的一種自我改良，它最大範圍地擴充了儒學的學術和踐履規模，也對宋儒心性之學起到了救蔽補偏的作用。

湘軍人物重塑學統的具體方式，除論學之外，還十分看重師道傳承，以自身言傳身教感召化育。「為督撫之道，即與師道無異，其訓飭屬員殷殷之

〔註87〕 王夫之，船山全書：讀通鑑論：宋文帝 13，長沙：嶽麓書社，1988：568～569。
〔註88〕 張栻，答朱元晦；南軒集卷 22；張栻全集：中冊，吉林：長春出版社，1999：859。
〔註89〕 曾國荃，正誼堂文集序；曾忠襄公文集：文集：卷上：卷 2，朱漢民，丁平一，湘軍：第 3 冊，北京：社會科學文獻出版社，2013：201。
〔註90〕 李元度，求忠書院記；湖南通志：卷 68：學校志 7：書院 1，朱漢民，丁平一，湘軍：第 7 冊，371～372。

意，即與人為善之意，孔子所謂『誨人不倦』是也」。〔註91〕「蓋自道光以來，公卿不下士久矣。近惟曾相國及潤芝宮保，開此風氣耳。」〔註92〕劉蓉早年上書前河南布政使賀長齡曰：「近世士大夫酣於勢位，足己自賢，自公卿以下，不聞體賢下士之風，而士之自重有恥，不求聞達者，亦寧韜光匿跡而不屑枉道以求知，蓋上下之無交非一日矣。」〔註93〕湘軍人物以師道為媒介，親近並影響了大批才智之士，他們「留心四方可造之士，置之左右，幕府而兼學校，將帥而兼師道。其全副精神都在致實用，求實學。故其成就者眾，足以康濟一時。」〔註94〕

　　自南宋理學官學化後，流弊漸深。元明清三代持續不斷對理學偶像空前絕後的推崇中，波瀾壯闊的朝廷推崇依然掩蓋不了聲勢浩大的社會指責，士人和社會對理學的普遍認同正逐漸流失。在重塑學統的過程中，湘軍集團以湖湘理學這種地域性學術為基礎，強化「道統」標準，體現了學術思想的獨立性，呈現出某種程度「去官學化」的傾向，主要表現在其對於末世學風和科舉之制的批判，以及對書院求道之學的重視。這種強調學統以道統為依歸，保持學術獨立的思想，應該說是具有進步性的。從湘軍集團的學術思想實踐來看，傳統學術的地位離不開與主流政治的交流互動，主流學派與地域性學派地位轉化是學術發展的重要表現，學術本身的獨立性和內在活力才是其生命之源。

（二）強調道統對治統的超越性

　　費孝通提出「孔子學派希望，政治權力和社會權威可以一致起來。」〔註95〕揭示了儒家「道統」「治統」合一的一貫思想。

　　相對於治統的續絕，湘軍人物更加關注道統傳承的正確性、合理性。在他們看來，道統的斷絕，不啻於華夏文明的淪亡，是歷史的斷絕。太平軍崇尚拜上帝教，所過殘破，學宮書院官衙廟宇一律毀壞，「道統之竊，沐猴而冠，教猱而升木，尸名以徼利，為夷狄盜賊之羽翼。」〔註96〕正是千古未有「名教之奇變。」湘軍在政治立場上迴避了對滿清政權的民族認同問題，而從文化認同入手，揭櫫「衛道」的旗幟，產生了強大的社會共鳴，也反映了其較高的政治

〔註91〕曾國藩全集：日記：第2冊，長沙：嶽麓書社，1991：726。
〔註92〕方宗誠，柏堂師友言行記：卷2，朱漢民，丁平一，湘軍：第8冊，494。
〔註93〕陸寶千，劉蓉年譜，臺北：中央研究院近代史研究所專刊（40），1979：60。
〔註94〕熊十力，與賀昌群書；天然，卷7，1978年7月。
〔註95〕費孝通，中國紳士，北京：中國社會科學出版社，2006：40。
〔註96〕王夫之，船山全書：讀通鑑論：東晉成帝7，長沙：嶽麓書社，1988：479。

敏銳性。湘軍人物在堅持道統為先的基礎上，再強調「忠孝」。只有在正學的引導下，道著於心，才能「移孝作忠，出為世用，有猷、有為、有守，無忝前人光。」〔註97〕同時，也正是這一策略，又一定程度忽視了強調皇權，引起了咸豐帝長時間對湘軍集團政治態度的猶疑，對湘軍勢力依違於兩可之間。

明末黃宗羲認為仁義與事功分途，道與術相互隔閡，是為政之大弊。「矜事功者縱橫捭闔，齗舌忠孝之言。兩者交譏，豈知古今無不事功之仁義，亦無不本仁義之事功。」〔註98〕湘軍人物力圖溝通義理與事功兩端，強調君子立身行事，必須以「道」為準則，「君子之進退，審乎道而已矣。道在當進，其進也以道，而非有所趨也；道在當退，其退也以道，而非有所避也。」〔註99〕「凡立身行己，接人處世，由近而遠，由暫而久，直與聖經所云誠意、正心、修身、齊家，推而至於治國、平天下，所謂一以貫之者」。〔註100〕郭嵩燾則站在儒生政治理想的角度，提出「士遂其志則國勢隆」的觀點，實質上也是追求個人盡才求道，實現政治抱負與國家治亂相統一，「為天下者，寧使士之志不盡得所安，而要使其才皆足以自達。苟才足以自達，而志亦畢矣。士畢其志，而國家之治亦隆矣。」〔註101〕

湘軍人物汲汲於事功，正是為了彰顯理學的社會價值，以道統端正經世的方向，追求政治權威、學術權威與道德權威合一的「王道」政治。王鑫自述其志曰「然每當盤根錯節掣肘違心之會，益歎民情之易與，而信王道之可行。」〔註102〕在道統與治統統一的結合點上，湘軍人物的普遍認識是統於「道」。胡林翼言：「竊見大君子立論，必以節義廉恥扶翼名教為綱領」。〔註103〕羅澤南甚至強調天下不應為人主所私有，治國理政惟有一本於道，才符合天意。「天下者，天之所有，非天子之所私有也。天地絪縕，發育萬物，天能生之，天不能自治之，則命此有德者，作君作師，以代天而理物，是人君之有天下，皆天

〔註97〕李元度，求忠書院記；湖南通志：卷68：學校志7：書院1，朱漢民，丁平一，湘軍：第7冊，北京：社會科學文獻出版社，2013：371～372。

〔註98〕黃宗羲，國勳倪君墓誌銘；黃梨洲文集，北京：中華書局，2009：257。

〔註99〕郭崑燾，示兒子慶藩貼；雲臥山莊家訓：家訓：卷下，朱漢民，丁平一，湘軍：第3冊，256。

〔註100〕方宗誠，柏堂師友言行記：卷2，朱漢民，丁平一，湘軍：第8冊，494。

〔註101〕郭嵩燾，曾宮保五十壽序；養知書屋詩文集：文集：卷14，朱漢民，丁平一，湘軍：第3冊，230。

〔註102〕王鑫，覆劉霞仙先生（七年三月二十八日）；王壯武公遺集：卷12：書札6，朱漢民，丁平一，湘軍：第6冊，561。

〔註103〕方宗誠，柏堂師友言行記：卷2，朱漢民，丁平一，湘軍：第8冊，494。

之所與也。」〔註104〕應該說，湘軍人物的道統論，已經表現出一定的民本主義思想傾向。

（三）以道統引導治統的改良

羅澤南認為「道之興廢，世運之盛衰所由係也」。〔註105〕「三代以還，至教充塞，物慾紛熾，邪說流行，相尚以浮，相誘以利，相傾以勢，相軋以詐，相矜以奇，相高以義，先王之道愈蝕愈晦。」〔註106〕郭嵩燾言「天下治亂之源，全在吏治，而其根本則在朝廷。」〔註107〕因此，湘軍人物在積極參與鎮壓民變的同時，對統治階級種種自身弊端的批判也不遺餘力，「仁或不足以守，甚且視為迂闊而莫之省，此天下之所以日趨於亂而莫可救藥也。」〔註108〕認為民變是官僚體制昏聵貪鄙，為淵驅魚的結果，平定叛亂的根本之道在於改良政治，確立了軍事問題政治解決的思路。

曾國藩、胡林翼、左宗棠等出於對個人恩遇及「君德之正」的肯定，而徒抱區區之志，與世俗文法戰，力圖革新吏治，增強「治統」的道德合法性。出於對道統的信仰，湘系經世人物雖「謗毀遍天下，而吾心泰然。自謂考諸三王而不謬，俟諸百世聖人而不惑，於悠悠之毀譽何有哉！」〔註109〕湘軍人物大都出身寒微，備知民間疾苦，有極強的危機意識、實幹精神，對政治改良的願望也最為強烈。一旦得位行權，他們即以霹靂手段整治貪官污吏，革除陋規弊政，重振法度綱紀，恢復社會秩序，挽狂瀾而振頹風，一定程度維護了基層士紳和百姓的利益，不僅對太平軍起到了「釜底抽薪」的作用，而且直接推動了政治經濟體制的變革，造就了所謂「同治中興」的局面。

應該說，湘軍集團對晚清治統的影響，雖然具有相當積極的意義，然而，

〔註104〕 羅澤南，萬章上；讀孟子劄記：卷2；羅澤南集，長沙：嶽麓書社，2010：300。

〔註105〕 羅澤南，重修濂溪先生墓記；羅忠節公遺集：卷5；羅澤南集，長沙：嶽麓書社，2010：80。

〔註106〕 羅澤南，人極衍義；羅澤南集，長沙：嶽麓書社，2010：205。

〔註107〕 郭嵩燾，郭嵩燾日記：第4卷：光緒六年八月初二，長沙：湖南人民出版社，1983：77。

〔註108〕 王鑫，覆劉霞仙先生（七年三月二十八日）；王壯武公遺集：卷12：書札：6，朱漢民，丁平一，湘軍：第6冊，北京：社會科學文獻出版社，2013：561。

〔註109〕 郭嵩燾，致朱克敬；郭筠仙手札，王繼平等，晚清湖南學術與思想，長沙：湖南師範大學出版社，2006：314。

由於時代的限制，他們以倫理為基礎的德政改良，對於晚清政局仍舊未能產生根本性的改觀。他們堅守的綱常名教，強調上下之如「冠履之不可易位」，本身就具有消極保守的一面。正如前人所論，「在中國的模式裏，政治路線是積極的，倫理路線是消極的。」〔註110〕「宋儒之尊君權，與其嚴階級同弊。……此弊理學家入之頗深。至清代曾國藩等，猶有此見。」〔註111〕在清廷和大批理學人士的提倡下，作為思想信仰和道德學說，程朱理學在民間仍保有較為廣泛的社會基礎，晚清歷次戰亂之中，晚清各地方志所錄忠孝節烈人數有大幅度增長。即便如此，仍然難以對官場閉塞顢頇的風氣作根本性改造，國弱民窮的局面也未能根本改變。同治六年（1867）年，曾國藩就表達了對未來政局的憂思：「得京中來人所說，云都門氣象甚惡，明火執仗之案時出，而市肆乞丐成群，甚至婦女亦裸身無褲，民窮財盡，恐有異變，奈何？」在與親信幕友趙烈文深談之後，他發出「吾日夜望死，憂見宗祐之隕」的哀歎。〔註112〕在湘軍取得煌煌勝利後的 1874 年，郭嵩燾對於朝政仍充滿著失望的情緒：「鬼蜮盈朝，不顧國體，為之浩歎而已。」〔註113〕

傳統社會的衰落，自有其自身必然之因。湘軍集團以「道統」論為據，在理論上雖較身居高位渾渾噩噩者為憂，然尚不足以囊括大政，僅適足以補一時之急。陳寅恪先生評論道：「近數十年來，自道光之季，迄乎今日，社會經濟之制度，以外族之侵迫，致劇疾之變遷；綱紀之說，無所憑依，不待外來學說之掊擊，而已消沉淪喪於不知覺之間；雖有人焉，強聒而力持，亦終歸於不可救療之局。」〔註114〕

二、湘軍集團對晚清政治格局的改變

（一）理學視域下「道—治」格局中的調和與衝突

湘軍人物出而應世，必然面臨如何處理與最高統治者的關係問題。湘軍對清王朝統治合法性的認同，既有個人恩遇的關係，更源自於道統、治統合一的政治文化因素影響。應該說，他們對朝廷的忠誠，主要來自於道統「移

〔註110〕費孝通，中國紳士，北京：中國社會科學出版社，2006：21。
〔註111〕呂思勉，理學綱要，北京：東方出版社，2012：184。
〔註112〕趙烈文，能靜居日記：同治六年六月二十日，朱漢民，丁平一，湘軍：第 7 冊，168。
〔註113〕郭嵩燾，郭嵩燾日記：第 2 冊，長沙：湖南人民出版社，1981：807。
〔註114〕陳寅恪，挽王靜安先生；干春松，孟彥弘編，王國維學術經典集：下冊，497。

孝作忠」的政治倫理觀念，是理學人倫在政治上的集中體現。「諸將士涵濡皇仁，發奮蹈厲，咸思圖尺寸之功，以赴君父之急。」〔註115〕同時，湘軍的忠誠，與傳統的愚忠不同，與純粹的利益交換關係亦不同，而是在文化價值認同基礎上的忠誠，是一種理性的忠誠。湘軍「自下而上」的發展壯大，更形成了一種雙方在治統、道統關係上微妙的平衡。這種關係的維持，不是單方面的，而是雙方既衝突，又合作的高度政治理性的體現。在如何對待「權力」的問題上，理學學統同時賦予了當朝者與湘軍集團最好的思想資源和行為注解。與唐末、宋末、明末相比，在權力問題的處理上，雙方都表現出更為成熟穩健的駕馭能力，從而避免了武力割據局面的出現。晚清「同治中興」應該說是理學思想深度影響下政治治理的一個成功範例。

1. 湘軍集團「道非權不立，非勢不行」的認識

湘軍集團維護道統的過程中，逐漸意識到權力資源的極端重要性，非憑一時之血氣所能為功。正如元代曹元用所指出的，「孔子之教，非帝王之政不能及遠；帝王之政，非孔子之教不能善俗。」〔註116〕得君行道，得權應世，成為湘軍集團的一個重要的階段性目標。對於聖君明主的期待，他們與同時代的理學主敬派幾乎是一樣的。

湘軍的早期政治目標，主要集中在獲取地方軍政實權。由於滿漢隔閡等原因，幾乎終咸豐一朝，不僅曾國藩所建湘軍常處孤立無助之境，朝廷中以理學相標榜的大臣，如李棠階、周祖培、倭仁、吳廷棟等，也大多歸籍閒置或遠置荒徼。表明高層決策者對於理學干政、漢人領軍之事充滿著疑慮。以咸豐帝為首的帝國高層始終對曾國藩及其湘軍有著既利用，又防範的心態。七八年間，曾國藩所部孤懸湖南境外，「坎坷備嘗，疑謗叢集」，〔註117〕始終未獲一伸其志。曾國藩自歎：「軍事非權不威，非勢不行，弟處無權無勢之位，常冒爭權爭勢之嫌，年年依人，頑鈍寡效。」〔註118〕「欲成事，則必兼督、撫」的觀念也深深印在了曾國藩等人的腦海中。這種情形，一直持續到咸豐末年，「江左覆亡，始有督帥之授；受任危難之間，」曾國藩幕僚趙烈文直言「蓋朝廷四

〔註115〕曾國荃，湘軍記序；曾忠襄公文集：文集：卷上：卷2，朱漢民，丁平一，湘軍：第3冊，北京：社會科學文獻出版社，2013：202。

〔註116〕孔貞從，遣官祭闕里廟碑；闕里志：卷10，天曆二年（1329），40。

〔註117〕趙烈文，能靜居日記（同治三年四月八日），長沙：嶽麓書社，2013：771。

〔註118〕曾國藩，與邵位西；曾文正公全集：書札：卷7，朱漢民，丁平一，湘軍：第1冊，33。

顧無人，不得已而用之，非負辰真能簡畀，當軸真能推舉也。」〔註119〕

在湘軍方面，共同的政治文化理想和利益使之固結為一個相對穩定的集團，他們對朝廷既充滿期待，恪守臣道，又以自己的獨立思考和行事方式進行有限度的博弈。在湘軍發展史上，胡林翼居有重要地位。他是湘軍系統中除已故的江忠源外，首個真正獲得地方督撫實權的人物，且與總督官文交好，為替湘軍謀求地方督撫之位始終不遺餘力。「胡林翼初從國藩，及其得位行意，欲倚國藩定兩江，頻奏訴其屈。」〔註120〕他利用自己的影響力，以官文之口為曾國藩謀任地方督撫。「曾國藩廉介性成，於財賦兵農素有深究，若得假尺寸之柄，必能通籌全局。」〔註121〕曾國藩因父喪丁憂回籍，咸豐帝不僅拒絕其暗示授予督撫之權的請求，且意圖分化湘軍，把軍權抓在官文、都興阿等滿人大員手中。咸豐七年十月上諭：「楊載福等統帶水師既已著有成效，自應仍歸該總兵相機調度，以專責成。曾國藩離營日久，於現在進剿機宜能否確有把握，尚未可知。若待其赴潯督辦，恐有需時日，轉懈軍心。胡林翼久歷戎行，於軍務尚為熟悉。……著該撫與官文、都興阿、楊載福等商辦，正不必待曾國藩到楚方能定議也。」〔註122〕後因胡林翼等拒絕，湘軍固結之勢已成而未能如願。在獲悉曾國藩終於任兩江總督職務後，胡林翼感歎道「滌帥督兩江，士氣人心為之一振」。〔註123〕

江南大營奔潰後，朝廷不得不倚仗湘軍之勢已成。辛酉政變兩宮聽政，才從根本上改變了對湘軍的政策。一方面對湘軍多方安撫，表達了高度信任：「朝廷信用楚軍，以曾國藩忠勇發於至誠，推心置腹，倚以挽東南全局。……環顧中外，才力氣量如曾國藩者，一時亦實難其選。」〔註124〕一方面大力從湘軍內部提拔重用左宗棠、李鴻章等為方面大員，不數年間，左、李

〔註119〕趙烈文，能靜居日記（同治三年四月八日），長沙：嶽麓書社，2013：771。
〔註120〕王闓運，湘軍志：江西篇第四，長沙：嶽麓書社，1983：51。
〔註121〕清政府鎮壓太平天國檔案史料：咸豐九年：官文奏報石達開勢將入蜀請飭曾國藩統軍往剿折（五月十三日錄副），朱漢民，丁平一，湘軍：第5冊，北京：社會科學文獻出版社，2013：353～354。
〔註122〕清政府鎮壓太平天國檔案史料：咸豐七年十月初四日：寄諭胡林翼著趕辦省城公事即赴九江會商進剿機宜（剿捕檔），朱漢民，丁平一，湘軍：第3冊，433～434。
〔註123〕胡林翼，覆安慶裏郎荊道毛驥云；撫鄂書牘16；胡文忠公遺集：書牘：卷74，朱漢民，丁平一，湘軍：第6冊，180。
〔註124〕朱孔彰，曾文正公別傳；咸豐以來功臣別傳，朱漢民，丁平一，湘軍：第9冊，6。

迅速崛起，輕鬆取得曾國藩祈望多年未能獲得的軍政實權，脫離曾國藩統轄，甚至形成抗禮之勢。朝廷的態度令湘軍上下感奮。曾國藩在與劉蓉信中說：「朝廷甄採正士，與謀軍國，此古來所罕見」。〔註125〕同治初，朝廷大量引用理學之臣，疆吏多以軍功出，「各省上座均極一時之選」，左宗棠在與朋友信中說：「新皇初政，氣象一新。屢於諭旨中見其豁達明決之概，信撥亂反正，聖天子自有真也。」〔註126〕劉坤一也讚美慈禧「任用曾、左諸帥，分道進兵，賞罰嚴明，軍情鼓舞，不數年間，蕩平諸逆，克復各城，大功告成，而後歸政。」〔註127〕均表現出對朝廷善治的肯定與忠誠。

2. 湘軍人物敬謹自省的心態

曾國藩第二次出山後，受黃老思想及歷史鏡鑒的影響，「秩愈高，心愈下，和顏虛懷」，〔註128〕一改過去敢言無忌的剛毅作風，官場行事一以柔道行之。他在給尹耕雲覆信中言：「竊觀古來臣道，凡臣工皆可匡扶主德，直言極諫，唯將帥不可直言極諫，以其近於鬻權也。凡臣工皆可彈擊權奸，除惡君側，唯將帥不可除惡君側，以其近於王敦也。凡臣工皆可一意孤行，不恤人言，唯將帥不可不恤人言，以其近於諸葛恪也。握兵權者犯此三忌，類皆害於爾國，凶於爾家。」〔註129〕這一觀念的形成，標誌著曾國藩因身份的改變，已經徹底調整了與朝廷的關係。

江寧克復報捷之時，曾國藩「推官文居首，而己次之，海內稱其讓德」。〔註130〕更以湘軍暮氣已深，「將士驕盈娛樂，慮其不可復用」為由全行遣撤歸農。而專用淮勇。更以曾國荃「困憊殊甚」「心血過虧」等理由，奏請解除兵權，回籍調理，「求所為善聚不如善散、善始不如善終之道」。〔註131〕即使

〔註125〕陸寶千，劉蓉年譜，臺北：中央研究院近代史研究所專刊（40），1979；106。

〔註126〕左宗棠，答劉蔭渠；左文襄公全集：書牘：卷6，朱漢民，丁平一，湘軍：第6冊，99。

〔註127〕劉坤一，息邪說論；劉忠誠公遺集：文集：卷1，朱漢民，丁平一，湘軍：第3冊，218。

〔註128〕趙烈文，能靜居日記：同治八年五月二十八日，朱漢民，丁平一，湘軍：第7冊，180。

〔註129〕曾國藩，覆尹耕雲；同治五年冬，朱東安，曾國藩集團與晚清政局，北京：華文出版社，2007：246。

〔註130〕薛福成，書長白文文端公相業；庸庵文續編：卷下，5；庸庵文編，沈雲龍主編，近代中國史料叢刊95輯，臺北：文海出版社，546。

〔註131〕朱孔彰，曾忠襄公別傳；咸豐以來功臣別傳，朱漢民，丁平一，湘軍：第9冊，北京：社會科學文獻出版社，2013：299～300。

功滿天下，曾國藩亦「無一時不存敬慎之心。」因督率淮勇為主力剿撚無功，自陳「僕自去歲以來，寄諭責備者七次，御史參劾者五次，從無不平之意形諸顏色。即因病陳請開缺，亦不敢求回籍，又不敢求進京，但求留營效力耳。」〔註132〕表達了對朝廷的極度謙恭之意。曾國藩始終見微知著，高度看重朝廷對自己的態度，同治七年對親信幕僚趙烈文說「去年年終考察，吾密保及劾者皆未動，知聖眷已差，懼不能始終，奈何？」〔註133〕郭嵩燾也對歷史上的「功臣」問題進行了深入思索，「以為國家之所以待功臣，與功臣所以自待，當各盡其宜。」〔註134〕力求在權力分配上取得某種平衡。正因為曾國藩等對朝廷的這種謹小慎微的姿態，避免了湘軍集團與清王朝的關係決裂，維護了來之不易的和平局面。

3. 晚清統治者的開明圖治意識

同治中興局面的形成，除湘軍集團和理學人士的努力之外，清廷當軸者心態的轉變和駕馭能力也是不可忽視的重要因素。這種轉化集中表現在清廷迫於形勢，逐步向漢族實權派人物開放政權，對理學和洋務思想兼容並包，呈現出一定的開明姿態。咸同時期，朝廷對於湘軍理學經世派的駕馭之道，亦不乏可圈可點之處。

能信用能戰圖功之士，以激勵行間。太平軍圍攻長沙，咸豐帝從戰報中看出端倪，分析湖南提督鮑起豹並未參與軍事行動，立即予以罷免，將提督之職授湘軍將領塔齊布。鮑起豹代表了湖南舊軍隊的主要勢力，成為湘軍發展的重大障礙，他的免職，是咸豐一項極為正確的決策，曾國藩亦感歎「天子明鑒萬里」，民士皆「以為皇上知人能任，使軍氣始振焉。」〔註135〕湘軍初起，咸豐帝為統一指揮，將原皖、鄂、江西三省帶兵之員歸於曾國藩，令「所有湖北臬司胡林翼所帶之勇，副將王國才、都司畢金科所帶之兵，均著楊霈敕令星夜馳赴曾國藩等軍營，到營以後，悉聽該侍郎等調遣」，〔註136〕為湘

〔註132〕曾國藩，覆鮑春霆軍門；曾文正公全集：書札：卷31，朱漢民，丁平一，湘軍：第6冊，65。

〔註133〕趙烈文，能靜居日記：同治七年九月二十八日，朱漢民，丁平一，湘軍：第7冊，178。

〔註134〕郭嵩燾，曾宮保五十壽序；養知書屋詩文集：文集：卷14，朱漢民，丁平一，湘軍：第3冊，230。

〔註135〕王闓運，湘軍志：湖南防守篇第一，長沙：嶽麓書社，1983：7。

〔註136〕清政府鎮壓太平天國檔案史料：咸豐四年十二月初二日寄諭楊霈等著將鄂皖諸軍悉聽曾國藩調遣，朱漢民，丁平一，湘軍：第3冊，398。

軍壯大奠定了基礎。咸豐親信大臣肅順亦全力維持湘軍，「粵賊勢甚張，而討賊將帥之有功者，皆在湖南。朝臣如祁文端公、彭文敬公，尚曹焉不察，惟肅順知之已深，頗能傾心推服。」〔註137〕

　　隨著戰局變化，朝廷命曾國藩以欽差大臣兩江總督身份節制四省，並贊其「有古大臣之風，深堪嘉尚。」〔註138〕諭令曾、左等就一切進兵機宜「通籌大局，……朕實有厚望焉。」〔註139〕將東南軍政大權幾乎都交付湘軍。朝廷為鎮壓太平天國，大量破格錄用人才。大臣文慶言：「欲辦天下大事，當重用漢人。彼皆從田間來，知民間疾苦，熟諳情偽，豈若吾輩未出國門一步，懵然於大計者乎？」〔註140〕在肅順、文慶等頗有識見的滿族大員支持下，清廷開始大量任用漢員，對確有軍功的文武官員，不惜打破資歷文法。「塔齊布以都司署守備，僅二年，超擢大帥。」〔註141〕湘軍田興恕、劉蓉、蔣益澧等都先後被授予重任。「益見朝廷任用楚材，惟恐或失」。〔註142〕

　　能宏大規模，不責近效。湘軍征戰常失利挫敗，朝廷除依例斥責外，亦無實際責罰，仍令其統兵作戰，使得湘軍能不拘於一城之地之得失，掌握了戰爭的主動權；戰勝之後，又採納倭仁建議，免去湘軍奏銷。如咸豐四年曾國藩在靖港失利，而湘潭大捷，咸豐「姑念湘潭全勝，水勇甚為出力，著加恩免治其罪，即行革職，仍趕緊督勇剿賊，帶罪自效。」〔註143〕曾國藩兵敗徽州，自請嚴議，朝廷覆旨勸慰「該大臣受國重任，惟當與左宗棠同心戮力，宏濟艱難，力圖恢復，以挽東南全局，方為不負委任，不在區區小節引咎自責也。」〔註144〕曾國荃在《湘軍記·湘軍記述》中回憶：「今湘人士戰績遍

〔註137〕薛福成，肅順推服楚賢；庸庵筆記：卷1，朱漢民，丁平一，湘軍：第8冊，674。
〔註138〕清政府鎮壓太平天國檔案史料：咸豐十一年十二月十四日寄諭曾國藩等著左宗棠迅赴杭城鮑超一軍速攻寧國（剿捕檔），朱漢民，丁平一，湘軍：第3冊，476。
〔註139〕清政府鎮壓太平天國檔案史料：同治元年正月初四日寄諭曾國藩等著於衢徽廣信相機調度並保奏蘇浙司道官員（剿捕檔），朱漢民，丁平一，湘軍：第3冊，482。
〔註140〕薛福成，書長白文文端公相業；庸庵文續編：卷下，4；庸庵文編，沈雲龍主編，近代中國史料叢刊95輯，臺北：文海出版社，544。
〔註141〕王闓運，湘軍志：湖南防守篇第一，長沙：嶽麓書社，1983：7。
〔註142〕劉蓉，覆曾沅浦中丞書；養晦堂文集：卷6，朱漢民，丁平一，湘軍：第6冊，北京：社會科學文獻出版社，2013：439。
〔註143〕清政府鎮壓太平天國檔案史料：咸豐四年四月二十三日諭內閣著駱秉章等乘湘潭水陸獲勝掃除靖港股眾，朱漢民，丁平一，湘軍：第3冊，374。
〔註144〕清政府鎮壓太平天國檔案史料：同治元年正月初四日寄諭曾國藩等著於衢徽

天下，仰仗國家靈威，廟謨高深，不責以近效，不惜其勞費」。〔註145〕湘軍克復金陵後，朝廷對曾國藩加恩賞太子太保銜，錫封一等侯爵，曾國荃賞加太子少保銜，錫封一等伯爵，並賞戴雙眼花翎。所部李臣典封一等子爵，蕭孚泗封一等男爵，其餘湘軍將佐皆論功行賞。〔註146〕根據《赫德日記》，當年官員大考中，「皇帝因他們最令人滿意和為國家效勞最好而給予表揚：北京六人中有恭親王、倭仁、文祥、寶鋆；外省五名優秀官員為官文、曾國藩、李鴻章、駱秉章和左制臺。」〔註147〕

　　能善為始終，維護功臣。同治三年，在曾國藩嫡系湘軍自剪羽翼的同時，朝廷也對輿論洶洶的湘軍在天京掠奪官民財富、明旨解京而擅殺李秀成、太平軍殘部因疏防外流等事免於追究，甚至為湘軍開脫。「曾國藩奏訊取洪（芒）〔仁〕達、李秀（城）〔成〕二逆，前雖有旨解京，惟此等內地叛民，本與獻俘之例不合，且究非洪秀（泉）〔全〕可比。該大臣於訊明後，即在江寧省城將該二逆極刑處死，免致沿途騷擾地方。所辦甚是。……逆擄金銀，朝廷本不利其所有。前據御史賈鐸具奏，故令該大臣查明奏聞。今據奏城內並無賊庫，自繫實在情形。」〔註148〕「至金陵逸賊，既據曾國藩奏稱，漏網者至多不過數百，所有在防將士均著免其查參，以勵有功。」〔註149〕

　　後曾國藩打撚無功，遭御史彈劾，自請開缺並請注銷侯爵，朝廷立即溫旨撫慰：「曾國藩所派將領馳驅東、豫、楚、皖等省，不遺餘力，殲賊亦頗不少，雖未能遽蔵全功，亦豈貽誤軍情者可比！該御史所奏，著毋庸議。」〔註150〕御史蔣琦齡奏稱清廷於劉蓉「未免進之過驟」，朝廷諭旨「劉蓉以湘楚諸生，迭經胡林翼、駱秉章保奏，受兩朝特達之知，不次超擢，原與各路軍營濫保驟進者不同。……如果其人才能出眾，不妨破格錄用。」〔註151〕御史阿凌啊參曾國藩疆臣驕妄，請旨嚴飭一折，清廷的態度是「該御史不查明原委，率以意

　　　　廣信相機調度並保奏蘇浙司道官員（剿捕檔），朱漢民，丁平一，湘軍：第3
　　　　冊，480。
〔註145〕曾國荃，湘軍記敘；湘軍史專刊之二，長沙：嶽麓書社，1983：1。
〔註146〕清實錄：卷107，朱漢民，丁平一，湘軍：第3冊，669～670。
〔註147〕赫德日記——赫德與中國早期現代化，朱漢民，丁平一，湘軍：第8冊，451。
〔註148〕清實錄：卷109，朱漢民，丁平一，湘軍：第3冊，670。
〔註149〕清實錄：卷111，朱漢民，丁平一，湘軍：第3冊，674。
〔註150〕咸豐同治兩朝上諭檔，朱漢民，丁平一，湘軍：第3冊，565。
〔註151〕穆宗實錄：卷37；陸寶千，劉蓉年譜，臺北：中央研究院近代史研究所專刊
　　　　（40），1979：151。

揣之詞列諸彈章，跡涉任意攻訐，此風斷不可長。原折即擲還。」〔註152〕同時，清廷亦多次告誡曾氏兄弟：「慎終如始，永保勳名。惟所部諸將，自曾國荃以下，均應由該大臣隨時申儆，勿使驟勝而驕，庶可長承恩眷。」〔註153〕舊例，清王朝武職大員單銜具疏，皆自稱「奴才」，「與旗籍臣工一例」。為激勵士氣，朝廷專諭：「欽定剿平粵、撚各《方略》，於滿漢文武臣工奏疏，則概以「臣」字為文」，〔註154〕對將帥人格予以尊重。後人評論「朝廷優待功臣，始終如一，斷不使櫛風沐雨、勞苦功高者有鳥盡弓藏之歎。宜士之負奇才異能者爭自磨礪，以自奮於功名之路也。」〔註155〕應該說，清廷在維護功臣方面，表現出了較高的政治智慧和博大胸襟。

（二）湘軍崛起對政治格局的深刻影響

1. 軍隊私屬性增強

為改變官軍拖沓懈怠之病，湘軍對軍制進行了大幅改革，既增強了部隊的戰鬥效率，也帶來了新的隱患：軍隊與朝廷的關係視乎主帥，兵權不再惟朝廷所獨有。曾國藩言：「韓、岳等軍制，自成軍，自求餉，彷彿與今同。」〔註156〕湘軍兵由將招，糧餉自籌，將帥對兵勇結以恩信，從最初的固結之勢中已逐步衍生出個人對於軍隊越來越大的影響力和支配力。曾國藩自謂：「長江三千里，無一處不拽鄙人之旗號，以致中外疑我權重」。〔註157〕王闓運較早認識到這一性質，他說「始創義師由國藩，軍將視為轉移，福興等徵調，置不訾省，得國藩一紙，千里赴急。」〔註158〕羅爾綱先生甚至將湘軍崛起與軍閥制度進行了聯繫。「近世北洋軍閥的起源，追溯起來，實始自湘軍兵為將有的制度。」〔註159〕曾國藩在平定東南後雖大力裁撤湘軍，然而勇營制度卻

〔註152〕咸豐同治兩朝上諭檔，朱漢民，丁平一，湘軍：第 3 冊，北京：社會科學文獻出版社，2013：567。
〔註153〕穆宗實錄，卷 109，6。
〔註154〕陳昌，霆軍紀略，朱漢民、丁平一，湘軍：第 1 冊，377。
〔註155〕論人才難得；申報第 6319 號（1890 年 11 月 21 日），朱漢民，丁平一，湘軍：第 8 冊，335～336。
〔註156〕趙烈文，能靜居日記：同治六年六月二十三日，朱漢民，丁平一，湘軍：第 7 冊，169。
〔註157〕趙烈文，能靜居日記：同治三年四月朔日，朱漢民，丁平一，湘軍：第 7 冊，134。
〔註158〕王闓運，湘軍志：江西篇第四，長沙：嶽麓書社，1983；51。
〔註159〕羅爾綱，湘軍兵志，北京：中華書局，1984：2。

保留下來，朝廷無力徹底收回兵權。雖然終湘軍始終，由於理學思想的浸染以及朝廷的克制，最終沒有如五代明季一般迅速走向軍閥路線，然而朝廷兵權外流已成定勢。

2. 開士人軍功晉爵之途

湘軍在政治上的迅速崛起，使軍功之爵成為十分重要的功名來源。湘軍集團人物雖多出身文人，受過理學的嚴格訓練，但基本拋棄了傳統科舉舉業之途，更看重以實事呈實功。由於湘軍大力破除文法，保薦成為授官之常法。正如官文所贊，曾國藩「識拔之士如塔齊布、羅澤南、李續賓等，皆忠誠奮發，臨難不避，或識自諸生，或拔從行伍，量能器使，各得其宜。」〔註160〕咸豐十一年詔：「羅澤南、江忠源、李續賓、李續宜、劉長佑，均由曾國藩、胡林翼所保，王鑫、左宗棠、田興恕由駱秉章所保，張國樑由勞崇光所保，均克盡以人事君之義。嗣後中外諸臣保舉人才，均當取以為法。」〔註161〕此處除張國樑外，均為湘軍人物。郭嵩燾言「國家席承平之業，高官美仕，一出於科舉。訖於軍興，崇獎武功。負劍提戈，收一戰之效，名尤高，仕尤顯。」〔註162〕為籌集軍餉，肅清吏治，提升行政效率，湘軍人物大量引用德操較優的士紳參政，甚至有「用官不如用委員，用委員不如用士紳」之說。士紳力量成為湘軍發展的重要社會基礎，官場的廉潔度也一度提升。「其時駱、胡所用皆湖南之紳士，故湖南有紳大於官之謠，胡帥有袒護同鄉之議。然兩省釐金之旺，實由於此。」〔註163〕士紳參政，是湘軍「道統」格局下的政治選擇和必然趨勢，對於地方自治產生了積極影響，也深刻影響了晚清與民國的政治格局。

3. 督撫議政局面的形成

湘軍既是「大一統」的堅定維護者，又是地方權力的推崇者。這一觀念可追溯到朱熹針對強幹弱枝弊端提出的政治改良思想。朱熹明確反對「州縣之權太輕」〔註164〕的政治格局，主張「雜封建於郡縣之間」，「又使方伯、連

〔註160〕清政府鎮壓太平天國檔案史料：咸豐九年官文奏報石達開勢將入蜀請飭曾國藩統軍往剿折（五月十三日錄副），朱漢民，丁平一，湘軍：第5冊，353，354。
〔註161〕李慈銘，越慢堂日記：辛集下，朱漢民，丁平一，湘軍：第7冊，204～205。
〔註162〕郭嵩燾，送陳右銘廉訪序；養知書屋詩文集：文集卷15，朱漢民，丁平一，湘軍：第3冊，231。
〔註163〕曾國藩，覆馬谷山；曾文正公全集：書札：卷24，朱漢民，丁平一，湘軍：第6冊，北京：社會科學文獻出版社，2013：53。
〔註164〕朱子語類：論治道；卷108，長沙：嶽麓書社，1997：2415。

帥分而統之。」〔註165〕目的是增強地方自衛能力和施政主動性。羅澤南繼承了這一思想，明確提出「後世罷侯置守，寇盜之發，至於長驅中原，莫之敢制，良以州縣之權輕，無侯國以屏藩之故也。」〔註166〕咸同之後，出於鎮壓民變的需要，朝廷被迫讓渡部分地方實權。朝廷權輕、督撫議政的局面成為不可逆轉之勢。「於是督撫之權愈重，朝廷之倚督撫者深，而天下之係於督撫者大。」〔註167〕

　　較之於清代常制，晚清主要有兩項重大調整變化。其一是將軍務之臣與地方疆吏在權利上合一，「自咸豐以來，凡欽差大臣督辦軍務，即以其地之督撫授之。」〔註168〕其二，由於南方各省糜爛，官員不願赴任，朝廷不得不諭令大帥詮選人才。如同治元年上諭：「蘇、浙糜爛省份，人皆視為畏途，誠如該大臣所奏，惟有選擇能戰之文員以補兩省之實缺，或能漸集乃事，並著曾國藩、左宗棠隨時訪查，將能勝蘇、浙兩省司道府之員保奏前來，以備簡用。」〔註169〕其三，為籌措軍費，朝廷認可了地方政府自籌經費以及截留稅銀的做法，促成了地方財政獨立。舊制「一省歲入之款。報明聽候部撥。疆吏亦不得專擅。」但「自軍興以來。各省丁漕等款。紛紛奏留供本省軍需。於是戶部之權日輕。疆臣之權日重。」〔註170〕因軍事需要，督撫集軍、政、財權於一身的情形日益明顯，主要表現在：

　　清代督撫之權雖重，但兩司、提、鎮事權仍相對獨立。湘軍崛起，人事上往往以督撫一言決去留，使司、提、鎮及以下皆成屬吏。如劉坤一自同治四年任贛撫，「手內已送掉三藩司，皆以年終密考劾之，使之不安於其位而去。」〔註171〕原來一省三憲，即巡撫、布政使、按察使比肩而立的情況亦不

〔註165〕朱熹，古史餘論：本紀；朱熹集：第7冊：卷72，成都：四川教育出版社，1996：3805。

〔註166〕羅澤南，告子下；讀孟子劄記；卷2；羅澤南集，長沙：嶽麓書社，2010：310。

〔註167〕論元帥：申報第2663號（1880年9月28日），朱漢民，丁平一，湘軍：第8冊，179～180。

〔註168〕易孔昭，胡孚駿，劉然亮，平定關隴紀略，朱漢民，丁平一，湘軍：第2冊，601。

〔註169〕清政府鎮壓太平天國檔案史料：同治元年正月初四日寄諭曾國藩等著於衢徽廣信相機調度並保奏蘇浙司道官員（剿捕檔），朱漢民，丁平一，湘軍：第3冊，481。

〔註170〕曾國藩全集：奏稿：第7冊，長沙：嶽麓書社，1987：3397。

〔註171〕劉體信，萇楚齋三筆：卷10，朱漢民，丁平一，湘軍：第8冊，894。

復存在。薛福成描述這一情形為:「自曾文正、胡文忠諸公乘時踔起,鑱去文法,不主故常,漸為風氣。各省自司道以下,罔不惟督撫令是聽,於是政權復歸於一。」〔註172〕「其後湘軍日強,巡撫亦日發抒,體日益尊,至庭見提鎮易置兩司,兵餉皆自專。」〔註173〕督撫甚至具備借外債之權。如同治六年左宗棠為平定西域,奏請「擬援案再由道員胡光墉籌借洋商銀二百萬兩。」〔註174〕後至光緒三年共實際借定 500 萬兩。〔註175〕整個西征先後六次共商借洋債近 1600 萬兩。

督撫對朝廷決策影響力增強。同治初,新帝以沖齡嗣位,朝廷信用湘軍,倚賴地方大員,「一切規畫輒深嘉許,言聽計從。」〔註176〕發展到以後,朝廷不僅對地方軍政事務,且就外交事務、國家戰略等均事先詢問督撫意見。特別是曾國藩、李鴻章、左宗棠等重要督撫,「中外係望,聲出政府上,政府亦倚以為重。……每定約章,輒問可許不可許。」〔註177〕「近年以來,疆臣建議,每每立見施行。」〔註178〕

地方權益固化於軍功集團。湘淮軍百戰成功之後,事實上形成了兩大集團各自的勢力範圍。如劉蓉自言「朝廷採用楚材,甄錄特夥,督撫之職幾半天下」。〔註179〕至同治中後期,當時全國共十八行省,而湘軍集團任督撫者竟高居十三省(江蘇、安徽、江西、浙江、福建、湖南、湖北、四川、廣東、廣西、陝西、山東、直隸),占百分之七十二。甚至形成一種傳統:重要地區前任督撫謝世去職後,朝廷仍只能在湘淮軍集團中考慮人選。如光緒十六年,曾國荃卒於江督任上,慈禧最終內定劉坤一繼任,「乃詔起於家,簡放

〔註172〕薛福成,書編修吳觀禮論時事書後;庸庵文續編:卷上,40;庸庵文編,沈雲龍主編,近代中國史料叢刊 95 輯,臺北:文海出版社,533。

〔註173〕王闓運,湘軍志:湖南防守篇第一,長沙:嶽麓書社,1983:1。

〔註174〕易孔昭,胡孚駿,劉然亮,平定關隴紀略,朱漢民,丁平一,湘軍:第 2 冊,591。

〔註175〕左宗棠,上總理各國事務衙門(光緒三年),左宗棠全集:第 12 冊,長沙:嶽麓書社,2012:211。

〔註176〕清政府鎮壓太平天國檔案史料:同治元年正月十三日寄諭曾國藩等著通籌東南大局並將一切機宜隨時馳奏(剿捕檔),朱漢民,丁平一,湘軍:第 3 冊,北京:社會科學文獻出版社,2013:484。

〔註177〕李志茗,湘軍:成就書生勳業的「民兵」,上海:上海古籍出版社,2007:100。

〔註178〕朱壽朋編,光緒朝東華錄,北京:中華書局,1958:1048。

〔註179〕劉蓉,與李希庵中丞書;養晦堂文集:卷 7,朱漢民,丁平一,湘軍:第 6 冊,442。

斯缺。」〔註180〕待劉坤一謝世，「朝命（部）〔邵〕陽魏午莊制府光燾調補，文襄（張之洞）署理。」因魏光燾名望遠出其下，致張之洞有「朝廷此缺，不啻為湖南人買去矣」之歎。〔註181〕後人評述：「（金陵）留防湘軍常萬數，江督一缺必於湘軍宿將中選之，蓋非如此不足安其心，且恐有他變。……金陵遂儼然湘人湯沐邑矣。」〔註182〕

4. 打破了政權上的滿漢隔閡

晚清統治者逐步放鬆滿漢之大防，開始開放政權，促進了中央和地方的滿漢融合。首開風氣者是滿族當權者中的有識之士。咸豐重臣肅順「獨敬禮漢人，嘗謂滿、蒙氣運已盡，後起皆豎子。」〔註183〕肅順為保左宗棠，在咸豐帝御座前「乘機極言滿將帥腐敗不可恃，非重用漢臣不可。上大感動，即可潘奏。」〔註184〕文慶亦言「欲辦天下大事，當重用漢人，彼皆從民間來，知民疾苦，熟諳情偽。……平時建白，常密請破除滿漢藩籬，不拘資地以用人。」〔註185〕為保統治地位甚至身家性命，滿族官員不得不對湘軍軍功集團步步讓渡權利，甚至隱忍克制。「多隆阿性情剛傲，每以都興阿不能打仗，常嗤辱之，甚至唾罵。都興阿之弟憤不能平，怒訴於其兄。都興阿曰：『人有本事，必有脾氣。只要他出力，管他罵與不罵！』」〔註186〕雖然多隆阿是湘軍中原隸旗籍人士，但滿族權貴的這一態度可見一斑。滿人大員甚至認為「若輩皆百戰功臣，若非湘淮軍，我輩不知死所矣。」〔註187〕

曾國藩克復金陵之時報捷「推使相官文居首，而己次之。」而到了李鴻章平撚，將軍都興阿謙不報捷。「大功之成，由漢大臣專報，自茲役始。迨左文襄公平回寇，則竟不參以他帥，滿漢已無町畦。」於是「功名之路大開，賢才奮而國勢張。……移數百年積重之風氣」。〔註188〕至左宗棠專師遠征，

〔註180〕劉體信，萇楚齋三筆：卷10，朱漢民，丁平一，湘軍：第8冊，894。

〔註181〕劉體信，萇楚齋三筆：卷6，朱漢民，丁平一，湘軍：第8冊，887。

〔註182〕湯殿三，國朝遺事紀聞：第1冊，民興報館版，9。

〔註183〕黃濬，慈禧傳信錄所述端肅一案；花隨人聖庵摭憶：附「花隨人聖庵摭憶補篇」，北京：中華書局，2008：818。

〔註184〕李岳瑞，高心夑遺事；春冰室野乘：卷中，朱漢民，丁平一，湘軍：第8冊，803。

〔註185〕薛福成，書長白文文端公相業；庸庵文續編：卷下，4；庸庵文編，沈雲龍主編，近代中國史料叢刊95輯，臺北：文海出版社，544。

〔註186〕張集馨日記：同治三年十月十二日，朱漢民，丁平一，湘軍：第7冊，332。

〔註187〕吳承喬，滿員沒字碑之多；清代吏治叢談：卷4，臺北：文海出版社，1966；799。

〔註188〕薛福成，庸庵文續編；庸庵全集卷下，光緒十三年刊，5～6。

朝廷已經不再派出他帥監軍，表達了對漢族疆吏的完全信任。自 1861 至 1890 年，全國歷任總督 44 人，漢族占 34 人，巡撫 117 人，漢族占 104 人。〔註 189〕同時，湘軍集團打破了中央財政滿人獨掌的局面。清王朝「天下財賦總匯皆北檔房司之，而定例北檔房無漢員行走者，以故二百餘年，漢人士大夫無能知全國財政盈絀之總數者。」湘軍系統出身的閻敬銘為戶部尚書，即建議「滿員多不諳握算，事權半委胥吏，……欲為根本清釐之策，非參用漢員不可。」〔註 190〕

曾任晚清總稅務司的赫德評價說：「韃靼統治者迄今日益與漢人同化，吸收同化過程將來可能繼續下去，直至事物同質狀態到來，政府和一切事物都將是漢族的，不再有紛擾。實際上已經幾乎如此，我們一朝醒來，便充分感到，儘管『皇帝』還是順治的後裔，而政府卻由漢人組成了。」〔註 191〕

（三）晚清政治格局轉變簡評

晚清政局變革涉及權力機關民族構成、財政制度、中央地方關係、軍制改革、人才詮選等諸多方面，有著深刻的理學思想背景和淵源。它不同於尋常末世單純的權力下移和變革，一定程度是朱熹所倡導的「雜封疆於郡縣之間」政治意圖的體現。在湘系經世集團的維持下，政治格局的轉型始終沒有脫離儒學「道統」「治統」合一的政治理想，也沒有直接導致地方軍閥化和對中央造成顛覆性影響。

一方面，這種變化具有一定的正面效應。清政府通過變革，擴大了統治基礎，較好地處理了國內變亂等諸多棘手的現實問題，一度穩定了軍事政治局面，甚至在洋務和新學等方面一度呈現出欣欣向榮之勢。另一方面，由於政權下移，必然導致地方坐大，中央權力削弱，對後來政局發展產生了巨大潛在隱患。理學家本身雖恪守臣節，不逾規矩，但隨著時局發展，基層社會的離心力日益強烈。這一點湘軍集團內部亦不乏認識。如趙烈文言：「今師一勝而天下靡然從之，恐非數百年不能改此局面。一統既久，剖分之象蓋已濫觴，雖人事，亦天意而已。」〔註 192〕湘軍中郭崑燾也說：「軍興十年，湖南

〔註 189〕〔美〕扎爾夫・鮑威爾著，陳澤寬、陳霞飛譯，中國軍事力量的興起（1895～1912），北京：中華書局，1978 年：20。

〔註 190〕李岳瑞，閻文介遺事；春冰室野乘：卷中，朱漢民，丁平一，湘軍：第 8 冊，北京：社會科學文獻出版社，2013：801。

〔註 191〕赫德日記——赫德與中國早期現代化，朱漢民，丁平一，湘軍：第 8 冊，452。

〔註 192〕趙烈文，能靜居日記：同治六年六月二十三日，長沙：嶽麓書社，2013：1072。

兵勇甲於天下，目前之得力在此，將來之可慮亦在此。」〔註193〕王闓運於同治九年再讀《五代史》後，在日記中寫道：「觀其將富兵橫，矛戟森森，與今時無異，恐中原復有五季之勢，為之泉兀。余去年過湘鄉縣城，如行芒刺中，知亂不久矣。」〔註194〕

第三節　湘軍集團與晚清「國運」相始終

　　清王朝重熙累洽二百餘年，至晚清「吏縛於薄書、文法，不習詩、書；將疲於趨蹌應對，不諳戰略。」〔註195〕國家財政枯竭，統治機構外強中乾，幾乎喪失了基本的危機應對能力。晚清時期，既為傳統王朝走向衰落的社會歷史週期，又值海運大開，世界工業革命發軔後近代資本主義挾炮艦之勢迅速擴張的歷史拐點。在雙重危機之下，道咸之交，遂外逼於列強，內亂於民變，岌岌乎不可支年月。湘軍崛起，不僅削平內亂，穩定了局勢，而且更敢於對外爭鋒，為一個淪落中的民族保持了最後的尊嚴，成為晚清「國運」轉移的重要轉捩點。

一、湘軍以一隅之力成中興之功

（一）湘軍砥柱中流的經世功業

　　晚清之憂患不減明季。清政府連續兩次在鴉片戰爭中失敗，甚至京師淪陷，八旗蒙古精銳軍隊遭到毀滅性打擊。國內太平天國起事以來，先後佔領400多座城池，戰火波及江南大部及山東、河南、河北、陝西等省，甚至南方一度餉道斷絕，奏報不通。道咸同時期，河南、湖南、四川、貴州的天地會、撚軍等太平軍外圍組織和以回民、苗民、侗民為主的少數民族亦相繼舉行了聲勢浩大的起事。1851年至1868撚軍興起，波及黃河、淮河流域，南下江漢，太平軍一部與撚軍合流，於1863年占陝西漢中府。1854～1872年貴州張秀眉等苗民起事，同年廣西天地會大成國起事；1856年杜文秀雲南回民起事；1859年李永和、藍朝鼎在雲南、四川發動反清起事。因長期積壓的

〔註193〕郭嵩燾，雲臥山莊尺牘：卷1，9～10。
〔註194〕王闓運，湘綺樓日記：第1冊：同治九年正月十六日，長沙：嶽麓書社，1997：76。
〔註195〕左宗棠，送劉克庵南歸寧親序；左宗棠全集：家書詩文，長沙：嶽麓書社，1987：261。

民族矛盾和太平軍影響，1862 年陝甘回民大規模起事，歷時 11 年之久。1864 年，在陝甘局勢牽動下，新疆爆發了規模空前的反清起義，清政府在新疆的統治基本癱瘓。1865 年 4 月，中亞浩罕國首領阿古柏趁機侵入新疆，殘酷鎮壓各民族武裝，建立「哲德沙爾國」，並勾結土耳其、英國，購買武器，訓練軍隊，企圖將新疆從中國分裂出去。

各地起義民變，既有反抗壓迫和民族奴役的一面，但隨著局勢失控，也表現出嚴重的分裂離心傾向和暴戾仇殺的一面。「貴州苗亂，始於咸豐四年黃平抗糧。不數年，六府皆陷，黔東、湘西無寧日。……賊鼓眾深入，掠沅、靖州郡。」〔註 196〕「滇南回患已入膏肓，其魁酋既據省垣，遂握兵柄，大吏仰其鼻息，莫敢誰何。……三秦富饒之區，突遭回變，淪沒十餘州縣，富室村莊，悉遭焚掠，屠人至三十四萬之多。……陝省軍民，回人居其三四，所在蠢動，甘肅撤回又群起而應之，炎炎之勢，又烈於滇。」〔註 197〕全國政治局勢十分危急。

軍興以來，各地先後殘破，惟湖南官紳一體，創練湘軍，歷經十餘載，不僅削平東南，又次第遣兵入兩廣、貴州、雲南、四川、陝西，「內固封守，外靖江、鄂、黔、兩粵之寇，則邦人君子之力也。」〔註 198〕「蓋曾公以忠孝大節，率先豪傑，為天下倡，萃湖南一隅之人士，厚積其勢與力騰踔以起，以能揉淬天下而蕩滌之，而終措之安。」〔註 199〕《清史稿》稱「國運中興，十年之間，盜賊鏟平，中外乂安。」〔註 200〕

（二）強化了尚武經世的湖湘地域風氣

湘軍的尚武風氣，除受堅毅卓礪的湖湘文化影響之外，也與其四塞的地理條件和惡劣的軍事環境有著密切關係。特別是湖南作為南北交兵的必由之境，一旦軍興亂發，則兵家必爭，周邊盜匪四逼。為保身家計，湖湘士人多

〔註 196〕朱克敬，暝庵二識：卷 1，朱漢民，丁平一，湘軍：第 8 冊，北京：社會科學文獻出版社，2013：564。

〔註 197〕劉蓉，覆郭筠仙觀察書；養晦堂文集：卷 6，朱漢民，丁平一，湘軍：第 6 冊，432。

〔註 198〕左宗棠，送劉克庵南歸寧親序；左宗棠全集：家書詩文，長沙：嶽麓書社，1987：262。

〔註 199〕郭嵩燾，九忠祠碑記；養知書屋詩文集：文集：卷 25，朱漢民，丁平一，湘軍：第 3 冊，235。

〔註 200〕清史稿：卷 22：同治紀，北京：中華書局，1986：848。

孔武尚勇。咸豐時期，湖南連遭兵燹，「通計湖南接連六省，惟與四川交界二百餘里尚無賊蹤，餘則環境數千里，無一處無賊。」又因周邊省份兵弱將疲，不能自保，湖南稍定，則必兵援鄰省。非如此，則湖南不能獨存。「賊之起於鄰省者，諉湖南援剿，而鄰省並無會剿之兵；賊之竄入湖南者，惟湖南防剿，而鄰省並無追剿之兵。」〔註201〕湘軍踔厲敢死，力持危局，能戰之名遍天下。「方事之殷也，各行省均欲得楚軍為重」。〔註202〕

湘中理學思想浸染較深，且民風質樸強勁，士民往往樂於從軍，不畏生死，「出死力、糜肝腦，蹈白刃以與賊相咋，其平時或未一霑祿食。」其戰鬥力的真正來源，在於曾國藩等理學人士以理治軍，明恥教戰。終咸同光緒三朝，湘人始終保持著從軍尚武習俗，近代歷次重大軍事行動，湘軍幾乎「無役不從」，征伐遍十八行省。「南至交趾，北及承德，東循潮、汀，乃渡海開臺灣，西極天山、玉門、大理、永昌，遂度烏孫，水屬長江五千里，擊柝聞於海。自書契以來，湖南兵威之盛未有過此者也。」〔註203〕時人「語戰績則曰湘軍，語忠義則曰湘士。……古所謂慷慨悲歌之地，今所謂日本薩摩堅韌悍勁之風」。〔註204〕

湘軍的成功更加強化了湘人尚武敢死，「可仁可俠」〔註205〕的氣概。陳寶箴言：「自咸豐以來，削平寇亂，名臣儒將，多出於湘，其民氣之勇，士節之盛，實甲於天下，而恃其忠肝義膽，敵王所愾，不願師他人之所長，其義憤激烈之氣，鄙夷不屑之心，亦以湘人為最。」〔註206〕「湘人強直驃急，果於赴義，而樂於行陣，究為可用。」〔註207〕咸同之際，湘軍官兵遍於全國，甚至出現以從軍為樂，赴死不顧的民俗。「城中一下招兵令，鄉間共道從軍

〔註201〕駱秉章，瀝陳軍務繁難請旨敕撥協餉折（咸豐六年十月十五日）；駱文忠奏稿：卷5，朱漢民，丁平一，湘軍：第4冊，北京：社會科學文獻出版社，2013：89。

〔註202〕左宗棠，答吳南屏羅研生郭意成曹鏡初；左文襄公全集：書牘：卷12，朱漢民，丁平一，湘軍：第6冊，111。

〔註203〕王闓運，湘軍志：湖南防守篇第一，長沙：嶽麓書社，1983：1。

〔註204〕唐才常，辨惑下；唐才常集，北京：中華書局，1982：170。

〔註205〕「振支那者惟湖南，……而可仁可俠者惟湖南」。（唐才常集，北京：中華書局，1980：178）。

〔註206〕陳寶箴，奏設湖南時務學堂折，戊戌變法檔案史料，北京：中華書局，1958；243。

〔註207〕光緒朝朱批奏摺：湖南巡撫陳寶箴奏近日整理防營並擬漸圖裁減折（光緒二十二年十一月二十二日），朱漢民，丁平一，湘軍：第5冊，469。

樂。萬幕連屯數日齊，一村傳喚千夫諾。農夫釋耒只操戈，獨子辭親去流血。父死無屍兒更往，弟魂未返兄逾烈。」〔註208〕這種精神，在咸同湘軍之後很長一段時間，都影響著湖南人的「國民性」。梁啟超贊許湖南人的精神與學術：「湖南天下之中，而人才之淵藪也。其學者有畏齋（程端禮），船山之遺風；其任俠尚氣與日本薩摩、長門藩士相彷彿……其可以強天下而保中國者，莫湘人若也。」〔註209〕晚清湖南學政江標也感慨：「吾之以日本望湘人士也，久矣。今其氣象，庶幾近之。」〔註210〕

英人林輔華在《我們進入湖南》一書中寫道：「The people of Hunan are sturdy and independent race,possessing all the strength and also manifesting all the weakness of the national character.they are warlike,impetuous,tenacious of purpose;at the same time they are proud,conservative,and disdainful;……with the result that probably most of the military of the Chinese Empire are Hunanese.Many of the civil offices are also held by these people,their force of character bringing them to the front as the natural leaders of the nation.」（筆者譯：湖南人是堅韌獨立的族群，有著所有的優點和國民性中的缺陷，他們好戰，衝動，對目標鍥而不捨，同時他們自負、保守和輕蔑他人。……作為結果，帝國軍隊中多有湖南人，許多文官職務也他們所掌控，他們性格的力量導致他們成為國家的天然領導人。）〔註211〕

（三）開拓了理學經世救時的新格局

作為理學經世集團，湘軍堅信文化與國勢的必然關聯，「儒風一盛一衰，國勢隆替之始也。……儒風盛，則國勢昌矣；儒風衰，則國勢碚矣。」〔註212〕他們不同於近代政黨，卻有著共同的理想和價值觀，也有著相近的政治理想和行為方式，追求「道」「治」合一的境界，一旦得位行權，即付諸實踐而百折不饒。他們以理學原則整頓軍制，肅清吏治，改良財政，推行文教，在作禮創制上居功厥偉，體現出比同時代士大夫更為務實、前瞻的眼光和創造精

〔註208〕楊度，湖南少年歌；楊度集：第1冊，長沙：嶽麓書社，2013：94。
〔註209〕梁啟超，南學會敘；飲冰室合集：第2冊：文集，北京：中華書局，1989：66。
〔註210〕長沙野史集鈔：下部：耆舊文存，長沙：嶽麓書社，2011：237。
〔註211〕Charles Wilfred Allan, Our Entry Into Hunan（林輔華，我們進入湖南），朱漢民，丁平一，湘軍：第8冊，北京：社會科學文獻出版社，2013：485。
〔註212〕湯鵬，浮邱子，長沙：嶽麓書社，1987：95。

神。容閎贊曾國藩道：「曾文正者，於余有知己之感，而其識量能力，足以謀中國進化者也。」〔註213〕左宗棠言「吾湘首倡忠義，成東南底定之勳，拯西北溺焚之患。其間選將練兵，修船製砲，籌釐榷稅，均原本古法，斟酌時宜。」〔註214〕湘軍集團的一些創議建制，著力於從根本上解決長治久安之計，對於中國近代歷史產生了深遠影響。

如苗疆之亂，歷代用兵，僅求其降服而已。湘軍卻從民族文化同化的問題上獨能深入一層：「苗之叛服無常，非獨其野性然也，風俗之不一，政教之不及，相激相蕩，因而生心耳。……益以語言不通，嗜欲不同，漢民既目為異類，苗亦自居於別種，苗疆所由多故也。」因此，湘軍在採用癩軍「雕剿」之法，以五年時間取得軍事勝利之後，即提出「欲苗不為亂，必使言語嗜欲同於編氓，而要由責令剃髮，形貌既同，言語嗜欲即漸更化，數十百年之間，民苗大馴，混同教俗，生計或不給，營販四出，無所阻礙，則叛盜息矣。」〔註215〕自此之後，苗疆再無較大叛亂發生，徹底解決了歷代王朝都不能很好解決的苗變問題。左宗棠堅信忠信可行於蠻貊，一旦平定西北回亂，即設學校，以回民子弟入課，在民族融合上作出了努力。

光緒四年（1878）春，新疆南北路悉平。左宗棠即著手善後。左宗棠所部湘軍大力發展屯墾，減輕軍費負擔，為戍守新疆奠定了堅實的經濟基礎。「以光緒四年計之，……南北兩路已徵糧二十六萬一千九百餘石。即南路較部案額徵十三萬石，已增十萬六千五百石有奇，北路續增，及開渠、成熟地畝尚不在內。其釐稅自四年秋冬至五年夏，徵銀十八萬有奇。」〔註216〕為綏靖邊陲大局，「以創制行省係天下全局，……覆奏言：是南北開設行省，天時、人事均有可乘之機。失今不圖，未免可惜。」他更進一步指出，設立行省「則綱目具而事易舉，頭目人等之權殺，官司之令行，民之情偽易知，政事之修廢易見，長治久安之效，實基於此。」〔註217〕後在劉錦棠建議下，行省制度又作了修改，將甘肅、新疆聯為一體，以避免新疆孤懸塞外，「若將關內外畫為兩省，

〔註213〕容閎，西學東漸記：第13章：與曾文正之談話，朱漢民，丁平一，湘軍：第8冊，763。

〔註214〕左宗棠，答吳南屏羅研生郭意成曹鏡初；左文襄公全集：書牘：卷12，朱漢民，丁平一，湘軍：第6冊，111。

〔註215〕朱孔彰，席少保別傳；咸豐以來功臣別傳卷，朱漢民，丁平一，湘軍：第9冊，510。

〔註216〕魏光燾等，勘定新疆記，朱漢民，丁平一，湘軍：第2冊，685。

〔註217〕魏光燾等，勘定新疆記，朱漢民，丁平一，湘軍：第2冊，672。

以二十餘州縣孤懸絕域，其勢難以自存。」〔註218〕光緒十年（1884）冬，劉錦棠簡授甘肅新疆巡撫。同年，錦棠擬奏新疆駐軍編制，「酌定全疆旗綠以三萬一千人為準」，分駐伊犁、塔爾巴哈臺、烏魯木齊等地，「馬步分編，擇駐險要。」同時擬定官制，在關外鎮迪一道基礎上「南路添設兩道，並畫哈密通判以隸新疆，計廳州縣官二十餘員，回疆始有治民之官。」〔註219〕「於是，軍府之制一變而為郡縣之制，……自漢唐以來未有建置若斯之盛也。」〔註220〕

作為以軍功起家的武裝集團，歷史上往往容易形成內輕外重、武力割據甚至推翻前朝的結局。因為權力平衡一旦打破，朝廷、地方必然兩不相安，勢所然也。湘軍對此有十分深刻的認識，以曾國藩為首的湘軍首腦人物，常懷儆懼之心，對破除擁兵自重的歷史週期律作出了最大努力。他們以理制欲、以理制勢，不惜自剪羽翼，以維護這種平衡，較好地處理了朝廷與功臣集團的關係問題，避免了戰端再起，維護了國家統一。其中雖然有湘軍人物儆懼自保的因素，但更重要的是他們對理學文化及其人倫秩序的認同使然。

劉蓉自述：「蓋君臣大義自在人心，雖屬武夫粗材，亦共知名分森然不可干犯。此萬古綱常所由維持於不壞者。比歲東南用兵幾遍天下，驍將武臣擁勁旅握兵權者，所在有之，然或喪師失律，貽誤事機，一經朝廷譴責，靡不貼耳懾服。」〔註221〕曾國藩自表其志曰：「方今主憂國弱，僕以近臣與聞四方之事，苟利民人，即先部治而後上聞，豈為一己自專威福？所以尊朝廷也。」〔註222〕為此，曾國藩不惜壓制對朝廷極度不滿的乃弟曾國荃。他在咸豐十年九月初十日的信中痛斥曾國荃：「初九夜所接弟信，滿紙驕矜之氣，且多悖謬之語。天下之事變多矣，義理亦深矣；人情難知，天道亦難測。而吾弟為此一手遮天之辭、狂妄無稽之語，不知果何所本！」〔註223〕面對太平天國之後督撫權重的局面，曾國藩為清廷長治久安計，上奏陳請用兵之權與用人之權應分離，杜絕外重內輕之漸，以明心跡。他說「天子舉措之疆臣，

〔註218〕何維樸，劉襄勤史傳稿，朱漢民，丁平一，湘軍：第9冊，北京：社會科學文獻出版社，2013：444。

〔註219〕魏光燾等，勘定新疆記，朱漢民，丁平一，湘軍：第2冊，675。

〔註220〕袁大化修，王樹枏等，新疆圖志：卷25：職官4，朱漢民，丁平一，湘軍：第7冊，780。

〔註221〕劉蓉，密陳涇州軍心危疑疏（同治四年十二月二十二日）；劉中丞奏議：卷14，朱漢民，丁平一，湘軍：第5冊，204，205。

〔註222〕曾國藩，曾文正公書札：卷4，傳忠書局，1876；42～43。

〔註223〕曾國藩全集：第19冊，581～582。

既有征伐之權，不當更分黜陟之柄。不特臣為然，凡為督撫，辦之不可不早，宜防外重內輕之漸，兼杜植私樹黨之端。」〔註224〕後人對曾國藩不稱帝多有猜測，其根本原因無他，在於其文化價值追求與歷代權臣武夫有著本質區別。

　　在朝廷中樞與湘軍集團的相互配合、精心維護之下，一個行將沒落的王朝再次煥發出了生機。「當同治之初，天下蒸蒸向治，道固昌矣。」〔註225〕這種政治格局為國家贏得了三十多年的國內和平時間，贏得了晚清時代惟一一次反分裂國家鬥爭勝利和惟一一次對外戰爭的軍事勝利，也開啟了中國首次「自強新政」的近代化革新新篇章。一直到光緒朝中期，朝廷始終「聞鼙鼓而思將帥」〔註226〕，對於湘軍集團的倚重仍未減弱。光緒十年，左宗棠因病告退。內閣學士周德潤上疏請留，稱：「左宗棠倡言告退，便得息肩，萬一劉錦棠諸人相率效尤，皆欲角巾歸里，廣置良田以自享安閒，皇上誰與共剪荊棘？」〔註227〕

　　湘軍人物對自身歷史地位有著十分自足的認識。王鑫說「今日半壁之天下，恃一湖南撐持之。」〔註228〕左宗棠稱：「吾湘以一隅支柱東南，誅巢馘讓，軍聲雄於天下，為古今未有之奇。」〔註229〕劉坤一在致左宗棠信中說「楚軍與此次軍務相為始終，兵餉兼籌，援防互用，其措施之精美，經營之艱苦，誠如來教所云，足為百世之規，可表中興之業。」〔註230〕在後人評說問題上，湘軍人物也十分自信：「吾湘廿年以來，內固疆守，外從王事，所歷多危險阻絕之境。他人咋舌斂手，不敢引為己任者，吾湘毅然一身當之。其初何嘗有天下後世在其念慮？……戰績昭彰，章奏詳之，國史書之，非悠悠之口所能

〔註224〕朱孔彰，曾文正公別傳；咸豐以來功臣別傳，朱漢民，丁平一，湘軍：第9冊，6。

〔註225〕郭崑燾，蘿華山館遺集：郭嵩燾序，朱漢民，丁平一，湘軍：第3冊，264。

〔註226〕諭賜入祀賢良祠祭文；黎庶昌，曾國藩年譜，長沙：嶽麓書社，1986：74。

〔註227〕光緒朝中法交涉史料：卷11：內閣學士周德潤奏左宗棠請假令在任調理以資倚任折（光緒十年正月十八日），朱漢民，丁平一，湘軍：第5冊，北京：社會科學文獻出版社，2013：526。

〔註228〕王鑫，與左季高先生（五年十一月二十四日）；王壯武公遺集：卷9，朱漢民，丁平一，湘軍：第6冊，495。

〔註229〕左宗棠，答吳南屏羅研生郭意成曹鏡初；左文襄公全集：書牘：卷12，朱漢民，丁平一，湘軍：第6冊，111。

〔註230〕劉坤一，致左子重（同治十一年十月三十日）；劉忠誠公遺集：書牘：卷4，朱漢民，丁平一，湘軍：第6冊，238。

增損，更無須自為表暴。」〔註231〕

二、近代國際變局中的湘軍理學經世集團

　　湘軍人士，多為堅韌而不乏理性的愛國者。受儒家理想感召，他們對於國勢陵夷的憂患傷痛往往更為深沉劇烈，如曾國藩接《天津條約》印本時「閱之不覺嗚咽」。胡林翼見西洋軍艦在長江中迅如奔馬、疾如飄風而「中途嘔血，幾至墜馬。」陳寶箴「咸豐十年在京師酒樓，見圓明園大火，搥案大號，遂欲輟文學，討時事，奮其愚陋。」〔註232〕也正是他們，開啟了近代中國第一次軍事自強運動。雖然在如何自強的認識上或有不同，但在調動傳統文化中一切積極因素和資源，學習西方軍事技術以「徐圖自強」的總體目標是一致的。

　　曾國藩、胡林翼等湘軍人物一貫堅持中國政治軍事的獨立，反對外國武裝乘機干涉中國內政。曾國藩在第二次鴉片戰爭後，堅決反對朝廷「借兵助剿」的方針。他說：「中華之難，中華當之。在皇上有自強之道，不因艱虞，而求助於海邦；在臣等有當盡之責，豈輕借兵而詒譏於後世。」〔註233〕左宗棠則上奏分析洋人控制下的常勝軍壯大之形勢，提出「若不稍加裁禁，予以限制，則客強而主日弱，費中土至艱之餉，而貽海疆積弱之憂。」〔註234〕在曾國藩等疆吏的強力反對下，洋兵會攻金陵及籌建阿斯本中英聯合艦隊等有損中國主權的舉措均未能最終施行。

　　作為傳統理學文化的代表，湘軍集團主要人物面對高勢位的西洋文明，特別是船堅炮利的強大軍事物質基礎，多能持重立論，既不茫然失措，自卑自失，也不盲目自信，妄自尊大。如曾紀澤言：「西洋諸國，越海無量由旬，以與吾華交接，此亙古未有之奇局。中國士民或畏之如神明，或鄙之為禽獸，皆非也。」〔註235〕首任駐外公使郭嵩燾親歷海外，考求西洋富強之道，認識到西洋軍事

〔註231〕左宗棠，答吳南屏羅研生郭意成曹鏡初；左文襄公全集：書牘：卷12，朱漢民，丁平一，湘軍：第6冊，111。

〔註232〕繆荃孫，續碑傳集：卷30：黎庶昌，湖南巡撫義寧陳公墓誌銘，朱漢民，丁平一，湘軍：第10冊，165。

〔註233〕曾國藩，議復調印度兵助剿折，同治元年六月二十二日，曾國藩全集：第4冊：奏稿4，長沙：嶽麓書社，1987：2390。

〔註234〕左宗棠，發給勒伯勒東箚憑片（同治元年十月二十二日）；左宗棠全集：第1冊，長沙：嶽麓書社，2012：109。

〔註235〕喻岳衡點校，曾紀澤集：倫敦覆陳俊臣中丞，長沙：嶽麓書社，2005：182。

強大的根本在於製造，製造本於教育文化。指出中國如不能發奮自強，在世界
競爭中必然落敗，成為洋人眼中的「狄夷」。「故泰西勤求武事，萬難及其百
一，……製造之精，竭五十年之力為之，亦庶幾什一望見其涯略。若此者，其
源皆在學校」，〔註236〕提出從製造業和教育入手的振興方案。

晚清朝廷與地方處理具體對外事務時，往往走向兩個極端，不是一味蒙
蔽推諉，就是畏洋如虎，偏袒縱容。縱觀晚清對外交涉，多因此而罹禍。湘
軍人物則多不為盲目排外的愛國熱情所蒙蔽，而力主待之以誠，折之以理，
講信修睦而徐圖自強，甚至因此而承受了巨大的社會輿論壓力。曾國藩受命
處理天津教案，士紳因曾氏曾經在鎮壓太平天國時期有「痛天主教之橫行中
原」的立場，視其為反教鬥士而寄予厚望。事實上，曾氏處理教案時，在士
紳民間輿論一邊倒的情況下，仍主要根據案情調查作出結論，以致於輿論譁
然。在義和團運動勃發，朝廷持以為重之時，兩江總督劉坤一再次提出自己
的見解，「公電陳激切，幾千言，有云：『從古無以邪教立國者，信用此輩必
召巨禍。將來各國悍隊直入都城，宗社震驚，乘輿播越，有臣下所不忍言者。』
稿初定，或謂此奏關係甚大，國之安危係之，公之禍福亦係之。公沉思俄頃，
以手加頸曰：『好頭顱會赴菜市口耳！』立命譯發。厥後受禍之酷，一如所
奏，……」〔註237〕雖然曾國藩辦理教案有求息事寧人不願與洋人兵戎相見的
思想成分，劉坤一忽視民眾自發的反帝愛國精神而單純斥之為「邪教」，均有
不妥之處，但作為當國者，顧全大局，清醒謹慎的態度仍具可取之處。

（一）改變了中國「不勤遠略」的國防政策

作為晚清國防軍主力，湘軍人物認識到「數十年來，中國不勤遠略之名，
聞於外洋各國。莫不欲奪我所不爭，乘我所不備。閑暇伺隙，事端雖百出而
無窮。夫惟不勤遠略，是故琉球滅而越南隨之，越南削而緬甸又隨之，……
出使大臣或懵然於條約之利病，而不知久遠之計；封疆大吏，或惘然於邊防
之得失，而惟偷旦夕之安。以此應敵，以此立國，其不至招寇納侮而幾稀。」
〔註238〕湘軍的功績不僅在於弭平內亂，更在於對外戰爭中保持了民族的獨
立與尊嚴。

〔註236〕郭嵩燾，郭嵩燾日記：第4卷，長沙：湖南人民出版社，1983：19。

〔註237〕馮煦，太傅一等男兩江總督南洋大臣諡忠誠公墓誌銘並序，朱漢民，丁平一，
　　　　湘軍：第9冊，北京：社會科學文獻出版社，2013：325。

〔註238〕薛福成，論不勤遠略之誤；庸庵海外文編：卷3，36～37，庸庵文編，沈雲
　　　　龍主編，近代中國史料叢刊95輯，臺北：文海出版社，1324～1326。

　　與李鴻章等消極防禦、不勤遠略的國防觀比較，湘軍總體上更趨向積極防禦，軍事自信更為強烈，策劃規模更為宏遠。李鴻章認為：「盱衡當時兵將，靖內患則有餘，禦外侮則不足，若不及早自強，變異兵制，講求軍實，仍循數百年綠營相沿舊規，厝火積薪，可危實甚。」〔註239〕其「改革兵制，講求軍實」之議雖切中時弊，但也透漏出對己方軍事實力不自信的心態，也導致了其後期一味退縮避戰的方略。左宗棠則明確提出：「中國戡定齊州，人才輩出，兵力視昔為強，船炮亦與泰西相埒。以之戰於海外，勝負尚未可知；若以之固守疆宇而張撻伐之威，則主客勞逸之分，自操勝算。」〔註240〕

　　自同治以後，湘軍成為事實上的國防軍，多次主導或參與禦侮戰爭。最具代表性的是同治、光緒年間從阿古柏手中收復新疆之役。

　　自新疆之亂以來，已實質上脫離中國管轄十餘年之久，受庇於英、土等國，沙俄亦趁亂佔據伊犁。在海防塞防不能兼顧的情況下，「當時秉鈞大臣，頗建停罷西征之議。」〔註241〕除李鴻章有「新疆不復，於肢體之元氣無傷；海疆不防，則心腹之患愈棘」〔註242〕之論外，輿論亦有出師新疆得不償失之說，「乃必欲老師糜餉，驅兵民於鋒鏑之前，爭此無足重輕之地，雖督兵大員精明韜略，能運籌帷幄之中，而兵餉不繼，士卒不前，謂其可決勝於萬里之外，勢必有所不能。即或一鼓蕩平，勢如破竹，而凱撤之後，每年耗銷國帑設官養兵，究不知何所取義而興此兵戎也？」〔註243〕獨左宗棠「慷慨籌策，以恢拓全局為言，以收復故地為志，手疏力爭，中朝動色。」〔註244〕左宗棠從國防大局出發，對局勢觀若洞火，反對輕棄要地。「重新疆者所以保蒙古，保蒙古者所以衛京師。……若新疆不固，則蒙部不安，匪特陝甘山西各邊時虞侵軼，防不勝防，即直北關山亦將無晏眠之日。」〔註245〕他認為「自俄據伊犁，……新疆全境有日蹙百里之勢。……武事不競之秋，有割

〔註239〕李鴻章，覆陳筱舫侍御；李文忠公全書：朋僚函稿，金陵刻本，1905：34。
〔註240〕左宗棠，與胡雪巖；左宗棠全集：書信：第3冊，長沙：1996：651。
〔註241〕魏光燾，勘定新疆記序，朱漢民，丁平一，湘軍：第2冊，606。
〔註242〕羅正鈞，左宗棠年譜：卷10，長沙，嶽麓書社，1982：279。
〔註243〕中國宜招撫喀什噶爾之阿古柏論略；萬國公報第398卷（1876年7月29日），朱漢民，丁平一主，湘軍：第8冊，北京：社會科學文獻出版社，2013：77。
〔註244〕魏光燾，勘定新疆記序，朱漢民，丁平一，湘軍：第2冊，606。
〔註245〕朱孔彰，左文襄公別傳；中興以來功臣別傳，朱漢民，丁平一，湘軍：第9冊，122。

地求和者矣！茲一矢未聞加遺，乃邊議捐棄要地，厭其所欲，譬猶投犬以骨」。〔註246〕對於英國為阿古柏說項一事，左宗棠指出「彼陰圖為印度增一屏障，竟公然向我商議，欲於回疆撤一屏障。」〔註247〕

平定西北及新疆，因民族矛盾糾結其中而叛軍相結驟難離心，且轉輸艱難，糧餉缺乏，將士枵腹塞外，較東南作戰尤為艱難。左宗棠「夙夜憂勞，常繞帳彷徨，中宵不寐。前後至借洋商、民商一千數百萬，隨時以協款抽償，經營一載，士飽馬騰」。〔註248〕時人評論「西塞地瘠，而程途遠，千里一城，百里一堡，孤軍直前，……其攻克逆寨，皆實力戰殺，從無虛聲恫喝，聞風逃竄者。」「咸同以來之軍功，惟西征為最大矣。」〔註249〕光緒六年（1880）初，左宗棠「分兵三路，以趨伊犁。……四月乙卯，宗棠發肅州，舁櫬以行。五月乙亥，抵哈密。俄人聞之，增兵守伊犁。」為防止俄國遠洋艦隊威脅京師，朝廷以曾國荃督辦山海關防務。「七年，春二月，俄人歸我伊犁。」〔註250〕「遂舉二萬里戎索重隸職方，天山、蔥嶺一塵不驚，實漢、唐以來未有之邊功。」〔註251〕俄國主動放棄伊犁，主要原因是震懾於左宗棠湘軍的軍事實力。英人濮蘭德記述道：「東西伯利亞總督已經莊重地宣布，在這場戰事中，他無力對付左宗棠的軍隊，因為俄國沒有大規模的增援部隊。」〔註252〕美國四星上將史迪威將軍曾盛讚左宗棠收復新疆之役為「歷史上最傑出的戰役之一」，是「謹慎和大膽」「主動和毅力」的高度結合。〔註253〕

此後，湘軍又相繼參與了備防臺灣及法越之役、甲午之戰。一定程度上可以說，國勢之興衰視湘軍之強弱。「維湖南勇營向稱勁旅，自咸豐初年以

〔註246〕朱孔彰，左文襄公別傳；中興以來功臣別傳，朱漢民，丁平一，湘軍：第9冊，123。

〔註247〕魏光燾等，勘定新疆記，朱漢民，丁平一，湘軍：第2冊，631～632。

〔註248〕朱孔彰，左文襄公別傳；中興以來功臣別傳，朱漢民，丁平一，湘軍：第9冊，121。

〔註249〕論元帥；申報第2663號（1880年9月28日），朱漢民，丁平一，湘軍：第8冊，179～180。

〔註250〕袁大化修，王樹枏等纂，新疆圖志：卷116：兵事2，朱漢民，丁平一，湘軍：第7冊，805。

〔註251〕朱孔彰，左文襄公別傳；中興以來功臣別傳，朱漢民，丁平一，湘軍：第9冊，125。

〔註252〕〔英〕約翰·濮蘭德著，張啟耀譯，李鴻章傳，天津：天津人民出版社，2008：165。

〔註253〕姚凡義等譯，蔣介石的外國高級參謀長——史迪威，吉林，黑龍江人民出版社，1988：230。

來，徵調頻仍，……故其時凡有徵召，克期而至，至即可以任戰。」〔註254〕在中法戰爭中，「瀟湘子弟八千人，同戍交南共臥薪。」〔註255〕鎮南關首被法軍攻陷。原隸席寶田的湘軍將領蘇元春「督率所部冒死仰攻，奮往無前，再接再厲，將法人全數驅逐出關，方得將關收復，龍州亦賴以安全。」〔註256〕在中法戰爭轉折點鎮南關大捷中，湘軍王德榜會同老將馮子才「草履裹頭，身先士卒，忠義之氣實足激發人心。弁兵靡不感奮，於槍林彈雨中冒死前進。……由長城外山背抄襲其後，法人乃潰敗，陣斬「五畫」、「三畫」、「二畫」法兵頭數人，並真正法兵二百餘。」〔註257〕甲午之戰，「長江上下數千里之砲臺，皆彭剛直二十餘年所經營，堅牢得地勢」。〔註258〕魏光燾赴長沙一帶召集劉錦棠舊部亦能克期成軍。〔註259〕

（二）一定程度上改寫了晚清「國勢日蹙」的局面

清王朝衰落的同時，是工業革命之後西方列強的蒸蒸日上。十九世紀中葉以後，西方列強掀起了瓜分殖民地的浪潮，近邦日本明治維新之後亦國力大增。作為首當其衝的老大帝國，中國經歷了一場嚴峻的邊疆危機。

同盟會員、南社會員程善之在《清代割地談》中說「清代之盛，因其虓武憑陵之氣震盪四方，又能以操縱之術駕馭遠藩，故疆土之廣，漢唐且有未及。及其衰也，一蹙動千萬里。」因統治者昏昧無知，缺乏近代領土意識，自第二次鴉片戰爭開始，大量原屬中國的領土、領地和屬國被沙俄及周邊國家吞併。程善之記述「曩於友人祈穗江君案頭，見英文圖表，有中國割讓地一表。觀之令人汗下！」晚清以來，棄地於俄、日、英等國「合計一百九十二萬方英里。面積之大，八倍於今之日本，六倍於德意志，九倍乎意大利。若加入屬國，則西方朝貢國沽罕，十二萬方英里。東方朝鮮，八萬方英里。南方越南，三十八萬方英里。緬甸，三十九萬方英里。都計二百八十九

〔註254〕光緒朝朱批奏摺：湖南巡撫陳寶箴奏近日整理防營並擬漸圖裁減折（光緒二十二年十一月二十二日），朱漢民，丁平一，湘軍：第5冊，469。

〔註255〕彭雪琴宮保海南軍次秋興二十四首；申報光緒十年十一月初四日附張，朱漢民，丁平一，湘軍：第8冊，287。

〔註256〕分別獎卹；申報第4281號（1885年3月18日），朱漢民，丁平一，湘軍：第8冊，北京：社會科學文獻出版社，2013：304。

〔註257〕來信照登；申報第4359號（1885年6月4日），朱漢民，丁平一，湘軍：第8冊，318。

〔註258〕譚嗣同，致劉淞芙（二），譚嗣同全集，北京：中華書局，1998：480。

〔註259〕清實錄：卷345，朱漢民，丁平一，湘軍：第3冊，736～737。

萬方英里。喪失之多如此。殆去全國五分之二。」〔註 260〕更為痛心者，清廷高層和地方決策者每麻木不仁，坐視國土淪喪。正如郭嵩燾所言，「當國者如醉臥覆舟之中，身已死而魂不悟；憂時者如馬行圖畫之上，勢欲往而形不前。」〔註 261〕

十九世紀六十年的開始至甲午之前的邊疆危機中，中國民族意識、近代國家意識開始覺醒。在朝廷洋務派和湘淮軍首領人物的主導下，以亡國的波蘭、埃及、印度為鑒，主要圍繞收復新疆，處理琉球危機，維持對越南、朝鮮宗主權等展開政治軍事行動。在這場保衛國家主權領土的鬥爭中，湘軍脫穎而出，會同淮軍及其他部隊，作出了突出的歷史性貢獻。主要表現在：

1. 堅決反對在主權領土問題上畏縮退讓

劉長佑明確指出，外患頻仍，在於朝廷不懲前弊，「臺灣之亂不懲，故有琉球之役；琉球之亡不問，故有越南之謀。」〔註 262〕「大局所關，寸土必爭，非貪地也。……非使文襄抗疏力爭，朝廷知人善任，則新疆今日已非我所有。」〔註 263〕中法之戰前，曾紀澤言：「若早採主戰之言，斷不至有戰禍。正坐持重太久，而今日之戰禍，乃難免矣。」〔註 264〕戰爭爆發後，駐守新疆的劉錦堂疏請「自將六千人兼程東趣，一大創之，不如是，中國不尊，外患日益乘。」〔註 265〕

清軍在越南陸戰大捷後，乘勝議和，放棄對越南宗主權，撤兵關內。左宗棠氣急攻心：「此次越南和戰，實中國強弱一大關鍵，臣督師南下，迄未大申撻伐，張我國威，遺恨平生，不能瞑目。」〔註 266〕彭玉麟作詩歎息：「數憑天定理難伸，九仞功虧咎在人。一旦撤兵真可惜，千秋遺恨更難泯。……一腔熱血傾冰海，從此歸家只務農。」〔註 267〕

〔註 260〕程善之，清代割地談，誦清堂主人等，清末實錄：外十一種，北京古籍出版社，1999：139～141。

〔註 261〕郭嵩燾，郭嵩燾日記：第 3 冊，長沙：湖南人民出版社，1982：858。

〔註 262〕劉典，致兩廣張振軒制軍（一）；劉武慎公全集：卷 27，朱漢民，丁平一，湘軍：第 6 冊，406。

〔註 263〕魏光燾，勘定新疆記：李有芬序，朱漢民，丁平一，湘軍：第 2 冊，605。

〔註 264〕喻岳衡點校，曾紀澤集：倫敦覆邵筱村，長沙：嶽麓書社，2005：191。

〔註 265〕何維樸，劉襄勤史傳稿，朱漢民，丁平一，湘軍：第 9 冊，437。

〔註 266〕楊東梁，左宗棠評傳，長沙：湖南人民出版社，1985：315。

〔註 267〕俞越署檢，彭玉麟著，彭剛直公詩稿：感事四律，朱漢民，丁平一，湘軍：第 3 冊，北京：社會科學文獻出版社，2013：198。

2. 國恥陰影下的國防自強運動

左宗棠認識到自強為外交之先聲，具有堅定的自強意識。「我能自強，則英、俄如我何？我不能自強，則受英之欺侮、亦受俄之欺侮，何以為國？自款議定後，均知以自強為急，迄今未敢自信其強。然則何時乃有強之一日乎？興言及此，吾輩誤國之罪可勝數乎？！」〔註 268〕

湘軍所倡導的自強，首在軍事。「近代中國社會大轉型過程中，兵戰的猛烈衝擊和戰敗的屈辱導致了社會重心的傾斜，使整軍經武具有壓倒一切的優先地位。……使晚清社會步入了以軍事近代化為先導的社會大轉型之路。」〔註 269〕左宗棠等湘軍人物以武器的更新創制為自強之利器，「嘗歎泰西開花炮子及大炮之入中國，自明已然。……然則利器之入中國三百餘年矣，使當時有人留心及此，何至島族縱橫海上，數十年挾此傲我？」〔註 270〕他在《創辦福州船政局奏請》中說：「彼此同以大海為利，彼有所挾，我獨無之。譬猶渡河，人操舟而我結筏；譬猶使馬，人跨駿而我騎驢，可乎？」〔註 271〕曾國藩、李鴻章等為解決軍事裝備問題，力主引進近代機器，創設金陵機器局，左宗棠創設福建水師學堂、馬尾造船廠，仿製火輪軍艦，在蘭州設立機器局。

3. 積極投入維護國權的軍事行動

內地主要戰爭基本結束的同時，湘軍即開始籌劃綏靖邊陲。左宗棠自陳心跡：「臣一介書生，高位顯爵，為平生夢想所不到，豈思立功邊域，覬望恩施？況年已六十五，日暮途長，乃不自忖量，妄引邊荒艱巨為己任，雖至愚極陋，亦不出此。而事固有萬不容己者。」〔註 272〕為收復俄軍盤踞的伊犂，左宗棠提出」先之以議論，委婉而用機，次之以戰陣，堅忍而求勝」〔註 273〕的方略。湘軍在新疆的軍事成功震懾了列強覬覦之心。「國威未暢時，各國無不輕視中國，自雄師速赴戎機，連平各城，聲威震於遐邇，各國始有忌憚，英國潛銷覬覦，俄亦惟恐我之輕視或肇兵端。」〔註 274〕當時輿論評說「左侯帥之名於是

〔註 268〕羅正鈞，左宗棠年譜：卷 7，嶽麓書社，1982：272。
〔註 269〕楚雙志，晚清中央與地方關係演變史綱，北京：中央黨校出版社，2006：26。
〔註 270〕左宗棠，上總理各國事務衙門；左文襄公全集：書牘：卷 13，40。
〔註 271〕劉泱泱等點校，左宗棠全集：奏稿：第 3 冊，長沙：嶽麓書社，2009：52。
〔註 272〕王定安，湘軍記；湘軍史專刊之二，長沙：嶽麓書社，1983：321。
〔註 273〕王定安，湘軍記；湘軍史專刊之二，長沙：嶽麓書社，1983：332。
〔註 274〕左宗棠，左宗棠全集：卷 21，上海：上海書店，1986：15。

震於中外，雖歐洲各國亦聞之而傾心，咸以為新疆之師為現在四洲最著之勁旅焉。」〔註 275〕由於西方列強和日本的染指，帝國傳統宗藩關係趨於解體，琉球、朝鮮、越南、緬甸等屬國紛紛發生危急，湘軍在其他戰線上為國家主權與尊嚴喋血疆場。1874 年日軍侵入臺灣，湘淮軍赴臺灣防衛。因 1882 年法人入侵，時任雲貴總督劉長佑奏請進規越南。1883 年 12 月中法爆發軍事衝突，彭玉麟會同淮軍張樹聲赴廣東虎門佈防。1884 年楊岳斌往福州籌辦海防，彭玉麟移師瓊州，左宗棠抵福建督辦軍務。清廷調湘軍宿將王德榜、蘇元春、方友升等赴廣西、越南。8 月，法軍占臺灣基隆，在馬尾突襲福建水師，清政府對法宣戰。湘淮軍在滬尾擊退法軍，楊岳斌隻身冒險渡臺指揮抗法。1885 年 3 月，湘軍蘇元春、王德榜等所部隨馮子材取得鎮南關、諒山大捷，法國茹費理內閣因戰敗倒臺，4 月中法簽定停戰協議。湘軍作為傳統儒家文化在政治軍事領域集團化的代表，雖然受制於時代侷限和晚清政治體制，未能再有更大作為。但在民族自強運動中，依然留下了先驅者不可磨滅的功績。

　　十九世紀，是老大帝國衰落、近代民族國家興起的重要歷史時期。曾經雄視世界的帝國連同他們的文明，都無可避免地淪落了。一些古老的獨立國家甚至喪失主權，成為依附於新興國際秩序下的殖民地。奧斯曼土耳其帝國極盛之時地跨亞歐非三大洲，作為 15 世紀至 19 世紀唯一有能力挑戰歐洲基督教國家的伊斯蘭勢力，終不能抵擋近代化歐洲列強的衝擊而趨於沒落，至一戰後帝國終結，「失去了 4 / 5 的領土，只剩下核心部分土耳其。」〔註 276〕姜魯明認為：「迄今為止，還沒有哪一個國家在鼎盛的古代文明衰落後，能夠在近代再度崛起，成為世界強國。」〔註 277〕但這一論斷對於近代中國而言，似乎值得商榷。從更廣闊的歷史縱深分析，在十九世紀世界格局的大變動中，中國理學文化的頑強復興，並以救亡自強為鵠的，不僅賦予了理學「格致力行」「衛道救時」的新內涵，而且給行將漸滅的王朝注入了一劑強心針，挽救保存了其疆域的主體部分；同時也造成了中華帝國與同為由中古進入近代社會的奧斯曼帝國完全不同的「國運」，為中國的逆勢復興奠定了基本的領土格局。

〔註 275〕利戰說；申報第 2630 號（1880 年 8 月 16 日），朱漢民，丁平一，湘軍：第
　　　　　8 冊，175。
〔註 276〕張順洪，深刻認識一戰爆發原因和影響；陶德言，曹智主編，一戰一百年與
　　　　　中國大變局，上海：上海遠東出版社，2014：190。
〔註 277〕姜魯鳴，一戰折射近代中國經濟走向；陶德言，曹智主編，一戰一百年與中
　　　　　國大變局，上海：上海遠東出版社，2014：49～50。

三、湘軍文化現象對國民精神的昭示與影響

　　湘軍文化精神洋溢著濃鬱的儒學氣息，是傳統儒學應世變革的產物。其正學統、強道統、求治統的特殊救亡之路，在近代國家求富求強的歷史軌跡中別出一格。他們出於對儒家德治的信仰，以憂患意識喚醒國人，以知恥勇為奮身行事，以豪俠意氣快意人生，以道義相砥抗衡強權，以殉身無悔感召後世。濮蘭德正是在精神層面捕捉近代中國文化的特質，並予以高度肯定：「但我們卻不能不對這個民族不屈不撓的精神感到欽佩，而正是這種精神使這個民族緊緊抓住了自己的信仰，直到最後以道德的力量戰勝物質的力量，以正義戰勝強權。」〔註278〕「這個道德哲學體系經歷了時間的考驗，沒有被征服，也不可被征服，是比希臘和羅馬的哲學體系更穩固的非軍事化的文明。」〔註279〕

　　湘軍人物在精神文化層面的發抒，較之於其功業之跡，對後世的影響或許更為深遠。曾國藩曾預言：「方今大難削平，弓矢載櫜，湘中子弟忠義之氣，雄毅不可遏抑之風，鬱而發之為文，道德之宏，文章之富，必將震耀於寰區。」〔註280〕湘人唐才常堅信中國不致淪亡，在於「二、三豪傑，力求自拔於茫茫苦海中，而心未死耳。」〔註281〕譚嗣同「一死生，齊修短，嗤倫常，笑聖哲，方欲棄此軀於鴻濛之外，復何有不敢勇不敢說之有！」唐才常立志革新，「不勝則以命繼之」。〔註282〕楊度稱道「中國如今是希臘，湖南當作斯巴達。中國將為德意志，湖南當作普魯士。……若道中華國果亡，除非湖南人盡死。」〔註283〕民國蔡鍔以「流血救民」為「吾輩事」。〔註284〕自愧「不死於對外作戰，不死於疆場馬革裹屍，而死於病室，不能為國家做更大貢獻，自覺死有餘憾。」蔡鍔評述湘軍曾胡二人說：「惟其精神積於中，著於外，世人見之，以為事功耳。閱世以後，事功或已磨滅，而精神不敝。

〔註278〕〔英〕約翰‧濮蘭德著，張啟耀譯，李鴻章傳，天津：天津人民出版社，2008：13。

〔註279〕〔英〕約翰‧濮蘭德著，張啟耀譯，李鴻章傳，天津：天津人民出版社，2008：25。

〔註280〕曾國藩，湘鄉縣賓興堂記；唐浩明編，曾國藩詩文集，長沙：嶽麓書社，2015：149。

〔註281〕唐才常，唐才常集，北京：中華書局，1980；157～158。

〔註282〕譚嗣同，上歐陽中鵠書（二十一）；譚嗣同全集，北京：中華書局，1998：478。

〔註283〕楊度，湖南少年歌；楊度集：第1冊，長沙：嶽麓書社，2013：95。

〔註284〕蔡鍔，雜感十首；蔡鍔全集：第1冊，長沙：嶽麓書社，2008：15。

傳之後世，遭際時會，此精神復現為事功焉。……二公之言，不啻詔示松坡，使其出生死，冒危難，掬一誠以救天下之偽。」他認為湘軍人物立言、功業，都體現了「吾國民之偉大精神」，可以「昭茲來許者也」。〔註285〕

「一天碧月照忠魂，滿地殘陽流戰血。」〔註286〕湘軍克己以嚴，赴死恐後，正緣於湖湘理學文化在亡國絕緒危機中激發出來的忠憤之情。儒學本質是面向社會的入世哲學，必然追求個人德操與立言行事高度融合統一。歷史上湘軍以孔武剛健之氣，一定程度改變了宋明書齋儒學柔弱函胡的氣質，形成了激越高亢的審美情趣。即使儒家作為制度化的體系已然崩潰，他們所創造的精神價值和曾經昭示過的道德境界，仍將與民族文化中的進步基因融為一體，以昭來者。

〔註285〕曾胡治兵白話句解，濟南，山東書局（改訂版），民國二十一年（1932）：2～3。

〔註286〕俞越署檢，彭玉麟著，挽麻靜庵立齋昆仲陣亡；彭剛直公詩稿：詩集：卷2，朱漢民，丁平一，湘軍：第3冊，北京：社會科學文獻出版社，2013：187。

結　語

　　拙作立足湘軍史料，採用較宏觀的研究方法和歷史比較思維，以曾國藩、胡林翼、左宗棠、羅澤南、劉蓉、郭嵩燾、王鑫、彭玉麟、郭崑燾等湘軍代表人物為重點，通過對咸同湘軍興起的時代背景、文化淵源、軍事文化、經世改制實踐的分析歸納，梳理了晚清理學在「衛道」與「救時」雙重社會主題之下的自我發展與變奏，揭示了咸同湘軍集團與理學文化深層次的互動關係，對湘系理學經世派主導下自我革新的學術成就和歷史地位作出了相關的探索，給予盡可能客觀的評價。

　　通過梳理文獻和理論研究，可以得出以下觀點和結論：

　　1. 咸同湘軍興起，不僅是史鑑的憂患啟迪和宏濟艱難的現實選擇，更是儒學內部結構運動的結果，是理學自救的產物。湘軍是一支以文化立軍，有著自身政治目標和文化理想的理學之軍。湘系理學經世派受內憂外患的深重刺激，開啟「以實動名」的崛起之路，自下而上地打破二百餘年理學內斂時期之沈寂，比較成功地將學術思想化為政治軍事組織能力，開啟了近代中國第一次政治—文化自強運動。湘軍強調凝士以禮，以理學作為軍隊節制之道，培植政治和文化的雙重權威結構，體現出獨特的精神風貌和文化特色。

　　2. 咸同湘軍形成了理學導向下獨特的軍事思想，他們以理學為宗，將聖王理想和豪俠氣象進行結合，薈聚為湖湘經世人格，形成「兵儒合流」「以禮治軍」「明恥教戰」的軍事管理原則；融合傳統兵學、黃老、禹道，形成了「崇禮」「弘德」「尚質」等「儒兵」思想，將古典兵學推向高峰，同時又啟沃了近代軍事學的開端。湘軍將理學思想全面運用於軍事實踐指導，以精微之義行凌厲之事，其儒兵思想中體現的儒學向度，使之成為軍事活動中活

用理學的典範。

3. 傳統儒學以理學為核心的忠義觀、氣節觀都在咸同時期達到一個高峰。湘軍中曾比較普遍地樹立了以身殉國、克己廉介的價值觀。領軍人物多為理學信徒而兼具將才軍略，即偏師中亦不乏忠勇之將。通過比較湘軍不同支脈理學化程度，可以得出這一結論：理學浸淫最深的王鑫老湘營戰鬥力最強最持久，在勇營制度下由地方軍逐漸取代國防軍，特別是在國勢陵夷中注重「隱圖自強」，力破「不勤遠略」的儒學政治傳統，開啟了湘軍發展的新篇章。湘淮軍集團在理學價值取向上的差異，人才涵養培育機制的不同，影響甚至決定了晚清湘、淮兩大軍事政治集團不同的歷史際遇，也反證了晚清理學文化的社會價值。

4. 湘軍以理學原則為指導，對政治軍事制度進行改創，並在事功領域廣泛運用，其「以實動名」的創化改制，涵蓋了吏治文法、軍制財政、文教制度等多個方面。湘軍創制的歷史進步性應予肯定，同時這種創制也具有實用性、漸進性、適應性、局部性特點，缺乏整體上、根本性制度的改革，具有明顯「過渡性」的特徵。

5. 湘軍集團作為湖湘理學的發抒，對晚清理學發展產生過政治與學術方面的多重影響。主要集中在幾個基本問題上：一是理學學術走向，二是對理學乃至儒學學術思想與社會實踐的關係，三是對理學學術思想的發揮與修正，四是對理學信仰和主流地位強有力的捍衛。可以說，湘軍集團體立用行、務本開源的「通儒」經濟，極大地豐富擴充了儒學的踐履範疇，實現了為儒學的「正名」，在更廣闊的社會格局和宏觀文化視野上深刻影響著晚清理學發展的軌跡。

6. 湘軍一定程度改變了宋明儒學柔弱函胡之弊，煥發了理學價值，形成了激越高亢的審美情趣。咸同湘軍立足於建立「學」「道」「政」的良性互動關係，助推形成的政治新秩序成為晚清政局轉捩的重要樞紐；湘軍集團致力於徐圖自強，在對外戰爭中挽回了軍事頹勢，挽救保存了中國疆域的主體部分，為中國的逆勢復興奠定了基本的領土格局，同時也將儒學的社會價值在封建社會晚期最後推向了一個新的高度。

7. 湘軍人物匡濟時艱的意志，自勵殉道的操守、任事敢為的勇氣、堅毅不拔的精神等，是中華傳統文化的精華，他們所創造的精神價值和曾經昭示過的道德境界，仍將與民族文化中的進步基因融為一體，感召後人。

　　佛語有言「不昧因果」。事物發展的動因、結果和造成的影響往往是多方面、多層次，複雜而具體的。作為研究者，應當注重由表象出發，深入探究其中深層次的歷史邏輯和文化根源，既不應人為地拔高研究對象，也不應簡單地「穿衣帶帽」，抹殺其文化邏輯的內在關係，而當以釐清歷史發展現實情境中的因果關係為主。通過盡可能的「關係還原」式研究，不難體味到湘軍集團深厚的理學文化底蘊，感受到理學經世對近代中國社會文化深遠而生動的影響，從而對湘軍和晚清湖湘理學都產生一些新的認識，一定程度上改變了關於理學空疏無用、儒家外王之道如影如燭的傳統看法。

參考文獻

一、史料彙編及學術資料類

1. （清）趙爾巽主撰，清史稿，北京：中華書局，1998。

2. （清）徐世昌主撰，清儒學案，北京：中華書局，2008。

3. （清）黃宗羲原著，全祖望補修，宋元學案，北京：中華書局，1986。

4. （清）王梓材，馮雲濠編，宋元學案補遺，北京：中華書局，2012。

5. （宋）程顥、程頤，二程集，北京：中華書局，1981。

6. （宋）胡宏，胡宏集，北京：中華書局，1987。

7. （宋）胡宏，胡宏著作兩種，長沙：嶽麓書社，2008。

8. （清）王夫之，船山全書，長沙：嶽麓書社，1988。

9. （清）顧炎武，顧炎武全集，上海：上海古籍出版社，2012。

10. （清）顏元，顏元集，北京：中華書局，1987。

11. （清）魏源，魏源全集，長沙：嶽麓書社，2009。

12. （清）王闓運，郭振鏞，朱德裳，湘軍志·湘軍志平議·續湘軍志，長沙：嶽麓書社湘軍史專刊之一，1983。

13. （清）王定安，湘軍記，長沙：嶽麓書社湘軍史專刊之二，1983。

14. 朱漢民，丁平一主編，國家清史委員會文獻叢刊，湘軍（全十卷），北京：社會科學文獻出版社，2013。

15. （清）梅英傑，湘軍人物年譜，長沙：嶽麓書社湘軍史料叢刊之一，1987。

16. （清）朱孔彰，中興將帥別傳，長沙：嶽麓書社，1989。

17. （清）黎庶昌，曾國藩年譜，長沙：嶽麓書社，1986。

18. （清）曾國藩，曾國藩全集（修訂版），長沙：嶽麓書社，2011。

19. （清）曾國藩，曾國藩全集，長沙：嶽麓書社，1987。

20. （清）曾國藩，曾文正公書札，傳忠書局，1876。

21. 梁啟超輯，唐浩明點評，曾國藩嘉言鈔，長沙：嶽麓書社，2007。

22. 唐浩明編，曾國藩詩文集，長沙：嶽麓書社，2015。

23. （清）胡林翼，胡林翼集，長沙：嶽麓書社，1999。

24. 蔡鍔輯，曾胡治兵白話注解，山東書局民國二十一年改訂版。

25. （清）羅正鈞，左宗棠年譜，長沙：嶽麓書社，1982。

26. （清）左宗棠，左宗棠全集，長沙：嶽麓書社，1987。

27. （清）左宗棠，左宗棠全集，長沙：嶽麓書社，2009。

28. （清）郭嵩燾，郭嵩燾全集，長沙：嶽麓書社，2012。

29. （清）唐鑒，唐鑒集，長沙：嶽麓書社，2010。

30. （臺）陸寶千，劉蓉年譜，臺北：中央研究院近代史研究所，1979。

31. （清）劉蓉著，楊堅校點，劉蓉集，長沙：嶽麓書社，2008。

32. （清）劉蓉，養晦堂文集，思賢講舍光緒三年刊。

33. （清）羅澤南，羅澤南集，長沙：嶽麓書社，2010。

34. （清）趙烈文，能靜居日記，長沙：嶽麓書社，2013。

35. （清）葛士濬輯，皇朝經世文續編，沈雲龍主編，近代中國史料叢刊第 75 輯，臺北：文海出版社。

36. （清）王定安，求闕齋弟子記，沈雲龍主編，近代中國史料叢刊第 6 輯；臺北：文海出版社。

37. （清）倭仁，倭文端公遺書，沈雲龍主編，近代中國史料叢刊第 34 輯，臺北：文海出版社。

38. （清）薛福成，庸庵文編，沈雲龍主編，近代中國史料叢刊 95 輯，臺北：文海出版社。

39. （明）戚繼光，紀效新書（14 卷本），北京：中華書局，2001。

40. 葛業文譯注，（明）戚繼光，紀效新書（14 卷本），北京：中華書局，2017。

41. （明）戚繼光，紀效新書（18 卷本），北京：中華書局，學津社原本影印本。

42. （清）趙寧，新修長沙府嶽麓書院志，長沙：嶽麓書社，2012。

43. 陳谷嘉，鄧洪波，中國書院史資料，杭州：浙江教育出版社，1998。

44. 鄧洪波，中國書院學規，長沙：湖南大學出版社，2000。

二、專著類

1. 羅爾綱，湘軍兵志，北京：中華書局，1984。

2. 錢基博，近百年湖南學風（含經學通志），北京：中國人民大學出版社，2004。

3. 梁啟超，清代學術概論，長沙：嶽麓書社，1998。

4. 錢穆，中國近三百年學術史，北京：商務印書館，1997。

5. 呂思勉，理學綱要，北京：東方出版社，2012。

6. 龍盛運，湘軍史稿，成都：四川人民出版社，1990。

7. 龍盛運，向榮時期江南大營研究，北京，社會科學文獻出版社，2011。

8. 朱東安，曾國藩幕府研究，成都：四川人民出版社，1994。

9. 朱東安，曾國藩集團與晚清政局，北京：華文出版社，2003。

10. 朱東安，曾國藩傳，天津：百花文藝出版社，2001。

11. 李志茗，湘軍：成就書生勳業的「民兵」，上海：上海古籍出版社，2007。

12. 王盾，湘軍史，長沙：湖南大學出版社，2008。

13. 王盾，湘學誌略，長沙：湖南人民出版社，2009。

14. 王紀卿，湘軍，桂林：廣西師範大學出版社，2008。

15. 王繼平，湘軍集團與晚清湖南，北京：中國社會科學出版社，2002。

16. 劉鐵銘，湘軍與湘鄉，長沙：嶽麓書社，2006。

17. 王爾敏，清季軍事史論集，桂林：廣西師範大學出版社，2008。

18. 王爾敏，近代經世小儒，桂林，廣西師範大學出版社，2008。

19. （日）紫山川崎著，王紀卿譯，曾國藩傳——日本人眼中的曾國藩，香港：中和出版公司，2012。

20. （美）黑爾著，王紀卿譯，曾國藩傳，長沙：湖南文藝出版社，2011。

21. 章繼光，曾國藩思想簡論，長沙：湖南人民出版社，1988。

22. 田澍，曾國藩與湖湘文化，長沙：湖南大學出版社，2004。

23. （美）W·L·貝爾斯著，王紀卿譯，左宗棠傳，南京：江蘇文藝出版社，2011。

24. （美）汪榮祖，走向世界的挫折：郭嵩燾與道咸同光時代，長沙：嶽麓書社，2000。

25. 朱金泰，湘軍之父羅澤南，上海：上海古籍出版社，2009。

26. 張晨怡，羅澤南理學思想研究，西安：三秦出版社，2007。

27. 楊國強，百年嬗變，上海：三聯書店，1997。

28. 施渡橋，中國近代軍事思想史，成都：四川大學出版社，2000。

29. 施渡橋，晚清軍事變革研究，北京：軍事科學出版社，2003。

30. 熊志勇，從邊緣走向中心——晚清社會變遷中的軍人集團，武漢：華中師範大學出版社，1996。

31. 張文儒，中華兵學的魅力，北京：北京大學出版社，2008。

32. 楚雙志，晚清中央與地方關係演變史綱，北京：中央黨校出版社，2006。

33. 王澧華，王澧華點評曾國藩批牘，長沙：嶽麓書社，2014。

34. 常萬里，常萬里點評曾國藩兵法，長沙：湖南人民出版社，2014。

35. 王興國，聶榮華，湖湘文化縱橫談，長沙：湖南大學出版社，1996。

36. （臺）李紀祥，明末清初儒學之發展，臺北：文津出版社，1992；47。

37. 朱漢民，湖湘學派與嶽麓書院，北京：北京教育出版社，1991。

38. 朱漢民，清代湘學研究，長沙：湖南大學出版社，2005。

39. 朱漢民，鄧洪波，嶽麓書院史話，長沙：湖南大學出版社，2006。

40. 朱漢民，湖湘學派與湖湘文化，長沙：湖南大學出版社，2010。

41. 朱漢民，玄學與理學的學術思想理路研究，中國社會科學出版社，2012。

42. 朱漢民，湖湘文化通史，長沙：嶽麓書社，2015。

43. 鄭焱，近代湖湘文化概論，長沙：湖南師範大學出版社，1995。

44. 王繼平，晚清湖南學術思想史稿，長沙：湖南人民出版社，2004。

45. 方爾加，王陽明心學研究，長沙：湖南教育出版社，1989。

46. 史革新，晚清理學研究，臺北：文津出版社，1994。

47. 龔書鐸，張昭軍，清代理學史（下），廣州：廣東教育出版社，2007。

48. 張昭軍，晚清民初的理學與經學，北京：商務印書館，2007。

49. 干春松，制度化儒家及其解體，北京：中國人民大學出版社，2003。

50. 張晨怡，清咸同年間湖湘理學群體研究，北京：中央民族大學出版社，2007。

51. 楊念群，儒學地域化的近代形態——三大知識群體互動的比較研究，北京：三聯書店，1997。

52. （美）芮瑪麗（Mary Wright）著，房德鄰等譯，同治中興：中國保守主

義的最後抵抗（1862～1874），北京：中國社會科學出版社，2002。

53. 宗澤亞，清日戰爭，北京：世界圖書出版公司，2012。

三、論　文

（一）期刊論文

1. 朱漢民，湖湘文化的基本要素與特徵，湖湘論壇，2000（5）。

2. 朱漢民，湘學的學術旨趣及近代轉型，湖南大學學報（社科版），2004（1）。

3. 朱漢民，湘軍與晚清中國，湖南大學學報（社科版），2010（5）。

4. 朱漢民，湖湘文化探源，湖南大學學報（社科版），2011（4）。

5. 劉覓知、朱漢民，船山人格精神對湘軍將領的影響，湖南大學學報（社科版），2012（2）。

6. 朱漢民，船山人格精神與近代湖湘士人，船山學刊，2013（4）。

7. 朱漢民，湖湘士人的精神氣質與文化基因，求索，2014（1）。

8. 朱漢民，湖湘士人的崇文尚武精神，中共寧波市委黨校學報，2014（3）。

9. 朱漢民，湖湘文化與中國文化的主體性構建，湖南社會科學，2014（3）。

10. 朱漢民，狂狷：湖湘士人的精神氣質——以王船山、曾國藩、左宗棠為重點，求索，2015（4）。

11. 朱漢民，聖賢未有不豪傑——湖湘士人的精神氣質研究，湖南社會科學，2015（3）。

12. 朱漢民，湖湘文化的詮釋與構建，湖南大學學報（社科版），2015（6）。

13. 朱漢民，湖湘文化的忠誠與叛逆，湖南社會科學，2016（3）。

14. 朱漢民，宋儒義理之學新詮，哲學研究，2016（12）。

15. （臺）陸寶千，劉蓉論——理學家經世之實例，臺北中央研究院近代史研究所集刊，第 3 期下冊，1972。

16. （臺）王爾敏，由墨絰從戎論湘軍將帥志節及其軍容之維繫，臺灣大學歷史學報，1979（4）。

17. （臺）王爾敏，湘軍軍系的形成及其維繫；近代史研究所集刊第 8 期，1979。

18. （臺）李恩涵，同治光緒年間湘淮衝突與合作，近代史研究集刊第九期，1980 年。

19. 李育民，略論曾國藩治軍思想，求索，1985（3）。

20. 王天獎，湘軍源起辯，文史哲，1986（3）。

21. 董叢林，胡林翼與湘系勢力的崛起，近代史研究，1987（4）。

22. 唐兆梅，簡論曾國藩與程朱理學，江海論壇，1988（1）。

23. 紀振奇，論胡林翼的吏治思想，西北第二民族學院學報，1988（2）。

24. 紀振奇，胡林翼整軍措施列論，西北第二民族學院學報，2000（2）。

25. 易孟醇，一位書生的憂與樂：李元度簡論，求索，1989（3）。

26. 施渡橋，試論胡林翼的軍事思想，軍事歷史研究，1989（1）。

27. 鄭焱，湖湘傳統學風與湘軍，湖南師範大學社會科學學報，1990（4）。

28. 何瑜，晚清中央集權體制變化原因再析，清史研究，1992（1）。

29. 華中，湖湘文化的理學傳統，船山學刊，1992（1）。

30. 謝世誠，湘軍與晚清吏治，南京大學學報，1993（2）。

31. 董叢林，領袖導向與湘淮系勢力的異流，近代史研究，1994（2）。

32. 劉泱泱，湘軍與近代湖南紳權勢力的發展，益陽師專學報，1995（1）。

33. 楊齊福，老湘軍簡論，揚州師範學院學報（社會科學版），1995（4）。

34. 王繼平，論湘軍與晚清中國社會，史學月刊，1995（1）。

35. 王繼平，論湘軍集團，湘潭大學學報（哲社版），1996（6）。

36. 王繼平，湘軍淮軍異同論，求索，1997（5）。

37. （臺）李宜茜，禮學與經世——以曾國藩及其幕府為中心，歷史教育，1998（3）。

38. 陸草，窮愁無奈與狷介自守——湘鄉人文研究之一，中州學科，1998（6）。

39. 陸草，代價與補償——湘鄉人文研究之二，周口店師範學院學報，2001（6）。

40. 陸草，湘鄉理學集團的人文品格——湘鄉人文研究之三，周口店師範學院學報，2003年5月（3）。

41. 張一文，論清末的尚武思潮，中國軍事科學，1999（3）。

42. 劉泱泱，論湘軍集團與晚清政局，湘潭大學學報，1999（4）。

43. 薛學共，劉坤一及其楚軍述論，軍事歷史研究，2000（4）。

44. 陶海洋，胡林翼與吏治整頓，華東船舶工業學院學報（社科版），2001（1）。

45. 高照明，湘軍集團與晚清學術，南京化工大學學報，2001（4）。

46. 肖永明，劉平，書院社會教化的實施途徑，教育評論，2003（3）。

47. 肖永明，龔抗雲，湖南書院與湖湘文化的發展，湖湘論壇，2003（5）。

48. 張昭軍，曾國藩理學思想探析，北京師範大學學報（社會科學版），2004（3）。

49. 萬里，湖湘文化精神特質及其影響下的精英人物，長沙理工大學學報（社科版），2004（3）。

50. 許順富，論湘軍對晚清國家政權的影響，貴州文史叢刊，2004（2）。

51. 許順富，論湘軍與湖南紳權勢力的膨脹，雲夢學刊，2006（5）。

52. 武道房，曾國藩理學思想發微，江蘇社會科學，2005（5）。

53. 武道房，從師友關係看曾國藩理學信仰的形成，船山學刊，2006（1））。

54. 武道房，曾國藩對理學的反思、再造及其對晚清社會的影響，中國哲學史，2007（5）。

55. 丁聯義，曾國藩軍事改革的主要內容和歷史意義，軍事歷史，2004（4）。

56. 宗楠，曾國藩以和治軍思想初探，軍事歷史研究，2006（2）。

57. 陳甲標，曾國藩統帥湘軍的道德踐履與人格魅力，船山學刊，2008（2）。

58. 朱耀斌，湖湘文化與曾國藩軍事思想的文化底蘊，湖南人文科技學院學報，2007（5）。

59. 朱耀斌、李芬芬、周玉文，曾國藩創建湘軍的指導思想——以湘軍文化的創建為理路，邵陽學院學報・社會科學版，2010（6）。

60. 劉志靖，劉蓉學術思想述評，湘潭大學學報（哲學社會科學版），2005（4）。

61. 盧華為，湖湘文化及其特徵與歷史定位，湘潭大學學報（哲社版），2005（2）。

62. 陶海洋，湖湘文化對湘軍集團的影響芻議，江蘇科技大學學報，2006（3）。

63. 朱曉紅，理與法的融合：戚繼光治軍思想芻議，軍事歷史研究，2006（4）。

64. （臺）王家儉，清代理學的復興與經世禮學思想的流變，漢學研究第24卷第1期，2006年6月。

65. 歐德良，胡林翼的理學天命觀和價值觀，湖南城市學院學報，2006（4）。

66. 歐德良，試論胡林翼軍事思想的理學特色，蘭州學刊，2008（6）。

67. 李志茗，書生立武勳——湘軍功成的內在因素，社會科學，2007（10）。

68. 張晨怡，羅澤南友人弟子述略，史學月刊，2006（3）。

69. 張晨怡，論湖湘理學群體的經世實踐，遼寧大學學報（哲社版），2007（4）。

70. 張晨怡，守道與救時——論晚清湖湘理學群體的學術特色，渭南師範學院學報，2009（1）。

71. 張晨怡，晚清理學群體的學術特徵與政治選擇，明清論叢 2014（2）。

72. 胡億紅，學術三變：劉蓉學術思想的演變軌跡探析，船山學刊，2008（4）。

73. 李威，論曾國藩的理學創新與軍事倫理建設，湖南工程學院學報（社會科學版），2009（1）。

74. 張雲江，大清與胥吏共天下，領導文萃，2009（22）。

75. 黃樸民，學術兼容與兵儒合流，紀念孔子誕辰 2560 週年國際學術研討會論文集，2009。

76. （臺）林藤輝，從儒生到儒臣與儒將：曾國藩的儒學價值的體現，北臺灣科技學院通識學報，2010（6）。

77. 張昭軍，程朱理學與晚清社會，雲南大學學報，2011（5）。

78. 洪均，湘軍軍紀蛻變析論，江漢論壇，2011（11 月）。

79. 徐錚，湘軍戰鬥力驅動——以文化為理路，黑河學刊，2012（9）。

80. 徐雷、阮春暉，湖湘理學傳統及其對晚清社會的影響，邵陽學院學報，2014（2）。

81. 姚雲帆，新軍國的舊基石，讀書，2014（6）。

82. 史革新，程朱理學與晚清「同治中興」，近代史研究，2003（6）。

83. 張昭軍，程朱理學與湘軍集團，求索，2007（11）。

84. 胡億紅，湖湘理學與湘軍集團，當代教育理論與實踐，2011（5）。

85. 張晨怡，晚清湖湘理學群體與湘軍網絡的形成與維繫，江蘇社會科學，2017（2）。

86. 朱耀斌，湘軍與晚清理學嬗變，學習與實踐，2017（10）。

87. （臺）丘文豪，范廣欽《以經術為治術：晚清湖南理學家的經世思想》，中央研究院近代史研究所集刊：第 99 期（2018～3）。

（二）學位論文。

1. 彭小舟，曾國藩與近代湖湘文化，（河北大學碩士學位論文，2001）。

2. 歐得良，胡林翼理學經世思想研究，（湖南大學碩士學位論文，2004）。

3. 劉志靖，劉蓉思想研究，（湘潭大學碩士學位論文，2005）。

4. 張惠娟，晚清湘軍「三緣」特徵研究，（福建師範大學碩士學位論文，2006）。

5. 胡億紅，劉蓉理學思想研究（北京師範大學博士學位論文，2007）。

6. 趙志國，晚清兵制變革思想及實踐——從「民兵」到「徵兵」（復旦大學博士學位論文，2008）。

7. 丁岩，湘系集團中的劉蓉（河北師大碩士學位論文，2009 年）。

8. 徐雷，曾國藩理學思想研究，（湖南大學博士學位論文，2010 年）。

9. 楊波，左宗棠軍事思想研究，（湖南師範大學博士學位論文，2011）。

10. 陳冠偉，晚清湖湘禮學研究，（湖南大學博士學位論文，2013）。

11. 許良，羅澤南理學經世思想之研究，（湖南大學碩士學位論文，2014）。